청소년 진로특성 진단 및 활용

한국생애개발상담학회
진로진학상담총서 06

청소년 진로특성 진단 및 활용

2017년 8월 31일 초판 1쇄 찍음
2024년 3월 25일 초판 5쇄 펴냄

지은이 이동혁 · 신윤정 · 이은설 · 이효남 · 홍샛별 · 황매향

책임편집 임현규
편집 정용준
디자인 김진운
본문조판 디자인 시
마케팅 김현주

펴낸이 윤철호
펴낸곳 ㈜사회평론아카데미
등록번호 2013-000247(2013년 8월 23일)
전화 02-326-1545
팩스 02-326-1626
주소 03993 서울특별시 마포구 월드컵북로6길 56
이메일 academy@sapyoung.com
홈페이지 www.sapyoung.com

ⓒ 이동혁 · 신윤정 · 이은설 · 이효남 · 홍샛별 · 황매향, 2017

ISBN 979-11-88108-24-4

청소년 진로특성 진단 및 활용

이동혁·신윤정·이은설·이효남·홍샛별·황매향 지음

사회평론아카데미

차례

서문

청소년이 자신의 진로를 성공적으로 계획하고 이루어 나가는 데 있어 가장 선행되어야 할 것으로 제시되고 있는 것이 '자신에 대한 이해'이다. 다양한 진로발달이론이 개발되었지만 Frank Parsons가 20세기 초 효과적인 진로선택을 위해서는 자기이해가 중요함을 강조한 이래 자신의 특성을 이해하는 것의 중요성을 강조하지 않은 이론은 하나도 없을 정도이다. 그만큼 자신의 특성을 정확하게 알아가는 것이 진로의사결정을 위해서 필수적인 요건임을 말하고 있는 것이다. 그 결과, 진로교육에서도 학생들의 자기이해를 도울 수 있는 활동을 강조하고 있으며, 자기이해 지원활동은 진로진학상담교사의 핵심적인 역할로도 제시되고 있다.

학생들이 자신을 탐색하고 알아갈 수 있는 방법은 매우 다양하다. 예를 들면, 친구들과의 놀이 활동을 통해서, 또는 부모님 등 가족과의 상호작용을 통해서 또는 구체적으로 자신이 어떤 사람인지에 대한 질문을 던지면서 자신에 대해 점차 알아가게 된다. 또한 진로진학상담교사도 다양한 방법을 통해서 학생들의 자기탐색을 도울 수 있다. 예를 들면, 진로심리검사나 직업카드의 활용 그리고 학생과의 상담을 실시함으로써 학생들이 자신의 특성을 알아가도록 도울 수 있다.

그런데 이러한 다양한 방법을 통해서 학생들이 자신의 특성을 점차 이해할 수 있음에도 불구하고 많은 학생들이 자신의 특성이 무엇인지 몰라 진로결정을 어려워하는 경우가 많다. 실제로 진로상담에서 만나는 학생들을 살펴보면, 자신이 무엇을 좋아하는지, 어떤 것을 잘하는지 또는 어떤 삶을 살기 원하는지 등에 대해서 전혀 모르겠다고 보고하는 경우가 많음을 알 수 있다. 그러므로 진로진학상담에서 학생들이 자신의 특성을 탐색하고 알아갈 수 있도록 도와주는 것이 매우 중요한 일이 되었다.

그러므로 『청소년 진로특성 진단 및 활용』에서는 청소년들이 성공적으로 진로를 계획하고 진로의사결정을 할 수 있도록 탐색해야 하는 진로특성이 무엇이 있는지 살펴보고 진로특성을 탐색할 수 있는 방법을 제시한다. 또한 여러 가지 진로특성 탐색방법 중에서도 가장 대표적으로 많이 사용되고 있는 진로심리검사의 종류와 활용방법을 살펴봄으로써 진로진학상담교사가 학생들의 진로특성 탐색을 효과적으로 지원할 수 있도록 하고자 한다. 그리고 진로진학상담교사들이 학생들의 진로특성을 탐색하여 학생들이 경험하는 진로의사결정 문제를 정확히 진단하도록 돕고, 다양한 진로특성 탐색방법을 학교수업이나 개인상담에서 어떻게 활용할 수 있을지 보다 실제적인 방법과 예를 제시한다.

이러한 내용을 장별로 살펴보면 다음과 같다. 먼저, 제1부 1장에서는 학생들의 진로특성 이해를 위해서 알아야 하는 진로관련 특성이 무엇이 있는지 살펴볼 것이며, 2장에서는 탐색된 진로특성을 기반으로 학생들이 경험하는 진로의사결정 문제를 어떻게 진단할 수 있을지 다룬다. 그리고 3장에서는 학생들의 진로관련 특성을 탐색할 수 있는 방법을 개괄적으로 제시한다. 그러므로 제1부에서는 학생들의 진로특성 이해를 위해서 탐색해야 할 구체적인 요인들을 이해하고, 이를 토대로 학생들의 진로의사결정 문제를 진단하는 방법을 알아보며, 마지막으로 진로특성을 탐색하는 방법을 개괄적으로 이해하게 될 것이다.

제2부 4장에서는 학생들의 진로특성 탐색을 위하여 가장 많이 사용되는 진로심리검사의 종류, 진로심리검사 활용에 필요한 통계적 개념, 진로심리검사 선택 및 활용에 대한 개괄적인 정보를 제공하며, 5장에서는 진로심리검사를 통하여 학생들의 심리적 특성을 이해하는 방법을 제시하고, 6장에서는 진로심리검사를 통하여 직업세계를 탐색하는 방법, 그리고 7장에서는 진로심리검사를 통하여 학생들의 진로발달 수준을 이해하는 방법을 제시한다. 이를 통하여 제2부에서는 학생들의 진로특성을 이해하기 위하여 사용되는 진로심리검사에 대해서 이해할 수 있다.

제3부에서는 진로심리검사를 활용하는 방법을 제시할 것이다. 보다 구체적으로 8장에서는 진로심리검사를 적절하게 선택하는 방법과 선택 시 고려해야 하는 사항들을 제시하며, 9장에서는 진로심리검사를 효과적으로 실시하기 위하여 알아야 하는 준비과정과 실시과정 그리고 윤리문제에 대해서 설명한다. 10장에서는 진로심리검사 결과를 적절하게 해석하고 이를 진로진학상담과정에 활용하는 방법에 대해서 제시한다. 이러한 내용을 통해서 진로진학상담교사는 진로심리검사를 진로진학상담과정에 활용할 때 보다 효과적으로 선택하고, 실시하고, 결과를 해석할 수 있는 방법을 습득하게 될 것이다.

　　마지막으로 제4부에서는 학생들의 진로특성을 탐색한 결과를 수업이나 개인상담에서 사용할 수 있는 방법을 다루게 된다. 11장에서는 진로심리검사나 진로탐색을 통해서 알게 된 결과를 실제 개인상담에서 사용할 수 있는 방법과 활용 예를 제시하고, 12장에서는 진로특성 진단결과를 집단상담에서 활용할 수 있는 방법 그리고 13장에서는 진로특성 진단결과를 실제 수업에서 사용할 수 있는 방법을 제시한다. 그러므로 제4부를 통해서는 학생들의 진로특성 탐색 결과를 실제 개인상담과 집단상담 그리고 수업에서 활용하는 방법을 이해하게 될 것이다.

　　이 책의 내용은 진로진학상담교사의 진로진학상담 및 교육활동에 필요한 필수적인 내용을 습득할 수 있도록 구성되었다. 특히, 진로진학상담분야 및 진로심리검사분야 최고의 전문가들을 집필진으로 구성하여 진로특성 진단 및 진로심리검사 활용에 필요한 중요한 내용을 충실히 반영하고자 하였다. 그러나 집필진은 여기에 그치지 않고 진로진학상담분야의 발전에 따라 지속적으로 내용을 보완하고 업데이트해 나갈 것이다. 진로진학상담교사가 학교에서 학생들의 진로지도를 보다 효과적으로 수행해 나가는 데 필요한 중요한 정보를 효과적으로 전달하도록 노력할 것이다.

　　마지막으로 좀 더 나은 책이 될 수 있도록 아낌없는 노력을 해 주신 사회평론아카데미의 윤철호·김천희 대표님과 교정작업에 큰 도움을 주신 장원정 선생님께 감사의 마음을 전한다. 그리고 본 총서를 구입하여 진로진학상담 분야의 전문성을 키워가는 모든 독자분들에게 감사와 존경의 마음을 전한다. 이번이 진로진학상담 총서 저술의 시작이기 때문에 앞으로도 많은 발전을 이루어 좀 더 다양한 내용의 총서가 개발될 것이라 기대해 본다.

저자 대표 이동혁

1부

청소년 진로특성의 이해

1장

청소년 진로특성에 대한 이해

이동혁

효과적인 진로의사결정을 하는 데 필요한 여러 가지 과제 중 자신의 특성을 이해하는 것은 매우 핵심적인 과제이다. 그런데 많은 학생들이 진로의사결정을 위해서 자신의 특성 중 무엇을 알아야 하는지 잘 모르는 경우가 많다. 일반적으로 흥미와 적성 정도를 알면 진로선택을 할 수 있을 것이라 생각하지만 실제로 흥미와 적성을 알았다고 해서 진로선택을 하게 되는 경우가 많지 않다. 뿐만 아니라 학생의 진로지도를 담당하는 진로진학상담교사 또한 학생이 자신에 대해서 어떤 것을 탐색해 보아야 하는지 잘 모르는 경우가 있다. 따라서 이 장에서는 학생들이 자신의 미래를 설계하고 진로를 계획하기 위해 탐색해 보아야 하는 진로관련 특성이 무엇이 있는지 살펴보고자 한다.

1 개인 특성에 대한 이해

자신에게 적합한 진로를 선택하기 위해서는 자신이 어떤 특성을 가지고 있는지 알아야 한다. 자신이 좋아하는 활동이나 자신이 잘하는 활동이 무엇인지 탐색하는 것뿐 아니라 자신의 성격이나 자신의 가치관 등을 이해하는 것이 중요하다. 그리고 진로와 관련하여 자신이 어떤 생각을 가지고 있으며, 자신의 진로발달 수준은 어떤지 등 진로와 관련된 자신의 특성을 이해하는 것이 중요하다. 이러한 특성을 보다 심층적으로 이해할 수 있을 때 자신에게 적합한 진로가 어떤 것이 있는지 탐색해 나갈 수 있게 된다.

1) 흥미

흥미는 어떠한 활동에 대한 선호를 의미한다. 그러므로 학생이 어떠한 활동에 흥미를 가지게 되면, 그 활동에 더 참여하고자 하는 동기를 가지게 된다. 그리고 흥미를 가지고 있는 활동을 하게 될 때 활동의 결과가 좋아질 뿐 아니라 활동에 대한 만족감도 높아지게 된다. 결과 학생에게 가장 적합한 진로가 무엇인지를 탐색하고자 할 때 가장 많이 살펴보는 요인이 바로 흥미인 것이다.

Super(1957)에 따르면, 흥미는 다양하게 표현되고 다양한 방식으로 발견될 수 있다고 한다. 가장 대표적으로는 학생 스스로가 인식하는 흥미이다. 이는 학생의 판단에 따라서 자신이 어떤 활동을 선호하고 좋아하는지 언어적으로 표현되는 흥미를 말한다. 학생들은 진로에 대해서 생각하면서 자신이 좋아하고 선호하는 활동이 무엇인지 생각해 보게 된다. 그리고 학생의 판단에 따라서 자신이 좋아하는 활동이 무엇인지 이야기할 수 있다. 그런데 모든 학생이 이렇게 자신의 흥미를 발견하지는 못한다. 학생들 중에는 자신의 흥미가 무엇인지 인식하지 못하는 경우가 많다. 이런 경우에는 학생들의 행동이나 참여하는 활동을 관찰함으로써 흥미를 발견할 수 있다. 예를 들어, 어떤 학생이 수학을 좋아해서 수학 공부를 열심히 한다면 이 학생은 수학이라는 영역에 흥미가 있을 가능성이 있다. 또는 어떤 것을 정리하는 활동에 참여하기를 즐기는 학생이 있다면 이 학생은 정리하는 일에 흥미가 있다고 할 수 있다. 비록 이 학생은 자신이 어떤 활동에 흥미가 있는지 인지하지 못하고 있다 할지라도 자신의 행동이나 활동을 통해서 어떤 영역에 흥미가 있는지 표현하고 있는 것이다. 따라서 학생에 대한 주변 사람들의 관찰에 의해서도 학생이 가지고 있는 흥미가 무엇인지 이해할 수 있다. 이밖에도 검사를 통해서 흥미를 발견하기도 한다. 학생들 중에는 흥미를 전혀 인식하지 못하고 있다가 흥미검사를 통해서 자신의 흥미영역을 새롭게 발견하기도 한다. 또는 어느 정도 자신의 흥미를 알고 있지만 흥미검사를 통해서 새로운 영역의 흥미를 발견하기도 한다. 이렇게 흥미는 다양한 방식을 통해서 발견되어질 수 있다. 그러므로 한 가지 방식이 아닌 다양한 방식을 통해서 흥미를 알아보려는 노력이 필요하다.

흥미는 유전적 영향으로 이미 가지고 태어나기도 하지만 성장하면서 경험이나 환경의 영향으로 개발되기도 한다. 실제 연구결과에서도 흥미가 개발되는 데 36% 정도의 유전적 영향이 있음을 보여주고 있다(Betsworth et al., 1994). 즉, 흥미는 유전적 영향으로 어느 정도 이미 가지고 태어나기도 하지만 환경적 영향으로 성장하면서 달라질 수도 있음을 보여주는 것이다. 그러므로 진로상담이나 진로교육에서는 학생들의 흥미에 영향을 주고 있는 환경적 요인들을 이해하는 것이 중요하다.

한편, 흥미는 매우 안정적인 특성을 가지고 있다. 다시 말해서 시간의 흐름에 따라서 많이 변하지 않는 특성을 가지고 있다(Hansen, 2005). 종단연구를 통해서 사람들의 흥미변화를 살펴보았지만 성인 이후에는 흥미영역의 변화가 거의 없음을 보여주고 있다(Hansen & Swanson, 1983; Swanson & Hansen, 1988). 그런데 이러한 안정적인 특성이 모든 사람에게 적용되는 것은 아니다. 연령이 낮거나 경험이 부족한 사람들의 경우에는 흥미영역이 상대적으로 자주 변하는 것으로 나타났다. 자신의 흥미영역에 대한 명확한 이해가 부족한 청소년들의 경우에는 흥미영역의 변화가 자주 관찰될 수 있다. 그러므로 청소년들을 대상으로 한 흥미검사 결과를 해석할 때는 주의가 필요하다.

흥미영역과 선택한 진로영역이 일치할 때는 만족도와 성취수준이 높아진다고 한다. 또한 선택한 일을 지속하는 비율이나 성공비율도 높아진다고 한다. 그런데 이러한 결과들이 모든 연구결과에서 동일하게 나타나고 있는 것은 아니다. 다양한 연구에서 흥미영역과 선택한 진로영역이 일치하는 정도와 만족도 간의 상관계수가 그렇게 높지 않게 나타나기도 하였다(Assouline & Meir, 1987; Hough, 1988; Tranberg, Slane, & Ekeberg, 1993). 이러한 결과는 흥미 외에도 다른 다양한 변인들이 진로 만족도에 영향을 주고 있음을 보여주는 것이다. 예를 들면, 개인의 성격유형, 능력 수준, 환경적인 장벽 등도 진로나 직업에 대한 만족도에 영향을 줄 수 있기 때문에 흥미 외의 다른 변인도 함께 고려해야 함을 보여주고 있는 것이다.

2) 능력/적성

능력은 과제를 수행하는 데 필요한 정신적, 신체적 힘을 의미한다(Snow, 1994). 이에 반해 적성은 어떠한 일을 성공적으로 수행할 수 있는지 예측하는 데 사용될 수 있는 개인차 변인들을 의미한다(Lubinski & Dawis, 1992). 이를 다시 설명하면 다음과 같다. 학생이 어떤 일을 성공적으로 수행하기 위해서는 능력이 요구된다. 그러나 일의 종류가 모두 다르기 때문에 요구되는 능력의 종류도 다르게 된다. A라는 능력은 (가)라는 직업에는 매우 중요한 능력이 되지만 (나)라는 직업에서는 크게 중요하지 않은 능력이 될 수 있다. 따라서 학생이 특정한 일을 성공적으로 수행할 수 있는지 예측하기 위해서는 그 학생이 그 일에 필요한 능력을 갖추었는지 확인할 필요가 있다. 이때 확인해 봐야 하는 능력들이 적성인 것이다. 즉, 적성은 일을 성공적으로 수행할 수 있는지를 예측할 수 있는 중요한 요인이 되는 것이다. 예를 들어, 변호사와 의사는 높은 능력수준을 갖추어야 한다. 과제의 난이도가 높기 때문에 이러한 일을 하고자 하는 학생이라면 높은 수준의 능력을 가지고 있어야 하는 것이다. 그런데 두 직업 모두 높은 수준의 능력을 요구한다는 것에서는 동일하지만 요구되는 능력의 종류는 다르다는 것을 알 수 있다. 따라서 학생이 변호사나 의사를 잘 할 수 있을지 예측해 보기 위해서는 적성을 확인해 보아야 하는 것이다.

적성은 일반적으로 타고나는 능력이기도 하지만 성장과정을 거치면서 학습되는 능력이기도 하다. 그리고 잘 변하지 않는 안정적인 특성을 가지고 있다. 시간이 지나도 능력의 수준이 크게 달라지지 않는다고 한다(Carroll, 1993; Schaie & Hertzog, 1986). 그렇지만 타고난 능력이 전혀 변화하지 않는 것은 아니다. 능력의 전체적인 수준에서는 큰 변화가 없지만 구체적인 적성에서는 시간의 흐름에 따라서 차이가 나타난다고 한다(Dixon et al., 1985). Schaie(1994)의 연구에 따르면, 나이가 들수록 언어적 능력이나 기억력은 증가하는 편이지만 수학적 능력이나 지각속도 등은 감소하는 경향이 있다고 하였다. 그럼에도 불구하고 전체적인 능력수준은 크게 변하지 않기 때문에 적성은 직업에서의 성공여부를 예측하는 중요한 요인으로 활용될 수 있다.

적성의 종류를 구분하는 방식은 학자들마다 다양하게 제시하고 있다. 그중에서 미국 노동부에서 제시하고 있는 능력의 종류를 살펴보면 다음과 같다. 미국 노동부에서는 성공적인 직업생활에 필요한 능력으로 총 52가지를 제시하고 있다. 그리고 각 직업마다 어떤 능력이 요구되고 있는지 제시하고 있다. 이러한 52개의 능력은 크게 4가지(인지적 능력, 정신운동능력, 신체적 능력, 감각능력)로 구분된다.

- 인지적 능력은 여러 가지 아이디어를 생각해 낼 수 있는 능력, 다양한 정보를 종

합해서 하나의 결론을 찾아낼 수 있는 능력, 새로운 아이디어를 생각해 내거나 새로운 방식으로 문제를 해결할 수 있는 능력 등을 의미한다.

- 정신운동능력은 움직이는 가운데 평형을 유지할 수 있는 능력이나 손가락 또는 손목을 빠르게 움직일 수 있는 능력 등을 의미한다.
- 신체적 능력은 유연하게 몸을 움직이거나 강하게 들어 올리거나 밀 수 있는 능력 등을 의미한다.
- 감각능력은 어디에서 소리가 나는지 인식하거나 정보를 빠르게 비교할 수 있는 능력 등을 의미한다.

그런데 이러한 능력들이 모든 직업이나 과제에 필요한 것은 아니다. 각 직업에서 요구하는 능력들이 서로 다르다. 따라서 학생에게 어떤 능력이 있는지 확인하게 되면, 그 학생이 성공적으로 수행할 수 있는 직업이나 직무가 무엇인지 알 수 있게 된다. 반대로 특정한 직업을 선호하고 있다면, 그 직업에서 요구하는 능력을 확인하고 그 능력이 학생에게도 있는지 확인해 볼 필요가 있다.

3) 직업가치

직업가치는 사람들이 일을 통해서 얻고자 하는 것 또는 기대하는 것에 대해서 설명해 줄 뿐 아니라 일의 의미나 사람들이 일을 하는 이유를 설명해 주기도 한다. 또한 사람들이 일을 하는 동기이기도 하다(Rounds & Ian Armstrong, 2005). 예를 들어, 어떤 학생이 일을 통해서 다른 사람들을 돕고자 하는 직업가치를 가지고 있다면, '다른 사람에 대한 봉사'라는 직업가치는 학생이 일을 하는 이유이자 일을 통해서 얻고자 하는 것이 된다. 그리고 일을 하는 중요한 동기가 되는 것이다. 그러므로 직업가치는 직업이나 진로를 선택하는 중요한 기준이 된다. 자신의 직업가치를 실현할 수 없는 직업을 선택했다면, 일을 하는 의미와 이유를 잃어버리게 되는 것이고, 일에 대한 동기도 얻지 못하게 되는 것이다. 그리고 일을 통해서 얻고자 하는 보상을 얻지 못하게 된다.

직업가치는 개인이 가지고 있는 욕구(need)로부터 시작된다(Rokeach, 1973). 생리적으로 발현되는 욕구가 인지적으로 표현되었을 때 이를 가치라고 표현을 하게 된다. 예를 들면, 성에 대한 욕구가 인지적인 변화를 거치면, 사랑이나 친밀감과 같은 가치로 표현이 된다는 것이다. 이와 같은 욕구와 가치의 관계는 Super(1995)도 유사하게 설명하고 있다. 예를 들어, 물질에 대한 욕구를 가진 사람은 부를 추구하게 되고 부를 추구하는 사람은 돈을 투자하는 일 등에 흥미를 가지게 된다는 것이다. 그 결과 사람들은 자신이 지닌 가치에 따라서 직업을 선택하게 되고 직업에 대한 흥미를 가지게 되는 것이다. 그리고 직업을 통해서 가치를 실현하고자 한다.

직업가치 또한 흥미나 능력과 마찬가지로 안정적인 특성을 가지고 있다. 흥미나 능력에 비하여 상대적으로 변화의 가능성이 더 많기는 하지만 직업가치도 시간이 지남에 따라 크게 달라지지 않는 특성을 가지고 있다. 따라서 직업가치 측정을 통해서 학생들에게 적합한 직업이나 진로가 무엇인지 살펴볼 수 있게 된다.

직업적응이론(Dawis & Lofquist, 1984)에서는 크게 6가지의 직업가치가 있다고 한다. 성취(achievement), 편안함(comfort), 지위(status), 이타심(altruism), 안전(safety), 자율성(autonomy)이다. 즉, 사람들은 직업을 통해서 무엇인가를 성취하기 원하고, 편안함을 얻기 원하고, 인정을 받기 원하고, 다른 사람을 돕기 원하고, 예측가능한 안전한 환경을 얻기 원하고, 마지막으로 자율적으로 무엇인가를 할 수 있기를 원한다는 것이다. 이와 유사하게 Super와 Sverko(1995)도 크게 5가지의 직업가치가 있다고 하였다. 이들은 10개국 총 18,318명을 대상으로 한 연구를 통해서 5개의 직업가치를 발견하였다.

- 첫째, 경제적인 조건이나 이득을 중요하게 생각하는 실리지향(utilitarian orientation).
- 둘째, 자율적인 사람을 중요하게 생각하는 개인지향(individualistic orientation).
- 셋째, 자기실현이나 개인 내적인 성장을 중요하게 생각하는 자기실현지향(orientation toward self-actualization).
- 넷째, 대인관계를 중요하게 생각하는 사회지향(social orientation).
- 다섯째, 위험감수를 추구하는 모험지향(adventurous orientation).

이러한 5가지의 가치는 표에 제시된 것처럼 몇 가지의 하위 가치로 구성되어 있다.

표 1-1 Super와 Sverko(1995)의 직업가치

가치	하위 가치
실리지향	경제(economics) 발전(advancement) 명예(prestige) 권위(authority) 성취(achievement)
개인지향	생활양식(life-style) 자율성(autonomy) 창의성(creativity) 다양성(variety)
자기실현지향	능력활용(ability utilization) 개인적인 성장(personal development) 이타주의(altruism) 성취(achievement) 미학(aesthetics) 창의성(creativity)
사회지향	상호작용(social interaction) 사회관계(social relations) 다양성(variety)
모험지향	모험(risk) 신체적 활동(physical activity) 권위(authority)

4) 진로발달

전통적으로 진로상담이나 진로교육에서 가장 많이 탐색되어 왔던 학생의 진로특성은 앞에서 다루어진 흥미, 능력, 가치이다. Parsons(1909)가 진로선택의 원칙으로 자기이해와 직업이해를 강조한 이후로 현재까지도 자기이해를 위해 흥미, 능력, 가치에 대한 탐색이 가장 많이 이루어지고 있다. 그런데 진로는 전 생애에 걸쳐서 발달하는 것이라는 개념이 등장한 이후로는 진로발달과정에서의 개인의 특성을 이해하고 측정하

는 것의 중요성이 강조되기 시작하였다. 특히, Super(1983)의 진로발달이론은 개인의 진로발달특성을 이해하는 것의 필요성을 가장 분명하게 보여준 이론이기도 하다. 따라서 이곳에서는 학생들의 진로발달과 관련하여 탐색해 보아야 할 요인들에 대해서 논의하고자 한다.

(1) 진로성숙도 및 진로적응도

진로성숙도는 자신의 진로발달단계에 맞는 과제를 성공적으로 수행할 수 있는 능력 수준을 의미한다. 각 발달단계마다 성취해야 하는 과제가 있는데 이러한 과제를 수행할 수 있을 만큼 준비가 되어 있는 정도를 진로성숙도라고 할 수 있다. Super(1983)의 이론에 따르면, 청소년 시기에는 자신과 직업에 대한 탐색을 해야 한다. 그러므로 이 시기의 학생은 자신과 직업에 대한 탐색을 할 수 있을 만큼의 준비가 되어 있어야 한다. 따라서 준비가 되어 있지 않다면 진로성숙도가 낮은 것이고 준비가 충분히 되어 있다면 진로성숙도가 높다고 할 수 있다. Crites(1976)는 진로성숙도를 두 가지 차원으로 보아야 한다고 하였다. 하나는 태도적 측면이고 다른 하나는 인지적 측면이다. 태도적 측면은 효과적으로 진로를 선택할 수 있는 준비가 되어 있는 태도나 정서상태를 의미하는 것이고, 인지적 측면은 진로결정의 필요성을 인식하고 진로대안을 찾아 나갈 수 있는 준비가 되어 있는지를 의미하는 것이다.

진로성숙도는 특히 청소년시기에 확인되어야 하는 중요한 요인이다. 왜냐하면, 청소년시기에 중요한 진로의사결정을 하게 됨에도 불구하고 많은 청소년들이 준비되어 있지 않은 상태에서 진로결정을 하게 되는 경우가 많기 때문이다. 진로의사결정을 위한 준비가 되어 있지 않은 상태에서 진로를 결정하게 되면 미숙한 진로결정을 하게 되어 성공적인 진로발달을 이루어 가기 어렵게 된다. 청소년들은 저마다 다른 속도로 성장을 한다. 하지만 거쳐 가야 하는 성장의 단계는 모두 동일하다. 다시 말해서 비록 속도는 다르다 할지라도 모든 청소년들이 동일한 발달단계를 거쳐서 성장을 한다는 것이다. 이러한 발달의 속성은 진로발달에도 적용이 된다. 각 발달단계마다 수행해야 하는 진로발달과제를 완수하지 못하면 다음 단계로 성장해 갈 수 없다. 따라서 진로성숙도를 확인하여 학생이 진로발달과제를 수행할 수 있을 만큼 준비가 되어 있는지를 확인할 필요가 있다. 만약에 진로과제를 수행할 만큼 진로성숙도가 높지 않다면, 학생들이 진로과제 수행을 위하여 준비할 수 있도록 도와줄 필요가 있다.

한편, 진로성숙도의 개념적 모호성을 지적하면서 대신 진로적응도(career adaptability)라는 개념을 사용하기도 한다. 진로적응도는 청소년기뿐 아니라 성인시기에도 적용될 수 있는 개념이다. Super(1983)에 따르면 진로적응도에는 5가지 요인이 있다고 하였다. 경험을 통해서 미래를 계획할 수 있는 능력, 가족이나 지역사회 속에서 상호작용을 통해 정보를 수집할 수 있는 능력, 직업에 대한 정보를 수집할 수 있는 능력, 진로의사결정을 할 수 있는 능력, 그리고 자기이해를 통해서 현실적인 대안을 생각할 수 있는 능력이 진로적응도를 구성하는 요인들이다.

이와 비슷하게 Savickas(2002)도 진로적응도를 이해하기 위해서 4가지 질문을 해야 한다고 하였다. 진로상담을 받을 준비가 되어 있는지, 진로의사결정을 하였던 경험, 진로문제를 해결하는 전략, 그리고 학생의 문제해결방식과 문제해결에 대한 자신감을 확인해 보아야 한다고 하였다.

진로성숙도와 진로적응도는 개념상 다소 차이가 있기는 하지만 학생이 진로의사결정을 하기에 얼마나 준비가 되어 있는지 또는 진로를 선택하고 준비해 나갈 수 있을 만큼의 진로역량을 갖추고 있는지를 보여주는 요인이라고 할 수 있다. 따라서 진로의사결정을 하고자 하는 학생이 있다면, 이러한 진로성숙도와 진로적응도를 탐색하여 학생이 적절하게 준비될 수 있도록 도와줄 필요가 있다.

5) 진로사고

진로사고란 개인이 진로의사결정, 진로정체감 등 진로와 관련된 사항들에 대해서 가지고 있는 신념을 의미한다. 진로사고는 진로문제를 바라보는 개인의 관점을 보여주기 때문에 진로의사결정을 하고 진로를 준비해 나가는 과정에 영향을 주게 된다. 예를 들어, 진로정보는 모두 왜곡되었다는 관점을 가지고 있다면, 진로정보를 신뢰하기 어렵게 되고, 결국 진로의사결정이 어려워지는 결과를 낳게 된다. 따라서 학생들이 진로와 관련하여 어떤 생각 또는 관점을 가지고 있는지를 확인하는 것은 진로진학상담교사에게 매우 중요한 일이 된다.

진로사고는 Krumboltz의 사회학습이론에서 가장 먼저 강조되었다(Mitchell & Krumboltz, 1996). Krumboltz에 따르면, 사람들은 자신의 과거 학습경험과 타고난 특성들을 바탕으로 자신이나 진로에 대한 생각을 만들어 가게 된다고 하였다. 다시 말해서, 어떤 경험을 했느냐 또는 자신이 어떤 특성을 가지고 있느냐에 따라 자신을 바라보는 관점이나 세상을 바라보는 관점이 달라진다는 것이다. 이렇게 자신과 세상에 대한 관점이 형성되면서 진로에 대한 생각도 만들어지게 되고, 이렇게 만들어진 진로신념은 진로선택이나 준비행동에 영향을 주게 된다. 특히 진로와 관련하여 형성된 잘못된 신념은 진로선택을 더욱 어렵게 만들게 된다. 만약에 학생들이 이러한 잘못된 진로신념을 가지고 있다면, 이를 확인하고 수정하는 작업이 필요하게 된다. 인지치료에서 제안하는 인지재구조화 기법을 활용하여 역기능적인 진로신념을 기능적인 생각으로 전환할 수 있도록 도와주어야 한다.

이와 비슷하게 진로정보처리이론(Sampson, Reardon, Peterson, & Lenz, 2004)에서도 진로에 대한 생각이 진로선택에 매우 중요한 역할을 함을 제시하고 있다. 진로정보처리이론에 따르면, 진로선택을 하는 데 자신에 대한 이해와 직업에 대한 이해 그리고 진로의사결정 과정에 대한 이해가 필요하다고 제시하고 있다. 그런데 이러한 것 외에도 진로선택과정에서 자신을 모니터링하고 조절할 수 있는 메타인지가 매우 필수적인데, 특히 개인이 진로에 대해서 가지고 있는 생각을 인지하고 조절할 수 있는 능력이 필요하다고 하였다. 결국, 학생들은 자신이 역기능적인 진로사고를 가지고 있는지 확인할 수 있어야 하고, 만약에 역기능적 진로사고를 가지고 있다면 기능적인 생각으로 수정할 수 있어야 한다는 것이다. 이것이 바로 진로진학상담교사의 역할이기도 하다고 언급하였다. 진로정보처리이론에서는 세 가지의 역기능적 진로사고가 있다고 하였다.

- 진로의사결정 혼란(decision-making confusion): 내가 무엇을 해야 하는지, 어떤 것을 좋아하는지, 나는 어떤 삶을 살고 싶은 것인지 등 진로와 관련된 전반적인 부분에서 혼란을 경험하고 있는 것을 의미한다. 예를 들면, '나는 나에 대해서 절

대로 알기 어려울 것이다' 또는 '나는 절대로 나에게 맞는 직업을 찾지 못할 것이다'와 같은 부정적인 생각이 진로의사결정 혼란에 해당된다.

- 수행불안(commitment anxiety): 진로목표를 설정했거나 진로대안을 가지고 있다 할지라도 진로를 성취하는 행동 단계로 나아가지 못하고 실패할 것에 대해 불안해 하는 것이다. 예를 들면, '나에게 맞는 직업인데 모르고 넘어가는 것이 있을까봐 두렵다' 또는 '직업을 얻기 위해서 시도했지만 성공하지 못할까봐 걱정이 된다'와 같이 실행에 대해서 두려워하는 생각이 수행불안에 해당된다.

- 외적 갈등(external conflict): 진로를 선택하거나 준비하는 데 있어서 가족과 같이 중요한 사람들과의 갈등을 의미한다. 예를 들면, '나는 가족을 만족시킬 수 있는 직업을 선택해야 한다'거나 또는 '나의 가족은 진로에 대해서 명확하지 않은 기대를 한다'와 같은 생각이 외적 갈등에 해당한다.

이러한 역기능적 진로사고는 성공적인 진로선택과 진로준비를 방해하게 된다. 따라서 학생들이 진로문제를 경험하고 있다면, 진로문제를 경험하게 하는 진로사고가 어떤 것이 있는지 확인할 필요가 있고, 이를 건강한 사고로 전환시켜줄 필요가 있다.

6) 진로의사결정

진로의사결정과 관련하여서는 진로를 결정하는 방식, 진로결정을 어렵게 하는 요인, 진로의사결정에 대한 자신감 등을 살펴볼 필요가 있다. 진로의사결정은 진로상담을 하는 데 있어 매우 중요한 정보가 된다. 왜냐하면, 진로를 결정해야 하는 모든 청소년들이 진로결정에 능숙하거나 효과적인 진로결정기술을 가지고 있는 것이 아니기 때문이다. 따라서 청소년들이 어떤 방식으로 진로의사결정을 하고 있는지 살펴보아야 하며, 사용하는 방식이 효과적인 방식인지 확인할 필요가 있다. 또한 진로를 지속적으로 결정하지 못하고 있다면, 진로미결정에 영향을 주고 있는 요인이 무엇인지 확인해야 하며, 진로미결정에 영향을 주는 요인을 확인하여 수정하는 과정을 진행할 필요가 있다.

그리고 진로결정에 대해서 자신감이 없어 진로결정을 잘하지 못하기도 한다. 따라서 진로결정에 대해서 어떤 생각을 가지고 있는지 또는 어떤 감정을 가지고 있는지 확인하여 보다 확신을 가지고 진로결정을 해 나갈 수 있도록 도와주어야 한다. 이를 위해 다음과 같은 요인들을 보다 심층적으로 탐색해 보아야 한다.

(1) 진로의사결정 방식

진로의사결정 방식은 진로를 선택하는 데 사용하는 의사결정 스타일을 의미한다. 전통적으로 진로의사결정 방식에는 합리적, 직관적, 의존적 진로의사결정 방식이 있다고 한다(Harren, 1979). 특히, 세 가지 의사결정 방식 중 합리적 의사결정 방식이 가장 좋은 방식으로 간주되어 왔고, 의존적 의사결정 방식이 가장 건강하지 못한 스타일로 간주되어 왔다. 그러나 이러한 세 가지 방식 중에서 어떤 것이 더 효과적인 방식이냐 하는 것에 대한 연구는 일치된 연구결과를 보여주지 못하고 있다. 많은 경우, 합리적 방식만큼 직관적인 의사결정 방식도 효과적임을 보여주는 연구도 많이 있다. 직관적인 의사결정 방식이 감정에 의존하는 결정방식으로 이해되고 있지만, 직관적 방식으로 의사결정을 하기 위해서는 이전에 다양한 경험이 바탕이 되어야 한다. 다시 말해서 이전의 다양한 경험과 그로 인한 학습내용을 바탕으로 결정하는 것이 직관적인 의사결정이기 때문에 합리적 결정만큼이나 효과적일 수 있는 것이다.

(2) 진로미결정

진로결정을 하지 못한 상태가 지속되는 데는 다양한 요인들이 작용하게 된다. Kelly와 Lee(2002)의 연구에 따르면, 7가지의 요인이 작용하고 있다고 하였다.

- 기질적인 미결정(trait indecision): 개인의 기질적인 문제로 인해서 오랫동안 지속적으로 결정을 잘하지 못하는 것을 의미한다.
- 정보의 부족(lack of information): 자기 자신이나 직업 또는 진로의사결정 과정에 대한 정보가 부족하여 진로를 결정하지 못하는 것을 의미한다.
- 선택불안(choice anxiety): 진로선택을 해야 하지만 불안한 감정으로 인하여 진

로선택을 하지 못하는 것을 의미한다.

- 정체감 혼란(identity diffusion): 자신에 대한 이해부족으로 자신에게 맞는 진로 대안을 구체화하지 못하는 것을 의미한다.
- 타인과의 갈등(disagreement with others): 중요한 타인의 반대나 상반된 의견으로 인해 진로결정을 하지 못하는 것을 의미한다.
- 긍정적 선택갈등(positive choice conflict): 여러 개의 매력적인 선택지 중에서 어느 것을 선택해야 할지 몰라 진로결정을 하지 못하는 것을 의미한다.
- 정보에 대한 요구(need for information): 정보가 부족하다는 것에서는 정보의 부족과 같지만 정보를 탐색해야 할 필요성을 느끼지 못해서 진로결정을 하지 못하는 경우이다.

그런데 이러한 요인들이 작용을 하여 진로미결정상태가 지속이 된다면, 학생들은 점점 진로의사결정을 어려워하고 두려워하게 된다. 따라서 학생들이 지속적으로 진로미결정상태에 있다면 어떤 요인들이 작용하고 있는지 확인해 볼 필요가 있다. 그리고 진로미결정상태가 상대적으로 오래 지속된 학생들에게는 보다 오랜 시간의 상담 서비스를 제공할 필요가 있다. 특히 기질적인 특성이나 불안으로 인한 미결정은 오랜 시간 지속될 가능성이 있으므로 적절한 개입이 필요하다.

(3) 진로의사결정 효능감

진로의사결정 효능감은 진로결정에 대한 개인의 자신감 정도를 의미한다. 이는 Bandura(1977)의 자기효능감 이론을 진로결정에 적용한 것으로서 진로결정에 필요한 과제를 성공적으로 이행하기 위해서는 진로결정과정에 대한 자신감을 가질 필요가 있다. 이에 착안하여 Betz와 Taylor(1994)는 진로의사결정 효능감 척도를 개발하였다. 본 척도에서는 진로의사결정을 하는 과정에서 경험하게 되는 자기평가, 직업정보수집, 진로목표선택, 진로설계, 진로문제해결 과정 등에 대해서 자신감을 가지고 있는지 평가하게 된다. 예를 들어, 진로를 결정하는 과정에서 직업정보는 잘 수집할 수 있다고 생각하지만, 자기평가와 진로설계를 어떻게 해야 하는지 잘 모르고 자신감이 없다면 진로결정하는 것이 어려워진다. 따라서 진로결정을 어려워하는 학생이 있다면, 진로의사결정 효능감이 어떤지 확인하는 것이 필요하다.

7) 성격

성격은 한 사람과 다른 사람을 구분해주는 특성으로서 비교적 안정적으로 변화가 많지 않다는 특성을 가지고 있다. 그러므로 성격을 이해하면, 다양한 상황 속에서 개인이 어떻게 행동할지 그리고 어떤 역할을 하게 될지 예측할 수 있게 된다. 예를 들어, 내성적인 성격을 가진 사람이라면, 사람들을 만나야 하는 상황에서 비교적 조용하고, 말수가 적으며, 자신을 잘 드러내지 않는 방식으로 행동하게 된다. 그러므로 개인의 성격을 이해하게 되면, 이 사람에게 어떤 환경의 직업이 잘 맞을지 또는 과제를 수행해야 하는 상황에서 어떻게 대처할지 예측해 볼 수 있게 된다.

진로탐색에서 주로 사용되는 성격 특성은 부정적이거나 부적응적인 성격특성보다는 정상적인 성격특성들이다. 예를 들면, 성격5요인에서 제시하는 성격특성들은 학생들의 진로탐색을 돕는 데 많이 사용되어 왔다. 성격5요인에서 제시하고 있는 성격은 다음과 같다.

- 외향성(extraversion): 다른 사람과의 상호작용을 하는 정도를 의미한다.
- 정서적 안정성(emotional stability): 정서적으로 적응이 되어 있는 정도를 의미한다.
- 개방성(openness to experience): 새로운 생각이나 가치를 탐색하고 받아들일 수 있는 정도를 의미한다.
- 우호성(agreeableness): 대인관계에서의 따뜻함이나 협력을 하는 정도를 의미한다.
- 성실성(conscientiousness): 계획하고 조직하고 과제를 수행하는 정도를 의미한다.

이러한 5가지 성격이 진로와 어떻게 관련이 있는지 탐색하는 연구들이 많이 이루어졌다. 예를 들면, 성실성이나 정서적 안정성은 직장에서의 수행수준과 관련이 있음이 밝혀졌고(Hurtz & Donovan, 2000), 정서적 안정성은 직업만족도와 가장 상관이 높은 것으로 나타나고 있다(Fritzsche & Parrish, 2004). 그리고 성실성과 외향성을 가진 사람들이 직업탐색을 보다 성공적으로 하는 것으로 나타났다(Saks, 2004). 그리고 이밖에도 성취지향성이나 내외통제성, 자기표현성, 불안, 낙관성 등이 진로와 관련이 있는 것으로 나타나고 있다(예, Lowman, 1991; Tokar, Fischer, & Subich, 1998).

성격 5요인은 홀랜드의 6가지 성격유형과 연결되기도 한다. 기존의 연구결과에 따르면, 예술형이나 탐구형의 사람들은 개방성이 높은 것으로 나타났으며, 기업형과 사회형의 사람들은 외향성이 높은 것으로 나타났다. 그리고 사회형의 사람들은 우호성이 높은 것으로 나타났다.

이러한 연구결과에서 보여주는 것처럼 성격에 대한 정보는 진로와 관련된 다양한 정보를 제공해 줄 수 있다. 그러므로 학생들이 진로를 탐색하는 과정에서 자신을 이해하고 자신의 특성을 탐색해 보는 도구로 활용할 필요가 있다. 물론, 연구결과에서 성격과 진로특성 간에 상관관계가 있음을 보여주고 있지만 반드시 모든 학생에게서 동일한 결과가 나타나는 것은 아니다. 예를 들어, 예술형의 사람들이 반드시 개방성이 높은 것도 아니고, 개방성이 높다고 해서 예술형이나 탐구형의 흥미를 가지는 것도 아니다. 그러므로 성격을 이해했다고 해서 학생의 진로특성이 어떨 것이라고 예단하거나 단정지어서는 안 된다. 다만, 성격에 대한 탐색을 통해서 자신을 이해할 수 있는 기회를 갖도록 도와주어야 하며, 자신의 성격에 따라서 앞으로의 진로탐색과 직업생활에서의 행동양식이 어떨지 예측해 보고, 자신의 성격에 맞는 직업이 어떤 것이 있을지 탐색하도록 도와주어야 한다. 예를 들어, 사람들과의 관계나 상호작용을 선호하는 사람이라면, 사람들과의 상호작용을 할 수 있는 직업을 가질 때 만족도가 높아지거나 수행수준이 높아질 수 있다. 따라서 자신의 성격과 진로의 특성을 연결해 보고 자신에게 맞을 수 있는 직업을 찾아갈 수 있도록 도와주어야 한다.

2 환경 특성에 대한 이해

진로의사결정을 하기 위해서는 자신의 특성을 이해할 뿐 아니라 자신을 둘러싸고 있는 환경이 어떤지 이해하는 것도 매우 중요하다. 진로결정은 청소년이 속해 있는 환경과 무관하게 이루어질 수 있는 것이 아니기 때문이다. 아무리 자신의 특성을 이해하였다 할지라도 환경이 우호적이지 않다면 자신이 원하는 것을 할 수 없을 수도 있다. 따라서 이 장에서는 진로결정을 하기 전에 청소년들이 알아야 하는 환경적 요인들이 어떤 것들이 있는지 살펴볼 것이다.

1) 진로장벽

진로장벽은 진로선택을 하거나 진로준비를 하는 데 있어 방해가 되는 조건들을 의미한다(Swanson & D'Achiardi, 2004). 예를 들면, 차별, 자기이해의 부족, 열악한 경제상황, 나이 등 진로선택에 방해가 된다고 판단되는 요인들이 진로장벽이다. 이러한 진로장벽은 실제로 진로선택을 어렵게 하거나 진로준비를 어렵게 하는 요소로 작용하기도 한다. 예를 들어, 동일한 진로목표를 가지고 있는 두 사람 중 진로장벽을 더 많이 경험하는 사람은 그렇지 않은 사람에 비하여 진로선택이 어려워질 수밖에 없다. 동일하게 가수가 되고자 하는 학생이 있다면, 주변의 지원을 받는 학생이 반대에 부딪히는 학생에 비하여 진로를 향해 더 성공적으로 나갈 수 있을 것이다. 따라서 학생들이 경험하고 있는 진로장벽이 무엇인지 확인하는 것이 매우 필요하다.

진로장벽을 확인할 수 있는 방법은 다양하다(Swanson & Tokar, 1991; Swanson & Woitke, 1997). 먼저, 진로장벽검사를 통해서 학생들이 경험하는 진로장벽을 확인할 수 있다. 그런데 꼭 검사를 활용하지 않아도 간단한 면접만으로도 학생들의 진로장벽을 확인할 수 있다. 예를 들면, 학생들이 생각하기에 진로를 선택하는 데 어려움이 될 수 있다고 생각하는 리스트를 적어보게 하는 것이다. 간단한 작업이지만 학생들이 진로장벽으로 인식하고 있는 것이 무엇인지 확인할 수 있다. 또는 진로대안을 놓고 각각의 대안을 성취하는 데 예상되는 어려움이 무엇이 있을지 생각하도록 할 수도 있다. 직업카드를 활용해서 4~5개의 진로대안을 선택했다면, 각각의 대안을 성취하는 과정에서 겪을 수 있는 문제를 예상해 보게 하는 것이다. 이러한 과정 속에서 학생들이 생각하고 있는 진로장벽이 무엇인지 확인해 볼 수 있다.

이러한 과정을 통해서 진로장벽을 확인하였다면, 여기에서 그치는 것이 아니라 진로장벽을 극복할 수 있는 방안도 함께 생각해 보아야 한다(Lent, 2004). 학생들이 인식하고 있는 진로장벽 중에는 실제로 존재하는 어려움이기도 하지만 때로는 경험하게 될 가능성이 매우 적은 진로장벽도 있다. 따라서 학생이 현재 염려하고 있는 진로장벽을 실제로 경험할 가능성이 얼마나 되는지 살펴보아야 한다. 그리고 실제 진로장벽을 경험하게 되었을 때 어떻게 극복할 수 있는지 그 전략을 세워보아야 한다. 이런 전략 수립은 학생 혼자의 힘으로는 가능하지 않을 수도 있다. 진로진학상담교사뿐 아니라 주변 가족들과의 논의를 통해서 구체적으로 어떻게 극복할 수 있을지를 생각해 볼 필요가 있다.

진로장벽은 진로선택이 개인의 의지만으로 가능하지 않을 수도 있음을 보여주는 중요한 요인이기도 하다. 진로를 설계하고 진로를 선택하는 과정에서 학생들은 환경의 영향을 크게 받고 있기 때문에 학생들이 어떤 환경에서 진로를 선택하고 있는지 확인하는 것이 매우 중요하다. 진로진학상담교사에게는 학생들의 진로선택을 어렵게 하는 환경이 어떤 것인지 확인하고 이러한 장벽을 성공적으로 극복할 수 있도록 도와주어야 할 책임이 있다.

2) 주변사람들의 지지

주변사람들의 지지는 진로선택이나 진로준비를 촉진시켜줄 수 있는 중요한 요인이다. Brown, Ryan 그리고 Krane(2000)은 주변사람들의 지지가 진로상담효과를 극대화시키는 여러 가지 중요한 요인 중 하나라고 하였다. 다시 말해서 학생이 자신의 진로에 대해서 주변사람들의 지지를 받고 있다면, 진로를 설계하고 진로를 선택하는 것이 훨씬 용이해진다. 그러나 반대로 이러한 지지를 받지 못한다면, 이는 진로장벽이 될 것이고 진로의사결정의 어려움으로 이어질 수 있다.

학생이 주변사람들의 지지를 받고 있는지 확인하기 위해서는 진로장벽을 측정하는 것과 비슷한 방법을 사용할 수 있다. 진로장벽을 측정하는 도구 중에는 주변사람의 지지를 받고 있는지 확인할 수 있는 척도를 포함한 검사가 있다. 따라서 이 검사를 사용하면 된다. 또한 간단한 면접을 통해서도 학생이 지지를 받고 있는지 확인할 수 있다. 진로장벽을 확인하는 과정과 마찬가지로 여러 가지 진로대안을 놓고 각 진로대안을 추구해 나갈 때 주변사람들의 지지를 어느 정도 받을 수 있는지 확인할 수 있다. A라는 대안을 추구할 때는 부모님의 지지를 받을 수 있지만 B라는 대안을 추구할 때는 지지를 받지 못할 수도 있다. B라는 진로대안에는 부모님의 지지를 받지 못하는 진로장벽을 경험할 수 있는 것이다. 반대로 A라는 직업에 대해서는 부모님의 지지를 받으므로 대안을 성취하는 것이 훨씬 쉬워질 수 있다.

따라서 진로의사결정을 하기 어려워하는 학생이 있다면, 주변사람들의 지지를 받는지 확인할 필요가 있으며, 만약에 받고 있지 못하다면 지지를 제공하는 네트워크를 만들도록 도와주어야 한다.

2장

청소년 진로특성 진단

이동혁

청소년들이 자신의 진로를 결정하기 어려워하는 이유는 매우 다양하다. 예를 들면, 자신에 대한 이해가 부족하거나 직업에 대한 정보가 부족해서 진로결정을 내리지 못하는 경우가 있다. 그런데 자신에 대한 이해나 직업에 대한 이해는 충분하지만 내적으로 결정에 대한 자신감이 부족해서 결정을 내리지 못하는 경우도 있다. 이처럼 다양한 이유 때문에 진로문제를 경험하고 있는 청소년을 정확하게 이해하고 효과적인 개입을 하는 것이 필요하다. 따라서 이 장에서는 청소년의 진로문제를 이해하는 방식에 대해서 다루고자 한다.

1 호소문제에 따른 진단

학생들은 자신의 진로를 결정하는 과정에서 다양한 어려움을 경험한다. 예를 들면, 선택할 수 있는 대안이 너무 많거나 또는 너무 적어서 고민이 되기도 한다. 그리고 진로결정에 고려해야 할 요인들이 너무 많아서 골치 아파지는 것도 학생들이 경험하게 되는 어려움 중 하나이다. 이밖에도 불확실함의 문제, 진로선택을 어렵게 만드는 외적인 장벽의 문제 등 다양한 어려움들이 학생들의 진로결정을 어렵게 만든다. 그러므로 학생들이 진로의사결정을 하는 과정 가운데 호소하는 어려움이나 문제를 명확하게 이해하고 확인하는 것이 필요하다. 어떤 어려움을 경험하는지 확인하면 그에 대한 상담적 개입을 시도할 수 있기 때문이다. 따라서 이 장에서는 Gati, Krausz, Osipow(1996) 그리고 Saka와 Gati(2007)가 제시한 진로의사결정 어려움의 종류를 살펴보고자 한다. 이러한 어려움에 대한 이해는 학생들의 호소문제를 이해하고 진단하는 데 도움이 될 것이다.

1) 인지적 측면의 진로의사결정 어려움

학생들이 진로결정을 하기 어려워하는 이유는 매우 다양하다. 그런데 다양한 이유를 비슷한 종류끼리 범주화하면 크게 3가지로 나뉘고, 이를 다시 세분화하면 10가지 정도의 어려움으로 요약될 수 있다(Gati, Krausz, & Osipow, 1996). 이러한 범주를 살펴보자.

(1) 진로준비부족

진로준비부족(lack of readiness)은 주로 진로의사결정 과정을 시작하기 전에 나타난다. 즉, 진로의사결정 과정을 시작하기 전에 아래와 같은 어려움을 경험하게 됨으로써 진로의사결정 과정을 시작하기도 어려워지는 것이다. 학생들이 진로의사결정 과정을 시작하기 위해서는 적절한 수준의 준비가 이루어져야 하는데 다음의 세 가지 요인을 경험하게 된다면 진로선택을 위한 구체적 탐색을 시작하기 어려워진다. 물론 이러한 범주의 어려움이 반드시 진로의사결정 과정 전에만 나타나는 것은 아니다. 어떠한 이유에서든 진로의사결정 과정을 이미 시작했다 할지라도 이러한 범주의 어려움에 부딪힌다면 진행과정에서 어려움을 지속적으로 경험하게 된다. 따라서 다음과 같은 어려움은 진로의사결정이 효과적으로 이루어질 수 있도록 반드시 점검해 보아야 할 문제 영역이다.

① 동기부족

동기부족(lack of motivation)은 내가 왜 진로결정을 해야 하는지 그 이유를 찾지 못하는 경우이다. 진로결정과정을 시작하기 위해서는 진로결정의 필요성을 인식해야 하는데 많은 학생들이 내가 왜 지금 진로의사결정을 해야 하는지 그 이유를 찾지 못하여 진로의사결정 과정에 적극적으로 참여하지 못한다. 진로탐색을 시작하지 못하거나 진로에 대해서 관심을 보이지 않는 학생이 있다면 진로결정에 대한 동기가 부족한 것은 아닌지 확인해 볼 필요가 있다.

② 우유부단

우유부단(general indecisiveness)은 성격적인 특성이나 만성적인 문제로 인해서 진로선택을 오랜 기간 지속적으로 하지 못하는 경우이다. 우유부단의 경우와 달리 발달단계상 아직 진로결정을 반드시 해야 할 필요가 없어서 진로결정을 하지 않고 있는 경우는 성숙의 단계에 이르게 되면 조금의 도움만으로도 진로를 결정할 수 있게 된다. 그런데 이처럼 성격적인 특성이나 만성적인 문제로 인해서 진로결정을 하지 못하고 있는 학생은 보다 심도 있는 상담서비스를 필요로 한다. 성격적인 어려움이나 만성적인 문제는 단기간에 해결될 수 있는 것이 아니라 지속적인 도움을 필요로 하는 문제영역이기 때문이다. 이 유형은 다음 장에서 보다 자세히 다루게 될 것이다.

③ 잘못된 신념

잘못된 신념(dysfunctional beliefs)은 진로선택이나 진로계획에 대해서 가지고 있는 역기능적인 생각 때문에 진로결정이 어려워지는 경우이다. 진로의사결정에서 잘못된 신념의 부정적 영향력에 대해서는 Krumboltz(1990)와 Sampson 등(2004)이 지속적으로 언급하고 있다. 학생들은 자기가 인식하지 못하는 사이에 진로선택에 대해서 역기능적인 생각을 가지고 있을 때가 많다. 예를 들어, '완벽한 선택을 하고 싶다'는 생각은 겉으로 보기에 문제없어 보이지만 진로선택을 어렵게 만드는 대표적인 생각 중 하나이다. 완벽한 선택이라는 것이 존재하지도 않지만 그럼에도 불구하고 완벽한 것을 추구한다면 실수를 하지 않으려고 노력할 것이고, 매사에 조심스러워지면서 실수에 대한 두려움이 커지게 된다. 이렇게 실수에 대한 두려움이 커지게 되면, 선택을 적극적으로 하지 못하고 미루게 된다. 따라서 진로결정을 어려워하는 학생에게 진로결정을 어렵게 만드는 잘못된 신념이 있지는 않은지 확인하고 보다 건강한 생각으로 수정할 수 있도록 도와주는 것이 필요하다.

(2) 진로정보 부족

다음의 두 가지 범주는 진로의사결정 과정 중에 경험하게 되는 어려움들이다. 진로정보 부족(lack of information)은 효과적인 진로의사결정에 필요한 진로정보가 부족하여 어려움을 경험하게 되는 경우이다. 진로결정이 잘 이루어지기 위해서는 다양한 영역에 대한 정확한 정보들이 있어야 한다. 그런데 이러한 정보가 부족하다면, 진로선택 과정이 어려워지거나 적절하지 못한 진로결정으로 이어지기도 한다. 따라서 학생들이 진로결정을 어려워하고 있다면 어떤 영역에서 진로정보가 부족한지 확인하는 것이 필요하다.

① 진로의사결정 과정에 대한 정보부족

효과적인 진로의사결정이 이루어지기 위해서는 진로의사결정 과정 자체에 대한 이해가 선행되어야 한다. 학생들은 일반적으로 진로의사결정을 어떻게 하는 것인지 잘 모르는 경우가 많다. 진로선택은 '내가 하고 싶거나 좋아하는 일을 선택하면 되는 것이다'라는 정도 이상의 정보를 가지고 있지 못하다. 그러나 진로의사결정이 보다 효과적으로 이루어지기 위해서는 거쳐야 하는 과정들이 있다. 이러한 의사결정 과정에 대해서는 다양한 진로발달이론에서 제시를 하고 있다. 따라서 진로의사결정에 어려움을 경험하고 있는 학생이 있다면, 진로의사결정에 대한 정확한 정보를 가지고 있는지 확인하여, 부족한 경우 이를 해결할 수 있는 상담적 개입을 제공해야 한다.

② 자신에 대한 정보 부족

효과적인 진로의사결정을 하기 위하여 가장 필요한 요인 중 하나는 자신에 대한 정확한 이해이다. 적절한 진로를 선택하기 위해서는 학생이 가지고 있는 흥미, 능력, 가치관, 성격 등을 파악하여 그에 맞는 진로를 선택해야 하기 때문이다. 진로와 관련하여 자신이 어떤 특성을 가지고 있는지 알지 못한다면 자신에게 맞는 진로가 무엇인지 확인하기 어려워진다. 따라서 진로의사결정을 잘하지 못하는 학생이 있다면, 자신의 특성에 대해서 얼마나 잘 이해하고 있는지 확인하는 것이 필요하다.

③ 직업에 대한 정보 부족

직업세계에 대한 정보가 부족할 때도 진로를 선택하는 것이 어려워진다. 진로의사결정을 한다는 것은 자신의 특성을 잘 활용할 수 있는 미래를 설계해 보고, 특히 일의 세계를 선택하는 것을 의미한다. 그러므로 현재와 미래의 직업세계를 이해하지 못한다면, 자신의 특성을 활용하고 자아를 실현할 수 있는 직업을 선택하기가 어려워진다. 따라서 학생의 진로의사결정을 돕기 위해서는 학생이 직업세계에 대해서 정확한 정보를 가지고 있는지를 확인하는 것이 매우 중요해진다.

④ 정보 획득 방법에 대한 정보 부족

효과적인 진로의사결정을 위해서 정보를 얻을 수 있는 방법을 배우는 것도 중요하다. 최근 학생들의 경우 많은 정보를 인터넷이나 SNS 등을 통해서 얻고 있지만 수많은 정보의 양으로 인해서 얻은 정보를 어떻게 처리해야 하는지 그리고 어떻게 활용해야 하는지 잘 모르는 경우가 많다. 또한 학생들이라면 필요한 정보를 알아서 잘 찾을 수 있을 것이라고 가정하지만 진로정보를 어떻게 얻어야 하는지 알지 못하는 학생들이 생각보다 많이 있다. 이렇게 정보를 획득하는 방법을 알지 못하면 효과적인 진로의사결정으로 나아갈 수 없다. 따라서 진로선택을 어려워하는 학생의 경우 자신에게 필요한 정보를 획득하는 방법을 잘 알고 있는지 확인할 필요가 있다.

(3) 진로정보 불일치

효과적인 진로의사결정을 하는 데 있어서 정확한 정보와 일관된 정보는 매우 중요한 요인이 된다. 진로를 선택하기 위해서는 많은 정보들이 필요한데 이러한 정보는 정확해야 적절한 진로선택으로 이어질 수 있게 되고, 일관된 정보를 가지고 있어야 선택에 있어서 갈등을 줄일 수 있다. 정확하지 않거나 일관되지 못한 정보(inconsistent information)를 학생이 가지고 있다면, 진로선택이 어려워질 수밖에 없다. 따라서 학생들이 가지고 있는 정보가 어떤지 확인해야 하며, 만약에 정확하지 못한 정보를 가지고 있다면 그러한 정보로 인해서 경험하게 되는 어려움이 있는지 확인할 필요가 있다.

① 왜곡된 정보

학생이 왜곡된 정보(unreliable information)를 가지고 있다면 진로를 선택하는 것이 어려워지거나 적절하지 못한 선택으로 이어질 수 있다. 앞서 언급하였던 것처럼 최근 학생들은 많은 정보를 인터넷이나 미디어를 통해서 얻고 있다. 그러나 이렇게 습득된 정보들이 정확하지 않고, 출처에 따라서 서로 다른 정보를 제공하고 있기도 하다. 이렇게 왜곡된 정보를 근거로 선택을 하면 결국에는 불만족으로 이어지게 된다. 따라서 진로의사결정에 어려움을 경험하고 있는 학생이 있다면, 정보를 가지고 있는지 그리고 정보를 획득하는 방법을 알고 있는지도 확인해야 하며 또한 가지고 있는 정보의 질이 어떤지 확인할 필요가 있다. 만약에 왜곡된 정보를 가지고 있다면 이를 수정해 주는 노력이 필요하다.

② 내적 갈등

가지고 있는 정보가 왜곡되어 있거나 분명하지 않을 경우 내적인 갈등을 경험하게 되기도 한다. 내적인 갈등(internal conflict)은 다양한 대안 중에서 어떤 것을 선택해야 좋을지 몰라 개인적으로 갈등을 경험하는 경우이다. 이렇게 내적인 갈등을 경험하게 되는 이유는 다양한 대안을 가지고 있어서이기도 하지만, 자신에 대한 이해나 직업에 대한 정보가 잘못되어서 정확한 대안을 찾지 못해 생기기도 한다. 따라서 학생들이 진로결정을 어려워하고 있다면 이러한 내적 갈등을 경험하고 있지는 않은지 확인해 볼 필요가 있다.

③ 외적 갈등

일관되지 못한 정보로 인해서 외적인 갈등(external conflict)을 경험하기도 한다. 외적인 갈등은 학생의 의견과 주변사람의 의견이 달라 갈등을 경험하는 경우이다. 예를 들어, 학생의 자기이해와 부모가 이해하는 내용이 다르다면 각기 다른 진로대안을 제시하거나 추구하게 되어 갈등을 경험하게 될 수도 있다. 또한 미래의 직업세계에 대해서도 학생과 학부모가 서로 다른 견해를 가지고 있다면 진로선택에서 갈등이 나타날 수 있다. 이렇게 학생과 학부모 사이에 갈등이 존재한다면 진로의사결정을 하는 것이 어려워질 수밖에 없다. 따라서 진로결정을 어려워하고 있는 학생이 있다면 주변사람들과 진로선택에 대해서 갈등하고 있지는 않은지 확인해 볼 필요가 있다.

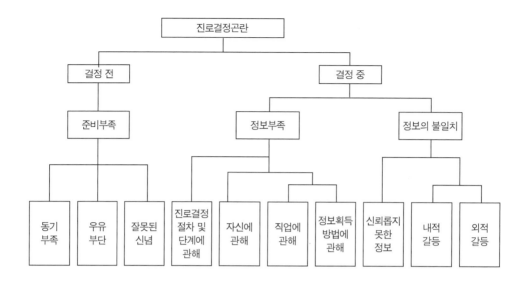

그림 2-1 인지적 측면의 진로의사결정 어려움 범주 및 하위유형

출처: Gati, Kausz, & Osipow(1996).

2) 성격적, 정서적 측면의 진로의사결정 어려움

(1) 비관적 관점

비관적 관점(pessimistic view)은 진로의사결정 과정에서 경험하게 되는 요인들에 대해서 부정적인 시각을 가지게 됨으로써 진로의사결정 어려움을 경험하게 되는 경우를 의미한다. 진로의사결정 과정에 대해서 비관적이거나 역기능적인 시각을 가지게 되면 진로결정이 어려워질 수 있다는 것에 대해서는 다양한 이론과 연구결과들이 입증해 주고 있다. 특히, 다음의 세 가지 영역에 대한 비관적인 관점은 진로의사결정을 어렵게 만드는 요인이라고 할 수 있다.

① 진로의사결정 과정에 대한 비관적 관점

진로의사결정 과정에 대한 비관적인 관점(pessimistic views about the decision-making process)은 진로결정에 대한 낮은 효능감으로도 표현될 수 있다. 즉, 효과적인 진로결정을 할 수 없을 것이라는 생각 또는 진로결정을 잘할 수 있을 만한 능력이 없다는 생각은 진로의사결정을 어렵게 만드는 요인이다. 효과적인 진로의사결정이 이루어지기 위해서는 진로의사결정을 위해서 무엇을 해야 하는지 그리고 어떻게 준비해야 하는지 알아야 하고 진로의사결정을 할 수 있을 것이라는 자신감이 요구된다. 그런데 이러한 자신감이 없고, 진로결정에 대해서 아무것도 알지 못하다고 생각하고 있다면 진로결정단계로 나아가기 어려울 것이고, 진로준비를 위한 구체적인 행동을 취하기가 어려울 것이다. 따라서 학생이 진로의사결정 어려움을 경험하고 있다면 진로의사결정 과정에 대해서 비관적인 생각을 가지고 있거나 낮은 효능감을 가지고 있지는 않은지 평가해 볼 필요가 있다.

② 일의 세계에 대한 비관적 관점

일의 세계에 대한 비관적인 관점(pessimistic views about the world of work)은 직업에 대해서 지나치게 비관적인 생각을 가지고 있는 경우를 의미한다. 예를 들면, '관심 있는 직업이 하나도 없다'거나, '직업에 대한 정보는 정확한 게 하나도 없어'와 같은 비관적인 생각을 가지고 있다면 직업을 탐색하는 것이 두려워지거나 불편해진다. 효과적으로 직업을 탐색하고 진로결정을 해 나가기 위해서는 직업에 대해서 보다 정확하고 명확한 생각을 가져야 하는데 편협한 시각을 가지고 있다면, 진로의사결정이 어려워질 수밖에 없다. 따라서 진로의사결정을 어려워하는 학생이 있다면 일의 세계에 대해서 잘못된 생각을 가지고 있지는 않은지 확인해 볼 필요가 있다.

③ 자신의 통제력에 대한 비관적 관점

자신의 통제력에 대한 비관적 관점(pessimistic views about one's control over the decision-making process)은 진로의사결정 과정 중에서 자신의 힘으로 할 수 있는 것은 없으며, 결국 외적인 요인들이 나의 진로를 결정하게 될 것이라고 생각하는 경우이다. 예를 들면, '부모님이 다른 직업을 원하시니 내가 할 수 있는 것은 아무것도 없지'라든가 '경제적 상황이 이렇게 어려운데 내가 무슨 직업을 가질 수 있겠어'와 같이 지나치게 비관적인 생각들은 진로의사결정 과정을 위축되게 만들고 무기력하게 만든다. 따라서 학생들이 진로의사결정에서 어려움을 경험하고 있다면 자신의 통제력에 대해서 비관적인 관점을 가지고 있지는 않은지 확인해서 비관적인 생각을 긍정적인 관점으로 바꿀 필요가 있다. 이렇게 사고의 전환을 이룰 때 학생들은 보다 효과적인 진로의사결정을 하게 된다.

(2) 불안

불안(anxiety)은 진로의사결정에 대한 두려움이나 걱정이 진로의사결정을 어렵게 하는 경우를 의미한다. 진로를 결정한다는 것은 보장되지 않은 미래를 준비하는 것이고, 분명하지 않은 진로방향을 결정해야 하는 것이기 때문에 불안이라는 감정이 수반되지 않을 수 없다. 그러나 이러한 불안이 과도할 경우에는 진로결정이 어려워지고 부담스러워질 수밖에 없다. 진로결정과정에서 불안이 나타나는 영역은 다음과 같다.

① 과정에 대한 불안

진로의사결정 과정에 대한 불안(anxiety about the process)은 일반적으로 진로결정 과정에 들어가기 전에 나타난다. 즉, 진로결정의 필요성을 인식하고 진로의사결정 과정을 시작하려고 할 때 많은 학생들은 '진로결정이 잘 안 되면 어떻게 하지?' 또는 '잘못된 선택을 하면 어떻게 하지?'와 같은 불안한 마음을 가지고 시작하게 된다. 그런데 이러한 불안이 과도하면 진로의사결정 과정에 대해서 스트레스를 경험하게 되고 더 나아가 결정을 못하게 될 것 같은 두려움 그리고 실패하게 될 것 같은 불안에 빠지게 된다. 결국 이러한 불안은 효과적인 진로의사결정을 어렵게 만든다. 따라서 진로의사결정을 어려워하는 학생이 있다면 이러한 불안을 가지고 있지는 않은지 확인해 볼 필요가 있다.

② 불확실성에 대한 불안

진로를 선택한다는 것은 불확실한 미래를 준비하는 것을 의미한다. 그렇기 때문에 진로의사결정에는 불확실함이 항상 함께할 수밖에 없다. 그런데 이러한 불확실함을 잘 인내하지 못하게 되면 불확실한 상황에 대해서 과도하게 불안(anxiety about the uncertainty)할 수 있다. 예를 들면, 미래 자체가 불확실하기 때문에 불확실한 미래를 준비하는 것에 대해서 불안할 수 있고, 확실한 결정을 내리지 못하고 미결정상태에 있게 되는 것도 불확실한 상태이므로 불안할 수 있다. 즉, 확실하지 않고 모호한 상태를 견디지 못해서 불안한 것이다. 이러한 불안은 효과적인 진로의사결정을 어렵게 만들 뿐 아니라 진로결정에 대해서 부정적인 생각을 갖게 하는 요인이 되기도 한다. 따라서 진로결정을 어려워하는 학생이 있다면 학생이 불확실한 것에 대해서 지나치게 불안해 하지는 않는지 확인할 필요가 있다.

③ 선택에 대한 불안

학생들은 자신의 진로를 선택해야 하는 시점이 되었을 때 선택 자체에 대해서 불안(anxiety about the choice)해하기도 한다. 가장 대표적인 두려움은 완벽한 선택을 하지 못할 것에 대한 두려움이다. 진로상담을 받으러 오는 많은 학생들은 '이번에 진로선택을 할 때 내게 가장 잘 맞는 완벽한 직업을 선택해야만 한다'고 말하곤 한다. 그런데 사실 완벽한 직업이라고 하는 것이 존재하지 않음에도 불구하고 많은 학생들은 이런 완벽한 기대를 한다. 완벽이란 조금의 실수도 포함되지 않는 것을 말하기 때문에 학생들은 진로선택에서 실수하지 않기 위해서 과도한 시간과 노력을 들이거나 또는 실수에 대한 두려움 때문에 아예 시작도 못하기도 한다. 그 결과 진로의사결정 어려움을 경험하게 되는 것이다. 뿐만 아니라 '나에게 맞을 수 있는 직업이 있는데 모르고 넘어가면 어떡하지'라고 걱정하기도 한다. 즉, 정보를 충분히 찾지 못해서 좋은 직업을 모르고 넘어갈 것 같은 두려움을 경험하게 되기도 한다. 또한 잘못된 선택을 할 것 같은 두려움을 갖게 되기도 한다. 마지막으로 학생들은 자신의 선택에 대해서 책임을 지는 것에 대한 두려움을 경험한다. 특히 '잘못된 선택에 대해서 책임을 질 수 있을까'라는 걱정을 한다. 결국 이러한 두려움이 학생들 마음 속에 있다면 진로의사결정이 어려워질 수밖에 없다. 따라서 진로의사결정을 어려워하는 학생들이 있다면 진로선택이라는 것에 대해서 불안해하거나 걱정만 하고 있지는 않은지 살펴볼 필요가 있다.

④ 결과에 대한 불안

이미 어떤 직업이나 전공을 선택했다 할지라도 결과가 좋지 않을 것에 대한 두려움

(anxiety about the outcome)이 있을 수 있다. 예를 들어, 어떤 학생이 교사가 되겠다고 결심했지만 임용고시의 어려움을 인식하여 실패할 것에 대한 두려움을 가지거나 또는 교사가 되었다 할지라도 생각했던 것과 교사생활이 다를 것에 대한 불안이 생길 수 있다. 즉, 원하는 직업을 가지지 못할 것에 대한 두려움, 또는 원하는 직업이었지만 실제가 자신의 기대와 다를 것에 대한 두려움이 학생들에게 있을 수 있다. 이러한 불안은 진로의사결정을 어렵게 만들 뿐 아니라 진로의사결정 과정을 시작하지 못하게 하기도 한다. 따라서 진로의사결정을 어려워하는 학생이 있다면 자신의 선택 결과에 대해서 걱정하거나 불안해하고 있지는 않은지 확인해 볼 필요가 있다.

(3) 자기개념과 자아정체성

자기개념과 자아정체성(self-concept/identity)은 자신에 대해서 명확하지 않은 또는 정확하지 않은 관점을 가지고 있을 때 생길 수 있는 진로의사결정 어려움을 의미한다. 진로의사결정 과정에서 가장 핵심적인 요인 중 하나가 명확한 자기이해이다. 자신의 특성을 정확하게 이해할 때 자신에게 맞는 직업이 무엇인지 알 수 있기 때문에 자신에 대해 잘못된 이해를 하고 있거나 정확하지 않은 관점을 가지고 있다면 진로의사결정이 어려워질 수밖에 없다. 이러한 자신에 대한 부정확한 관점은 성격적인 불안이나 중요한 타인과의 관계가 왜곡되어 나타날 수 있으며, 자신에 대한 낮은 자존감이나 부정적 관점 때문에 형성되기도 한다.

① 기질적인 불안

기질적으로 불안(general trait anxiety)한 성격을 가지고 있을 때 진로의사결정이 어려워지게 된다. 기질적으로 불안한 학생들은 특별한 근거 없이 다양한 것들에 대해서 불안해하거나 걱정을 하게 된다. 진로선택에 대해서뿐 아니라 생활전반에서 불안해하거나 걱정하는 경향을 가지고 있다. 결과 이러한 학생들은 특별한 이유가 보이지 않지만 막연하게 진로결정이 잘 안 될 것이라고 걱정하거나, 잘못된 선택을 하게 될 것이라고 불안해한다. 결국 이렇게 기질적으로 불안한 학생은 진로의사결정을 어려워할 수밖에 없다. 따라서 진로의사결정을 어려워하는 학생이 있다면 이러한 기질적 불안을 가지고 있지는 않은지 살펴볼 필요가 있다.

② 낮은 자아존중감

자신에 대해서 낮은 존중감(low self-esteem)이나 가치감을 가지고 있을 때도 진로
의사결정이 어려워질 수 있다. 낮은 자존감은 자신의 일반적인 특성에 대해서도 나타
날 수 있지만 특정한 영역에서도 나타날 수 있다. 다시 말해서 자신의 전반에 대해서 가
치가 없는 사람이라고 생각할 수도 있고, 진로선택에 대해서만 낮은 자존감을 가질 수
도 있다. 자존감이 낮을 경우에는 선택을 하기도 어렵지만 선택에 대해서 만족감을 갖
기도 어렵다. 그리고 진로를 선택하는 과정 속에서 경험할 수 있는 다양한 문제상황을
적극적으로 대처하기도 어렵다. 결국 낮은 자존감을 가지고 있는 학생들은 진로선택과
정을 효과적으로 이끌어가기 쉽지 않을 수 있다. 따라서 진로의사결정을 어려워하는
학생이 있다면 낮은 자존감을 가지고 있지는 않은지 살펴볼 필요가 있다.

③ 미분화 정체성

자신이 어떤 사람인지에 대해서 안정적인 생각을 가지고 있다면, 진로를 선택하는
과정에서 자신의 선호나 가치를 보다 명확하게 표현할 수 있을 것이다. 그런데 자신에
대해서 명확하지 못한 생각을 가지고 있다면, 자신의 선호나 가치 또는 생각을 명확하
게 표현할 수 없게 되고 결국에는 자신의 선호를 실현할 수 없게 된다. 다시 말해서, 자
신이 좋아하는 것과 중요하게 생각하는 것을 명확하게 인식할 때는 보다 효과적인 진
로선택을 할 수 있게 되지만, 자신에 대한 생각이 안정적이지 못하면, 자신의 특성을 진
로에서 실현하기 어렵게 된다는 것이다. 결과 미분화 정체성(uncrystallized identity)을
가지고 있다면 진로의사결정이 어려워질 수밖에 없다. 따라서 진로의사결정을 어려워
하는 학생들이 이러한 미분화 정체성을 가지고 있지는 않은지 탐색해 볼 필요가 있다.

④ 갈등적 애착과 분리

갈등적 애착과 분리(conflictual attachment and separation)는 가족과 같은 중요한
타인과의 관계에서 나타난다. 이러한 갈등은 주로 학생들의 선택에 대해서 가족과 같

이 가까운 사람들이 과도하게 비난하거나 지지해 주지 않을 때 나타나게 된다. 또한 선택을 하면서 주변사람들을 과도하게 만족시키려고 할 때도 이러한 갈등이 나타난다. 학생이 자신의 선호를 드러낼 때 비난을 받아 왔다면 자신이 좋아하는 것을 드러내지 않으려고 할 뿐 아니라 선택을 주저하게 될 것이다. 그리고 주변사람을 만족시키려는 강한 욕구를 가지고 있다면 주변사람이 만족하지 못할 것에 대한 두려움 때문에 선택을 어려워할 수 있다. 즉, 자신의 선택에 대한 주변의 비난이든 주변사람을 만족시키고자 하는 학생의 욕구든 모두 진로선택을 어렵게 할 뿐 아니라 지속적으로 선택에 대해서 죄책감이나 불안을 가지게 한다. 결과적으로 이러한 갈등적 애착과 분리를 경험하는 학생들은 진로의사결정이 어려워지게 된다. 따라서 진로의사결정을 어려워하는 학생이 있다면 갈등적 애착과 분리를 경험하고 있지는 않은지 확인해 볼 필요가 있다.

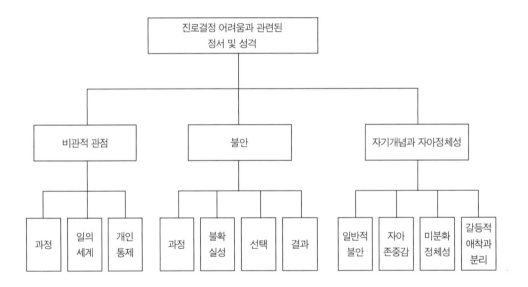

그림 2-2 진로결정 어려움과 관련된 정서 및 성격 척도의 위계구조
출처: 김민선, 연규진(2014).

2 　 진로의사결정 준비도에 따른 진단

이 장에서는 진로의사결정 준비도에 따라서 학생의 진로특성을 진단하는 것에 대해서 설명하고자 한다. 진로의사결정 준비도는 자신의 진로발달에 영향을 주는 환경적 요인들을 고려하면서 적절한 진로선택을 할 수 있는 능력을 갖춘 정도를 의미한다 (Sampson, Reardon, Peterson, & Lenz, 2004). 다시 말해서 적절한 진로의사결정을 위해서 개인적인 측면과 환경적인 측면에서 얼마나 준비가 되어 있는가를 의미하는 것이다. 이러한 준비도를 평가하기 위해서 진로정보처리이론(Sampson et al., 2004)에서는 두 가지 차원을 고려해야 한다고 한다. 첫째는 개인의 능력(capability)이고, 두 번째는 환경적인 복잡성(complexity)이다. 이러한 두 가지 요인을 고려하여 학생의 진로의사결정 준비도를 평가할 수 있게 된다.

1) 개인의 능력

개인의 능력은 진로문제해결이나 진로의사결정을 효과적으로 할 수 있는 개인의 인지적, 정서적 능력을 의미한다. 학생이 인지적 또는 정서적으로 어려움을 경험하게 되면 진로문제해결이나 진로의사결정이 효과적으로 이루어지기 어렵기 때문에 진로의사결정이 효과적으로 이루어지기 위해서는 진로의사결정을 위한 인지적, 정서적 능력이 갖추어져야 한다. 이러한 개인의 능력에 영향을 주는 요인들은 다음과 같은 것들이 있다.

(1) 자신에 대한 이해

학생이 효과적으로 진로결정을 하기 위해서는 자신에 대해서 정확한 이해를 하고 있어야 한다. 그리고 자신의 특성을 진실되게 탐색하고자 하는 의지를 가지고 있어야 한다. 다시 말해서, 진로와 관련된 자신의 특성, 흥미, 능력, 가치 등을 명확하게 알고 있어야 진로의사결정을 할 수 있기 때문에 자신의 특성을 이해하고자 하는 동기는 매우 중요한 개인의 능력이 되는 것이다.

(2) 직업에 대한 이해

진로의사결정이 효과적으로 이루어지기 위해서는 직업세계에 대한 이해가 있어야 한다. 자신이 선택할 수 있는 직업들은 어떤 것이 있는지 그리고 그러한 직업들이 가지고 있는 특성은 어떤 것인지 등에 대한 정보를 가지고 있어야 하며, 학생들은 이러한 정보를 탐색하고자 하는 동기를 가지고 있어야 한다. 직업세계를 탐색하고자 하는 적극적인 태도를 가지고 있을 때 성공적인 진로의사결정을 할 수 있게 된다.

(3) 진로의사결정에 대한 이해

효과적인 진로의사결정을 위해서는 진로문제를 어떻게 해결할 수 있는지 그 방법적인 측면에 대한 이해가 필요하다. 그리고 실제로 진로의사결정을 어떻게 하는지를 배우고자 하는 자세를 가지고 있어야 한다. 이를 위해 필요한 능력은 다음과 같다. 첫째, 자신의 진로문제가 무엇인지 분명하게 확인할 수 있어야 하며, 진로문제의 원인이 무엇인지, 그리고 문제를 해결하기 위한 대안이 무엇이 있는지 탐색할 수 있는 능력이 있어야 한다. 둘째, 진로문제를 해결하고 가장 좋은 대안을 선택할 수 있다는 자신감을 가질 수 있어야 한다. 학생이 자신의 진로문제를 명확하게 이해한다 할지라도 그 문제를 해결할 수 있다는 자신감이 부족하면 진로문제에 대한 이해가 문제해결을 위한 구체적인 행동으로 이어지지 않기 때문이다. 셋째, 자신의 진로문제를 해결할 수 있는 방법이라고 여겨지는 대안을 행동으로 옮길 수 있어야 한다. 자신이 가지고 있는 진로문제를 이해했다고 해서 그리고 문제를 해결할 자신감을 가지고 있다고 해서 진로문제가 저절로 해결되는 것은 아니다. 자신의 진로문제를 해결할 수 있는 대안을 실제 행동으로 옮길 수 있는 능력이 필요한 것이다. 넷째, 최종적인 진로의사결정의 책임이 본인에게 있음을 인정하고 수용하는 것이 필요하다. 진로의사결정을 하는 과정에서 다양한 사람들의 도움을 받을 수는 있지만 결국 최종적인 결정은 학생 본인이 해야 한다. 따라서 진로의사결정의 주체가 자신임을 인식하고 수용할 수 있어야 한다.

(4) 부정적 사고와 정서의 영향력에 대한 이해

진로의사결정을 하는 과정에서 부정적인 생각과 감정이 자신의 의사결정능력을 제한할 수 있음을 이해하고 이러한 부정적 사고와 정서를 해결하고자 하는 의지를 가질 수 있어야 한다. 예를 들어, '나의 진로결정은 완벽해야 한다'와 같은 비합리적인 생각은 진로결정과정을 지나치게 어렵게 만들기도 한다. 완벽한 진로결정을 하기 위해서는 나에 대한 이해도 완벽해야 하고, 직업세계에 대한 이해도 완벽해야 한다. 그리고 이러한 모든 것이 완벽하게 이루어지기 위해서는 필요 이상의 시간과 노력을 투자해야 한다. 또한 최종 결정단계에 이르러서는 완벽하지 못한 결정을 할 것에 대한 두려움 때문에 정작 결정을 미루게 되기도 한다. 따라서 학생은 진로에 대한 비합리적인 생각이 진로결정을 어렵게 만들 수 있음을 이해하고 자신이 가진 비합리적 신념이 무엇인지 확인하고 수정하고자 하는 노력을 할 수 있어야 한다.

부정적인 감정도 마찬가지이다. 진로문제를 해결하는 과정에서 지나친 두려움이나 걱정은 문제상황을 명확하게 이해하지 못하게 할 뿐 아니라 문제해결 대안을 판단하지 못하도록 한다. 그런데 안타깝게도 많은 학생들은 자신이 가지고 있는 부정적 감정을 인식하고 있지 못하고, 부정적 정서가 문제해결을 어렵게 만들고 있음을 이해하지 못할 때가 많다. 그러므로 진로의사결정이 성공적으로 이루어지기 위해서는 자신의 감정이 진로결정과정에 어떻게 영향을 미치고 있는지 인식할 수 있는 능력이 있어야 한다.

(5) 개인차원에서의 진로의사결정 준비도 진단

진로의사결정에 어려움을 경험하고 있는 학생이 있다면 앞서 언급한 네 가지 요인을 먼저 탐색해야 한다. 자신에 대한 이해 수준은 어느 정도인지, 직업에 대한 이해는 충분히 하고 있는지, 진로의사결정방법에 대해서는 알고 있는지, 그리고 마지막으로 진로결정과 관련하여 비합리적인 생각이나 부정적 감정을 가지고 있지는 않은지 확인해야 한다. 이러한 확인 과정을 거쳐서 학생들이 충분히 준비가 되어 있다고 판단된다면 진로의사결정을 위한 실제적인 단계로 나아갈 수 있지만 여러 영역에서 부족함이 보인다면 진로의사결정을 위한 개인의 능력이 향상될 수 있도록 도와주어야 한다. 예를 들어, A 학생의 경우, 직업에 대한 이해는 충분하지만 자신에 대한 이해가 부족하고 진로에 대해서 비합리적인 생각을 많이 가지고 있다면 효과적인 진로의사결정을 하기 위한 준비가 충분히 되었다고 보기 어렵다. 따라서 진로진학상담교사는 A 학생이 자신에 대한 이해를 증진시키고, 진로에 대해서 가지고 있는 비합리적인 생각을 수정할 수 있도록 도와주어야 한다.

2) 환경적인 복잡성

환경적인 복잡성은 가정, 사회 또는 경제적 상황에 기인한 여러 가지 요인들이 진로의사결정을 어렵게 만드는 정도를 의미한다. 학생들의 진로의사결정은 환경적인 영향 없이 개인의 선택으로만 이루어지는 것이 아니다. 진로의사결정은 다양한 환경적 요인(예, 부모의 압력, 가정경제의 어려움, 사회구조의 변화, 국가 또는 세계 경제상황의 변화, 채용기업 수의 감소 등)의 영향을 받으며 이루어지게 된다. 특히, 환경적인 복잡성 때문에 기인한 어려움은 적절한 개인적 능력(capability)을 갖추었다 할지라도 진로의사결정 과정을 어렵게 만드는 중요한 요인이 된다. 진로의사결정을 어렵게 만드는 환경적인 복잡성에 영향을 주는 요인들은 다음과 같다.

(1) 가족요인

가족 내에서 많은 책임을 지고 있는 사람이나 가족관계로 인하여 스트레스를 받고 있는 사람은 진로의사결정이 복잡해지게 된다. 예를 들어 진로의사결정과 관련하여 가족과 갈등을 경험하고 있는 학생이라면 자신의 진로결정에 대해서 지지를 받고 있는 학생에 비하여 진로결정이 복잡해지고 어려워질 수밖에 없다. 또한 학생 자신이 가지고 있는 꿈이 있지만 가정경제의 어려움으로 자신의 꿈을 실현하는 것이 어려워진다면 이 또한 진로결정을 복잡하고 어렵게 만든다. 즉, 가족과의 관계나 또는 가족 내에서 발생한 다양한 요인들로 인하여 환경적 복잡성이 증대될 수 있고, 이는 다시 진로의사결정의 어려움으로 이어질 수 있다.

(2) 사회적 요인

만약에 학생들이 진로발달에 대해서 사회로부터 적극적인 지지를 받게 된다면 진로의사결정의 어려움을 덜 경험하게 되지만 반대로 부적절한 차별이나 불합리한 제도 아래 살아가게 된다면 진로의사결정 어려움을 더 많이 경험하게 될 것이다. 예를 들어, 다문화 가정에서 자란 학생의 경우 학생 개인의 특성이나 재능과 관계없이 다문화 가정에서 자랐다는 것만으로 차별을 경험하게 되는 경우가 많다. 또한 다문화 가정에서 자란 학생들은 모델링을 할 수 있을 만한 주변사람이 부족하여 자신의 진로를 계획하고 실천해 나가는 데 있어 어려움을 경험하게 된다. 이처럼 학생을 둘러싸고 있는 불합리한 사회적 요인들은 학생들의 진로발달이나 진로결정을 어렵게 만든다.

(3) 경제적 요인

경제적인 요인은 두 가지로 나누어 생각해 볼 수 있다. 첫 번째 요인은 사회 전체의 경제적 상황이고, 두 번째 요인은 개인의 경제적 상황이다. 첫째, 사회 전체의 경제적 상황은 학생의 진로발달이나 진로결정에 영향을 주게 된다. 예를 들어, 갑작스럽게 경제적 위기가 찾아오면, 노동시장에서 취업의 기회는 줄어들게 되고, 개인적으로 준비는 되었다 할지라도 실제 노동기회가 부족하여 진로선택을 하기 어려워진다. 둘째, 개인적 경제적 어려움도 진로선택에 부정적인 영향을 준다. 개인적으로 경제적 어려움을 경험하고 있다면 진로선택 대안이 많이 줄어들게 되고, 경제적 문제해결을 위하여 우선순위가 바뀔 수도 있다. 또는 진로를 변경해야 할 경우에도 충분한 경제적 지원을 받고 있는 경우와 그렇지 않은 경우는 상황이 많이 다르다.

(4) 환경차원에서의 진로의사결정 준비도 진단

진로의사결정에 어려움을 경험하고 있는 학생이 있다면, 앞에서 언급한 3가지 환경요인을 탐색해 보아야 한다. 그 이유는 진로의사결정에서 어려움을 경험하는 것이 사회적 요인이나 가족 요인 또는 경제적 요인으로 인한 것일 수 있기 때문이다. 사회적으로도 많은 지지를 받고 있고, 가족 내에서도 갈등이나 어려움이 없고, 경제적으로도 충분한 지원을 받고 있다면 그렇지 않은 학생에 비하여 진로를 선택하는 것이 훨씬 용이할 것이다. 그렇지만 반대로 사회적으로 불합리한 차별을 받고 있거나 가족 간에 갈등이 많다면 그리고 경제적으로 어렵다면 진로결정은 훨씬 힘들 것이다. 만약에 이러한 어려움이 확인된다면 진로진학상담교사는 학생들이 이러한 사회적 요인을 극복해 나갈 수 있도록 도와주어야 하며, 진로결정 어려움이 사회구조적 문제에 의한 것이라면 진로진학상담교사로서 문제해결을 위한 사회적 목소리를 내야 한다.

3) 2차원 진단

진로정보처리이론(Sampson et al., 2004)에서는 개인의 능력과 환경의 복잡성에 대한 정보를 활용하여 2차원 진단을 내리도록 하고 있다. 그림에 제시된 것처럼 개인의 능력을 x축으로 하고 환경의 복잡성을 y축으로 하여 개인능력의 고저와 환경복잡성의 고저를 기준으로 3가지의 진단을 내릴 수 있게 된다. 첫째, 개인능력이 높고, 환경복잡성이 낮은 경우는 진로의사결정 준비도가 높은 경우이다. 이러한 경우는 학생이 진로의사결정을 위하여 준비가 잘 되어 있기 때문에 간단한 정보나 간략한 자문만으로도 진로문제를 잘 해결해 나갈 것이다. 둘째, 개인능력 수준은 높은데 환경복잡성도 높은 경우, 또는 환경복잡성은 낮은데 개인능력수준도 낮은 경우는 진로의사결정 준비도가 중간 정도 수준이라고 할 수 있다. 한 가지 요인은 긍정적이지만 다른 요인이 부정적이기 때문이다. 따라서 이러한 학생에게는 진로준비도가 높은 학생들에 비하여 보다 심도 있는 진로 상담 및 교육이 제공되어야 한다. 다시 말해서 진로의사결정이 효과적으로 이루어지도록 낮은 개인능력 수준을 높이거나 높은 환경복잡성 수준을 낮출 수 있도록 하는 개입을 할 필요가 있다. 셋째, 개인능력 수준은 낮고, 환경복잡성 수준은 높아 진로의사결정 준비도가 낮은 경우이다. 이러한 경우의 학생은 진로의사결정에서 어려움을 경험할 수밖에 없다. 따라서 이러한 학생들에게는 보다 장기간의 진로진학상담 서비스가 제공될 필요가 있다. 개인능력을 향상시키고 환경복잡성을 낮추기 위해서는 충분한 대화와 상담적 개입이 필요하기 때문이다.

이러한 2차원 진단 방식은 두 가지 측면에서 도움이 된다. 첫째, 학생이 진로의사결정을 어려워하는 이유를 확인함으로써 상담적 개입을 해야 하는 영역이 어디인지 알 수 있게 된다. 예를 들어, 학생과의 면담을 통하여 환경적 복잡성은 낮지만 개인능력이 낮다고 판단될 경우에는 앞에서 언급한 4가지 개인요인을 탐색하여 구체적으로 진로의사결정에 필요한 능력 중 무엇이 부족한지 확인할 수 있게 된다. 이렇게 부족한 능력을 확인하게 되면, 상담적 개입을 통하여 능력이 향상될 수 있도록 도와줄 수 있게 된다. 둘째, 상담적 개입의 수준을 결정할 수 있게 된다. 진로의사결정을 어려워하는 학생들이 모두 동일한 수준의 진로진학상담서비스를 필요로 하는 것은 아니다. 어떤 학생은 간단한 조언만으로도 문제가 해결될 수 있는 학생이 있다면, 다른 학생은 보다 오랜 시간의 상담이 필요한 경우가 있다. 따라서 본 2차원 진단체계를 통하여 학생에게 필요한 적절한 수준의 진로진학상담서비스가 무엇인지 확인할 수 있다.

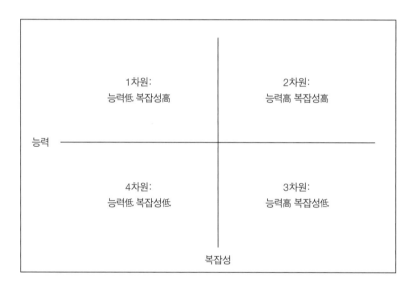

그림 2-3 진로의사결정 준비도 진단을 위한 2차원 모델

이 장에서는 진로의사결정상태에 따라서 학생들의 진로특성을 평가하는 것에 대해서 설명하고자 한다. 대부분의 진로진학상담교사는 진로문제를 경험하고 있는 학생을 만나면 학생이 진로를 선택했는지 아니면 아직 못했는지 궁금해 한다. 진로를 선택했다면 아마도 문제가 없을 것이라고 생각하고 있기 때문일 것이다. 그런데 교사의 기대와는 달리 진로를 결정했다고 해서 문제가 없는 것은 아닐 수 있다. 반대로 진로결정을 하지 못했다고 해서 문제가 많은 것이 아닐 수도 있다. 따라서 진로진학상담교사는 진로를 이미 결정한 학생과 아직 결정하지 못한 학생들의 특성을 이해하는 것이 필요하다. 이를 위해서 다양한 학자들이 진로를 결정한 학생과 결정하지 못한 학생들이 어떻게 다른지 탐색하여 왔다(Gordon, 1998).

진로를 결정한 사람과 결정하지 못한 사람의 특성을 구분한 가장 대표적인 연구는 Jones와 Chenery(1980)의 연구이다. 이들은 진로를 결정했는지의 여부와 불안이라는 정서를 연결시켜서 4가지 진로의사결정상태가 존재한다고 보았다. 첫째는 진로를 결정했고 편안한 상태(decided-comfortable), 둘째는 진로를 결정했지만 불편한 상태(decided-uncomfortable), 셋째는 진로를 결정하지 못했지만 편안한 상태(undecided-comfortable) 그리고 넷째는 진로를 결정하지 못했고 불편한 상태(undecided-uncomfortable)이다. 이 연구는 의사결정을 하지 못한 사람들에게 초점을 맞췄던 이전의 연구와는 달리 진로의사결정을 이미 하였어도 불안하거나 만족하지 못하는 역기능적 상태가 있을 수 있음을 보여주었다. 그리고 진로의사결정을 하지 못한 것이 모두 문제가 아닐 수 있음도 보여주고 있다. 이와 비슷하게 Wanburg와 Muchinsky(1992)도 자신감을 가지고 결정한 상태(confident decided), 결정했지만 불안한 상태(concerned decided), 결정을 못해서 불안한 상태(anxious undecided), 그리고 결정하지 못했지만 관심이 없는 상태(indifferent undecided)와 같이 진로의사결정상태를 구분하기도 한다. 이밖에도 다양한 학자들(예, Chartrand et al., 1994; Cohen, Chartrand, & Jowdy, 1995; Holland & Holland,

1977; Newman, Fuqua, & Minger, 1990)이 진로의사결정상태를 구분하고 있는데 이 장에서는 Sampson 등(2004)의 분류를 보다 자세히 설명하고자 한다.

1) 진로결정상태

앞에서도 언급하였듯이 진로를 결정했다(decided)고 해서 모든 진로문제가 해결되는 것은 아니다. 진로를 결정했지만 여전히 해결해야 할 문제들이 남아 있을 수 있다. 첫 번째는 진로를 결정했지만 확신이 필요한 경우이다. 이러한 유형을 **결정확신유형**(decided-confirmation)이라고 한다. 예를 들어, 어떤 학생들의 경우 매우 신중하여 자신의 결정이 정확히 이루어졌는지 확인하고 싶어 할 수 있다. 이미 결정했지만 다양한 점검과정을 거쳐서 자신의 선택이 적절한 선택이었음을 확인하고 싶은 것이다. 또는 이미 결정했지만 체계적인 진로의사결정 과정을 거쳐서 재확인하고 싶은 경우일 수도 있다. 두 번째는 결정은 했지만 실행이 필요한 경우이다. 이러한 유형을 **결정시행유형**(decided-implementation)이라고 한다. 특히, 청소년의 경우 자신은 진로를 결정했다고 하지만 진로목표를 성취하기 위해서 아무런 준비를 하지 않고 있거나 또는 준비를 못하고 있는 경우가 많다. 따라서 학생이 이러한 유형에 속할 경우에는 결정한 진로목표를 성취해 나갈 수 있도록 도움을 제공하는 것이 필요하다. 세 번째는 갈등을 피하기 위해서 진로결정을 한 경우이다. 이러한 유형을 **갈등회피결정유형**(decided-conflict avoidance)이라고 한다. 예를 들어, 진로에 대해서 학생이 가지고 있는 생각과 부모가 가지고 있는 생각이 다를 경우 갈등을 경험하게 되는데 이러한 갈등을 피하기 위해서 결정을 한 경우를 말한다. 또한 여러 진로대안을 놓고 어느 것이 좋을지 결정하기 어려울 때 내적인 갈등을 피하기 위해서 아무거나 결정을 해 버리는 것도 이러한 경우에 해당한다. 갈등은 대부분의 학생들에게 스트레스로 다가오기 때문에 갈등을 경험하는 학생들은 자연스럽게 이를 피해버리고 싶은 마음이 들게 된다. 따라서 이러한 유형의 학생들의 경우에는 갈등을 효과적으로 해결할 수 있도록 진로상담자의 조력이 매우 필요하게 된다.

2) 진로미결정상태

진로미결정상태(undecided)에 있는 학생들은 아직 특정한 진로대안을 선택하지 못한 상태를 말한다. 그런데 이러한 상태도 한 가지 종류가 아니라 다양한 유형의 진로 미결정상태가 있다. 첫 번째는 지금 현재 꼭 선택을 해야 할 필요가 없어 진로의사결정을 하지 않은 경우이다. 이러한 유형을 **선택지연미결정유형**(undecided-deferred choice)이라고 한다. 예를 들어 대학교 1학년 학생의 경우 졸업 후 어떤 직업을 가질지 당장 결정해야 하는 것은 아니다. 좀 더 시간을 가지고 다양한 활동을 경험한 후에 진로의사결정을 해도 늦지 않다. 때로는 이렇게 충분히 탐색의 시간을 갖는 것이 급하게 결정하는 것보다 더 적절한 진로결정 방법일 수 있다. 두 번째는 진로발달상 의사결정을 위한 준비가 되지 않아 진로결정을 하지 못했거나 또는 하지 않은 경우이다. 이러한 유형은 **발달적미결정유형**(undecided-developmental)이라고 한다. 이러한 유형의 학생들은 특히 자신에 대한 이해와 직업에 대한 이해 그리고 진로의사결정방법에 대한 지식이 부족한 경우를 말한다. 진로의사결정을 하기 위해서는 가장 기본적으로 자신의 특성에 대한 이해가 필요하고 직업세계에 대한 이해가 이루어져야 한다. 그리고 진로의사결정을 어떻게 하는 것인지에 대한 지식이 있어야 한다. 그런데 발달단계상 아직 이러한 지식을 얻지 못한 학생들이 있을 수 있다. 따라서 이러한 유형에 속하는 학생들에게는 진로의사결정을 위한 준비가 될 수 있도록 도와줄 필요가 있다. 세 번째는 다양한 영역에 흥미가 있거나 다양한 능력을 가지고 있어서 결정하지 못한 경우다. 이러한 유형을 **다재능미결정유형**(undecided-multipotential)이라고 한다. 다양한 재능을 가지고 있고 그리하여 가족구성원으로부터 높은 기대를 받기 때문에 선택이 어려워질 수 있다. 따라서 이러한 학생들에게는 자신이 좋아하는 것과 잘하는 것을 보다 명확하게 구체화하도록 도와주는 것이 필요하다.

3) 부적응적 진로미결정상태

부적응적 진로미결정상태(indecisive)는 역기능적인 문제해결방식이나 의사결정방식 또는 부적응적 성격 등으로 인해 지나친 수준의 불안을 경험하여 결정을 하지 못하는 경우이다. 부적응적 진로미결정상태는 진로의사결정을 하지 못했다는 것에서는 진로미결정상태와 동일하지만 결정하지 못한 원인과 문제를 해결하는 방식에서 차이가 나타난다. 진로미결정상태는 발달상 또는 상황상 결정을 하지 않은 것이지만 부적응적 진로미결정상태는 역기능적인 문제해결양식과 성격으로 인해 결정을 만성적으로 하지 못하고 있으며, 문제를 해결하는 양식에 있어서도 부정적인 방식으로 접근을 한다. 이러한 부적응적인 접근들은 진로문제해결을 어렵게 할 뿐 아니라 새롭게 진로의사결정 방법을 습득하는 데 있어서도 한계를 가지게 한다. 따라서 좀 더 오랜 시간의 상담 서비스 제공이 요구된다.

4) 진로의사결정상태에 따른 진단

진로상담자는 진로문제를 경험하는 학생들의 진로의사결정상태를 확인하여 학생들의 진로특성을 이해할 필요가 있다. 이미 진로를 결정한 학생이라면 어떤 상태에 있는지 하위유형을 탐색하여 구체적으로 상담개입이 필요한 영역이 무엇인지 확인하여야 한다. 예를 들어, 갈등회피결정유형의 학생이라면 갈등을 직면하고 해결해 나가도록 도와주는 것이 필요하다. 그리고 진로를 결정하지 못하였다면 또한 하위유형을 확인하여 하위유형에 따라 필요한 상담개입전략을 세워야 한다. 예를 들어, 발달적미결정유형이라면 자기이해와 직업에 대한 이해 그리고 진로결정에 대한 이해를 할 수 있도록 도와주어야 한다. 물론 학생들이 반드시 한 가지 유형에만 속하는 것은 아니다. Gordon(1990)도 진로의사결정상태를 유형화하는데 있어서 주의해야 할 것은 학생이 반드시 한 가지 유형으로만 분류되지 않는다는 점이라고 하였다. 하지만 학생이 여러 가지 진로의사결정상태 중에서 어디에 속해 있는지 알게 된다면 유형에 따라 적절한 상담개입전략을 세울 수 있게 된다. 특히, 학생이 부적응적 미결정상태에 있다면 보다 심도 있는 진로진학상담서비스를 제공할 필요가 있다. 또한 진로문제뿐 아니라 일반적인 문제해결양식이나 성격적인 측면까지도 다루어 줄 수 있어야 한다.

3장

청소년 진로특성 탐색 방법

이동혁

청소년들이 자신의 진로관련 특성을 이해할 수 있는 방법은 다양하다. 예를 들면, 과거 자신의 경험을 분석함으로써 현재 자신이 좋아하고 있는 것이 무엇인지 이해할 수 있으며, 주변사람들에게 물어보아서 자신이 어떤 특성을 가지고 있는지 탐색할 수도 있다. 이러한 다양한 방법 중에서도 가장 많이 활용되고 있는 방법은 진로심리검사를 활용하여 자신의 특성을 이해하는 것이다. 따라서 이 장에서는 진로심리검사의 종류와 내용에 대해서 살펴보고자 한다.

1 진로심리검사

청소년의 진로특성을 이해할 수 있는 가장 대표적인 방법은 진로심리검사를 활용하는 방법이다. 진로심리검사는 Parsons(1909)가 효과적인 진로선택을 위하여 자신에 대한 이해와 직업에 대한 이해가 중요함을 강조한 이래 자기를 이해하는 중요한 도구로 사용되어 왔다. 직업과 관련된 많은 것이 이전과 상당히 달라진 21세기에도 여전히 진로심리검사는 진로교육과 진로상담에서 중요한 도구로 사용되고 있다. 이 장에서는 이러한 진로심리검사의 목적과 활용 그리고 종류에 대해서 살펴보고자 한다.

1) 진로심리검사의 목적

청소년의 진로특성을 이해할 수 있는 방법은 진로심리검사만 있는 것이 아니다. 청소년을 면접하여 그들이 어떤 진로특성을 가지고 있는지 확인할 수 있다. 그런데 면접은 진로심리검사에 비하여 시간이 다소 더 요구된다는 단점이 있어 좀 더 간단히 시행할 수 있는 진로심리검사가 선호되곤 한다. 진로심리검사는 먼저 다음과 같은 목적으로 활용된다.

(1) 진로심리검사는 진로의사결정의 필요성을 인식하도록 한다.

진로심리검사는 청소년들이 진로의사결정을 할 필요가 있음을 보여줄 수 있는 도구이다. 진로의사결정 과정을 시작하기 위해서는 진로의사결정의 필요성을 인식해야 한다. 필요성을 인식하지 못하면, 진로계획이나 진로결정과정을 시작할 수 없기 때문이다. 그런데 진로심리검사 중에는 청소년들로 하여금 자신이 진로결정을 할 때가 되었음을 또는 할 필요가 있음을 보여줄 수 있는 검사가 있다. 예를 들면, 진로발달검사를 실시할 경우 학생들은 자신의 진로발달 수준을 점검하게 되고, 진로발달 수준이 다른 학생들에 비하여 상대적으로 낮게 나왔을 경우 진로의사결정을 위한 과제들을 수행할 필요가 있음을 인식하게 된다. 따라서 진로심리검사는 학생들이 진로의사결정 과정을 시작할 필요가 있음을 인식하도록 도와주는 도구로 사용될 수 있다.

(2) 진로심리검사는 진로와 관련된 자신의 특성을 이해하도록 한다.

진로심리검사를 사용하는 가장 대표적인 이유는 자기이해를 돕기 위한 것이다. 앞서 언급한 것처럼 Parsons(1909) 이후, 진로심리검사는 진로와 관련된 자신의 특성을 이해하기 위한 도구로 사용되어 왔다. 예를 들면, 진로심리검사는 흥미, 능력, 가치뿐 아니라 청소년이 진로와 관련해서 가지고 있는 생각, 진로의사결정 과정에서 경험하는 정서, 장벽이나 어려움 등 진로와 관련된 다양한 특성을 이해하도록 도와준다. 그런데 진로심리검사를 통한 자기이해는 당사자에게만 도움이 되는 것이 아니라 진로지도를 담당하는 교사나 상담자 또는 학부모에게도 도움이 된다. 다시 말해서, 진로심리검사를 통하여 청소년이 자신의 특성을 보다 명확하게 이해할 때, 동일한 정보를 통하여 교사나 상담자 또는 학부모는 학생이나 자녀를 어떻게 지도해야 하는지에 대한 정보를 얻게 된다. 진로심리검사를 통해서 알게 된 학생의 흥미, 능력, 가치에 대한 정보는 학생을 어떤 방향으로 지도할지에 대한 이해를 제공해 주며, 진로결정과정에서 경험하는 생각, 정서, 어려움 등에 대한 정보는 학생들에게 어떤 도움이 필요한지에 대한 이해를 제공해 준다.

(3) 진로심리검사는 직업에 대한 정보를 제공해 준다.

진로심리검사는 제한적이지만 직업에 대한 정보까지도 제공해 준다. 일반적으로 진로심리검사가 자신을 이해하기 위한 도구로는 인식되고 있지만, 직업에 대한 정보를 주는 도구로 여겨지지는 않는다. 그런데 다양한 진로심리검사가 학생들의 특성에 맞는 직업이 어떤 것이 있을지 직업대안에 대한 정보를 제공해 주고 있다. 물론, 각 직업에 대한 정보를 자세히 제공해 주고 있지는 않지만 대안이 될 수 있는 직업들이 어떤 것이 있을지는 제시해 준다. 그 결과, 학생들은 진로심리검사를 통하여 제한적이기는 하지만 직업에 대한 정보를 얻을 수 있다. 이렇게 직업대안에 대한 정보를 얻으면, 이러한 대안을 보다 자세히 탐색해 봄으로써 학생들은 직업에 대한 지식을 넓혀나갈 수 있게 된다. 최근 직업의 종류는 점점 더 세분화되고, 새로운 직업들이 많이 생겨나고 있다. 그러다 보니 학생들이 어떤 직업부터 탐색해야 할지 몰라 어려워하는 경우가 많이 있다. 이런 경우 진로심리검사를 통하여 학생에게 적합할 수 있는 직업대안의 범위를 좁히면, 이를 시작으로 직업정보를 보다 자세하게 탐색해 나갈 수 있다.

(4) 진로심리검사는 진로준비에 필요한 정보를 제공해 준다.

진로심리검사는 직업에 대한 정보처럼 제한적이지만 진로준비에 필요한 정보를 제공해 주기도 한다. 예를 들면, 진로심리검사는 학생에게 적합할 수 있는 대학전공이 어떤 것인지 정보를 제공함으로써 대학진학을 위하여 무엇을 준비해야 하는지 알 수 있도록 도와준다. 또는 학업성취도 검사의 경우, 학생들이 상급학교 진학을 위하여 어떤 노력이 필요한지 보여줌으로써 진로준비를 도와줄 수 있다.

(5) 진로심리검사는 진로교육이나 진로상담의 효과성을 평가할 수 있도록 한다.

진로교육이나 진로상담을 실시한 후에는 이러한 활동이 학생들에게 도움이 되었는지 평가할 필요가 있다. 그리고 지금 진행되고 있는 진로교육이나 진로상담의 효과성도 마찬가지이다. 이러한 경우 진로심리검사가 진로교육이나 진로상담 효과성 평가의 도구로 활용될 수 있다. 예를 들어, 진로교육을 실시하기 전에 학생들의 진로발달 수준을 평가하고 진로교육을 모두 실시한 후 진로발달 수준을 평가하면 얼마나 변화되었는지를 알 수 있다. 또한 진로발달검사의 하위척도를 비교해 봄으로써 어떤 측면에서 발달이 더 많이 이루어졌는지, 어떤 측면에서 이루어지지 않았는지도 알 수 있게 된다. 이렇게 교사나 상담자는 진로교육이나 진로상담 전후에 진로심리검사를 실시하여 비교함으로써 프로그램의 효과성을 평가하고, 이후 프로그램을 발전시키는 데 필요한 정보로 활용할 수 있다.

2) 진로심리검사의 종류

진로심리검사는 크게 두 가지 종류로 구분이 된다. 객관적인 검사와 주관적 검사이다. 이 장에서는 객관적 검사와 주관적 검사의 특징을 알아보고, 주관적 검사의 종류를 보다 자세하게 다룰 것이다. 객관적 검사의 종류와 활용방법은 제2부와 제3부에서 다루게 될 것이다.

(1) 객관적 검사

객관적 검사는 과학적 실증주의에 입각하여 개발된 검사로서 다양한 과정을 거쳐 검사의 타당성과 신뢰성을 확보하게 된다. 그리고 개인의 점수를 타인의 점수와 비교할 수 있게 함으로써 피검자 점수의 상대적 위치를 이해하도록 한다. 이러한 객관적 검사의 몇 가지 특징을 보다 자세히 살펴보면 다음과 같다.

- 객관적 검사에서는 검사의 타당도를 확인할 수 있다.

  타당도란 검사가 측정하고자 하는 내용을 정확하게 측정하고 있는지를 의미하는 것이다. 예를 들어, 어떤 검사가 지능을 측정한다고 할지라도 실제 지능을 측정하고 있는지는 확인할 필요가 있다. 검사 개발자가 지능을 측정하기 위해서 문항을 개발하고 검사를 만들었다 할지라도 결과적으로는 지능이 아닌 다른 구인을 측정하는 검사일 수 있기 때문이다. 그런데 객관적 검사는 일반적으로 이러한 검사의 타당도를 매뉴얼을 통해서 확인할 수 있다.

- 객관적 검사에서는 검사의 신뢰도를 확인할 수 있다.

  신뢰도란 동일한 검사를 동일한 사람에게 여러 번 실시한다 할지라도 동일한 결과가 나오는지를 보는 것이다. 동일한 검사이지만 실시할 때마다 매번 다른 결과가 나온다면 오류가 많은 검사라고 할 수 있다. 객관적 검사에서는 이러한 검사의 신뢰도를 매뉴얼을 통해서 확인할 수 있다.

- 객관적 검사에서는 검사결과의 비교가 가능하다.

  객관적 검사의 결과는 일반적으로 다른 사람의 점수와 비교하여 피검자의 상대적 위치를 알 수 있게 한다. 이렇게 검사결과를 비교할 수 있도록 하는 검사개발 과정을 표준화 과정이라 하며, 표준화 과정을 거쳐서 만들어진 규준을 기준으로 점수를 비교하게 한다. 규준이란 피검자의 검사결과를 다른 사람의 검사결과와 비교할 수 있도록 하는 비교집단의 점수분포를 말한다.

객관적 검사는 지필식으로 실시되기도 하고, 온라인화하여 인터넷에서 직접 검사를 실시하고 검사결과를 받아 볼 수 있도록 개발되기도 한다. 지필식 검사는 검사자가 피검자의 검사에 대한 응답 반응을 관찰할 수 있는 장점이 있다면, 온라인 검사는 정해진 장소가 아니라 인터넷이 개설된 곳이라면 어떤 곳에서도 검사를 실시하고 결과를 볼 수 있다는 장점이 있다.

객관적 검사는 이러한 장점에도 불구하고 주관적 검사에 비하여 비싼 비용을 지불해야 한다는 단점이 있으며, 검사를 주문하고 실시하여 결과를 받아 보는 데까지 다소 시간이 오래 걸린다는 단점이 있다. 하지만 과학적인 근거를 가지고 개발된 검사이기 때문에 진로상담이나 진로교육에서 보편적으로 많이 사용되고 있다.

(2) 주관적 검사

객관적 진로심리검사가 과학적 실증주의에 바탕을 두고 개발된 검사라면, 주관적 진로심리검사는 포스트모더니즘적인 철학에 바탕을 두고 있다. 포스트모더니즘에서는 개인이 자신만의 독특한 실제를 만들어 간다고 믿기 때문에, 검사를 통해서도 피검자 개인의 독특한 관점을 이끌어 내야 한다고 생각한다. 즉, 주관적 검사에서는 피검자들이 자신의 진로에 대해서 어떤 의미 또는 생각을 가지고 있는지를 확인하려고 한다(Thorgren & Feit, 2001).

주관적 검사는 객관적 검사와 다른 몇 가지 특징을 가지고 있다. 이러한 특징을 살펴보면 다음과 같다.

- 주관적 검사는 객관적 검사에 비하여 검사의 타당도나 신뢰도에 대한 정보를 제공하지 않는다. 주관적 검사의 특성상 검사 결과를 숫자로 보여주는 것이 아니기 때문에 타당도와 신뢰도를 검증하기 어렵다.
- 주관적 검사는 규준이 없기 때문에 다른 사람 결과와 비교할 수 없다. 주관적 검사는 피검자의 개인적 특성을 설명해 줄 뿐 다른 사람과의 비교를 통한 상대적 위치 파악은 어렵다.
- 내담자의 특성과 직업의 특성을 객관적으로 연결할 수 있는 자료를 제공하지 않는다. 예를 들어, 객관적 검사인 흥미검사에서는 검사결과에 따라서 피검자의 흥미에 맞는 직업이 어떤 것이 있는지 정보를 제공해 주지만, 주관적 검사에서는 피검자의 검사 결과에 맞는 직업 목록을 제공하지 않는다.
- 주관적 검사는 객관적 검사에 비하여 적은 비용으로 실시가 가능하다. 주관적 검사 중에는 특별한 도구를 필요로 하지 않고, 몇 가지 질문 또는 종이에 간단한 그림이나 기록만으로도 할 수 있는 검사가 있다. 따라서 비용이 적게 든다는 것이 주관적 검사의 큰 장점이라고 할 수 있다.
- 주관적 검사는 객관적 검사와 달리 출판사에 검사를 주문하고 결과를 받는 과정이 필요치 않아 시간이 적게 걸리는 장점이 있다. 주관적 검사 중 하나인 진로카드의 경우에도 한번 주문하여 카드를 받으면 그 이후에는 다시 주문을 하거나

검사결과를 받는 과정이 필요치 않다.

- 주관적 검사는 객관적 검사에 비하여 피검자의 불안이 적을 수 있다. 일반적으로 객관적 검사는 검사의 특성상 피검자들이 불안을 경험하게 되기도 한다. 그러나 주관적 검사의 경우 실시하는 과정에서 많은 대화를 하게 되고, 검사 자체가 흥미로운 질문들로 구성되어 있어 피검자가 편안한 마음으로 임할 수 있다는 장점이 있다.

이러한 특징을 가진 주관적 검사의 종류에는 다음과 같은 것들이 있다. 그 내용을 보다 자세히 살펴보면 다음과 같다.

① 직업카드분류

직업카드는 자신의 흥미와 선호하는 직업을 탐색할 수 있는 자기이해의 도구이기도 하지만 직업에 대한 정보를 습득할 수 있도록 도와주는 직업이해의 도구이기도 하다. 그리고 직업카드를 활용한 다양한 활동을 함으로써 재미있게 자신과 직업을 탐색할 수 있는 도구이다. 그런데 이러한 다양한 활동 중에서 가장 보편적으로 활용되고 있는 활동이 직업카드분류법이다. 따라서 직업카드의 정의와 직업카드분류법의 특성과 장점에 대해서 살펴보고자 한다.

㉠ 직업카드의 정의

직업카드란 진로탐색을 위하여 사용되는 도구로서 직업의 이름과 직업과 관련된 정보를 기입한 카드를 의미한다. 직업카드는 개발자에 따라서 그 종류와 내용이 다소 다르지만 일반적으로 직업의 이름, 직업을 대표하는 그림, 직업과 관련된 정보(예, 직업분류코드, 직업개요, 교육·훈련정도, 업무능력, 고용기관, 평균수입 등)가 기록되어 있다.

이러한 직업카드는 진로탐색에 대한 현상학적 접근에 기초하고 있다(Goldman, 1995; Savickas, 1997). 전통적으로 진로탐색 활동은 논리실증주의에 입각하여 객관적인 기준을 가지고 수량화하여 평가하고 탐색하고자 하였다. 그러나 점차 진로탐색 활동에 있어서 환경과 개인의 주관성이 중요시되면서 현상학적인 접근방법에 의거하여 진로탐색을 하려는 시도가 이루어져 왔다. 이러한 시도 중에 하나가 직업카드분류법이다. 직업카드분류법은 직업카드를 활용하여 학생이 스스로 흥미로워하는 직업의 범주를 만들고 그 의미를 탐색하도록 함으로써 학생의 개인적 생각과 의미를 직업과 연결시키는 현상학적 접근법이다.

또한, 직업카드는 학생의 특성을 탐색하는 평가도구이다(Slaney & Croteau, 1995). 학생의 진로관련 특성을 탐색하는 대부분의 검사는 표준화되어 있는 객관적 검사이다. 이러한 객관적 검사는 검사결과를 통해 다른 사람의 수준과 자신의 수준을 비교할 수 있도록 할 뿐 아니라 결과가 수량화되어 나오기 때문에 나의 수준을 평가하는 데 도움이 된다. 그러나 이에 비하여 직업카드는 표준화되어 있지 않은 주관적 평가도구라고 할 수 있다. 객관적 검사처럼 타인과 결과를 비교할 수는 없지만 학생의 흥미를 이끌어내어 개인의 특성을 보다 자유롭게 탐색해 볼 수 있는 도구이다. 그리고 객관적 검사에 비하여 활용이 용이하다.

ⓛ 직업카드분류법의 목적

직업카드분류법은 직업카드를 활용하여 자신이 선호하거나 선호하지 않는 직업 그리고 중간 정도로 선호하는 직업을 분류하고, 분류 이유와 의미 등을 탐색해 보는 활동이다. 보다 구체적으로 설명하면, 내담자에게 '좋아함', '보통', '싫어함' 등의 범주를 주고 각 직업카드를 범주에 따라 분류하도록 하는 것이다. 그리고 분류를 마친 후에 진로진학상담교사와 학생은 특정한 방식으로 분류를 하게 된 이유와 그 의미 등을 함께 탐색함으로써 학생이 직업과 진로에 대해서 가지고 있는 생각이나 선호 등을 알아본다. 이러한 활동은 학생들이 직접 자신이 선호하는 직업과 그렇지 않은 직업을 생각해 보도록 함으로써 학생의 경험과 가치관 등에 기초하여 스스로의 선택을 만들어가는 활동이다. 이러한 직업카드분류법은 다음과 같은 목적으로 이루어진다.

• 자신에 대한 이해를 하도록 돕는다. 학생은 진로카드분류법을 통하여 자신이 선호하는 직업이 무엇인지 확인할 수 있을 뿐 아니라 선호하는 직업의 성격을 파악함으로써 어떤 특성의 직업을 자신이 선호하는지 알 수 있다.

- 직업에 대한 정보를 얻도록 한다. 직업카드는 직업명뿐 아니라 직업에 대한 정보가 포함되어 있다. 따라서 학생은 직업분류법을 통하여 직업에 대한 간단한 정보를 얻게 되고, 그것을 기초로 관련 정보를 탐색할 수 있다.
- 합리적인 의사결정과정을 연습하고 학습할 수 있도록 한다. 구체적인 기준을 가지고 선호하는 직업을 분류해 보는 것은 합리적인 의사결정과정의 하나라고 할 수 있다. 따라서 학생은 구체적인 선택 기준을 가지고 직업을 분류해 보고, 선택을 해 봄으로써 어떻게 의사결정을 하는지 학습하게 된다.
- 다양한 직업의 종류를 접하도록 한다. 학생들은 100장 이상의 직업카드를 살펴보면서 자신이 미처 알지 못했던 직업에 대해서도 알게 되고 각 직업이 자신에게 맞는지도 생각해 봄으로써 보다 구체적으로 진로선택에 대해서 고민하게 된다.

ⓒ 직업카드분류 활용법

직업의 이름과 직업에 대한 정보가 담겨 있는 직업카드를 활용하여 자신이 선호하는 직업, 선호하지 않는 직업, 그리고 선호 정도가 중간 정도인 직업을 분류해 보고, 분류 이유와 의미 등을 탐색해 보게 된다. 이를 보다 자세히 설명하면, 학생에게 '좋아함', '보통', '싫어함' 등의 범주를 주고 각 직업카드를 범주에 따라 분류해 보도록 한다. 분류를 마친 후에는 이러한 방식으로 분류를 하게 된 이유와 의미를 탐색한다. 그리고 학생은 자신이 '좋아함'으로 분류하였던 직업카드를 살펴보면서 직업에 대한 정보를 얻게 되고, 그 중에 더 선호하는 직업에 대해서는 보다 자세한 직업정보를 탐색해 볼 수 있다. 보다 자세한 직업카드 활용 절차는 다음과 같다(Gysbers, Heppner, & Johnston, 2009).

- 1단계: 직업명이 적힌 직업카드를 한 장씩 보면서, '좋아함', '보통', '싫어함'으로 분류한다.
- 2단계: '싫어함'으로 분류된 직업카드를 살펴보면서, 싫어하는 이유가 비슷한 직업끼리 분류한다. 분류된 묶음을 다시 살펴보면서 각 묶음 속에 있는 직업의 공

통점을 아우를 수 있는 제목을 적어본다.

- 3단계: '좋아함'으로 분류된 직업카드를 살펴보면서, 좋아하는 이유가 비슷한 직업끼리 분류한다. 분류된 묶음을 다시 살펴보면서 각 묶음 속에 있는 직업의 공통점을 아우를 수 있는 제목을 적는다.
- 4단계: '좋아함'으로 분류된 직업카드를 모두 펼쳐놓고 가장 좋아하는 직업순으로 1위부터 10위까지 나열한다. 그리고 직업목록을 종이에 적는다.
- 5단계: 10위까지의 직업목록을 보면서, 각 직업의 장단점과 자신에게 주는 의미를 적는다.
- 6단계: 10위까지의 직업카드를 보면서, 각 직업에 해당하는 홀랜드 코드를 적는다. 가장 많이 나온 홀랜드 코드를 찾아보고, 그에 해당하는 다른 직업은 어떤 것들이 있는지 찾아본다. 직업목록을 작성하는 표의 예는 다음과 같다.

순위	직업명	장점	단점	의미	홀랜드 코드
1	교사	정시퇴근, 안정성	적은 월급	다른 사람을 가르치고 도울 수 있음	
2	사회복지사	다양한 업무, 봉사	적은 월급	어려운 사람을 도와줄 수 있는 의미있는 일	
3					
4					
5					
6					
7					
8					
9					
10					

그림 3-1 직업목록표

② 진로가계도

진로가계도(career genograms)는 가족치료에서 사용되어 왔던 가계도 그리기 기법을 진로진학상담에 적용한 주관적 검사 기법이다. 그리고 가계도와 가족구성원의 직업을 함께 생각해 보도록 함으로써 각 가족구성원이 학생의 진로선택에 어떤 영향을 주었는지 확인할 수 있게 해준다. 이러한 기법을 정확하게 잘 사용하면, 학생이 직업에 대해서 가지고 있는 선입견을 확인할 수 있으며, 학생이 직업에 대해서 가지고 있는 기대, 직업에 대한 가치관이나 흥미 등을 파악할 수 있게 된다.

진로가계도는 할아버지, 할머니 세대부터 시작하여 자기 세대까지 그리게 된다. 그리고 부모님의 형제들과 사촌형제들까지도 가계도에 포함해서 각 구성원의 직업을 확인한다. 이밖에도 가족구성원은 아니지만 자신의 진로선택이나 진로발달에 영향을 준 지인(예, 교사, 직장선배 등)이 있다면 함께 가계도 옆에 표시를 해도 좋다. 이렇게 가계도가 그려진 후에는 학생에게 각 구성원이 학생의 진로선택에 대해서 어떤 생각을 가지고 있는지, 가족구성원은 직업에 대해서 어떤 생각을 가지고 있는지, 학생에게 긍정적인 영향을 준 사람은 누구이며, 왜 그런지 또는 부정적인 영향을 준 사람은 누구이며, 왜 그런지 등에 대해서 질문을 하게 된다. 이런 질문에 대한 대답을 통해서 가족과의 상호작용을 통해서 학생이 가치관, 직업에 대한 의미를 어떻게 발전시켜 나가게 되었는지를 확인할 수 있다.

③ 체크리스트

체크리스트는 객관적 검사와 유사하게 문항을 가지고 있기는 하지만 객관적 검사와 달리 과학적 실증주의 기반으로 분명한 근거를 가지고 개발되는 것은 아니다. 예를 들어, 진로진학상담교사가 학생이 가지고 있는 역량을 탐색하고자 한다면, 다양한 역량을 조사하여 체크리스트로 만들 수 있다. 직장에서 성공적으로 과제를 수행하기 위해서는 '시간관리 역량,' '재무관리 역량,' '갈등관리 역량,' '인재관리 역량' 등이 필요한데 이러한 역량 리스트를 만들어서 학생과 함께 점검함으로써 학생이 직장에서 직무를 수행하는 데 어떤 역량을 갖추고 있는지 아니면 부족한 역량이 무엇인지 등을 탐색할 수 있다.

④ 진로 환타지

진로 환타지(career fantasy)는 학생들에게 10년 후 또는 20년 후의 자신의 모습을 그려보게 하는 것이다. 직접 그림으로 그릴 필요는 없으며, 20년 후 직장에 출근하는 자신의 모습을 상상하면서 구체적으로 어떤 일이 일어나고 있는지를 이야기하게 한다. 예를 들어, 서른 살이 된 어느 날 직장에 출근하는 시간부터 시작하여 퇴근 후 잠자리에 들 때까지 하루의 모습을 구체적으로 생각해 보게 한다. 어떤 옷을 입고 있는지, 어떤 방식으로 출근을 하고 있는지, 출근 시간은 어느 정도 걸리는지, 출근했을 때 누구와 일하는지, 일하는 장소는 어떤지 등 구체적인 질문을 통해서 직업을 가진 자신의 모습을 상상하게 하는 것이다. 이러한 활동은 학생들이 자신의 미래에 대해서 어떻게 생각하고 있는지 알게 할 뿐 아니라 자신의 직업이나 일상생활에 대해서 학생들이 무엇을 추구하고 있는지를 알 수 있도록 도와준다. 그리고 어떤 가치를 가지고 살아가기를 원하는지도 진로 환타지 활동을 통해서 확인할 수 있게 된다.

⑤ 강제선택 활동

강제선택 활동(forced-choice activity)은 두 가지 선택지 중에서 어느 하나를 반드시 선택하도록 함으로써 학생이 무엇을 중요하게 생각하는지 또는 무엇을 선호하는지 등을 알 수 있도록 하는 활동이다. 예를 들어, 진로와 관련하여 학생이 어떤 가치를 추구하고 있는지 확인하고자 한다면, 가치관 리스트를 작성하고, 각 리스트를 두 개씩 짝지어서 보여주면서 하나를 선택하도록 하는 것이다. 만약에 학생이 '명예'라는 가치를 선택했다면 '명예'와 함께 다른 가치 리스트를 보여주고 다시 선택하도록 한다. 이러한 과정을 반복하다 보면, 학생이 최종적으로 선택하게 되는 가치가 바로 학생이 가장 중요하게 생각하는 가치관이 되는 것이다. 이러한 활동은 학생의 흥미 탐색을 위해서도 적용될 수 있으며, 학생들이 무엇을 좋아하고 무엇을 선호하는지 확인할 수 있도록 도와주는 간단한 검사라고 할 수 있다.

학생들의 진로특성을 탐색하는 방법으로서 가장 먼저 떠오르는 것은 진로심리검사이다. 특히, 진로상담이나 진로교육에서는 오랫동안 진로검사를 매우 광범위하게 사용하여 왔다. 그런데 학생들의 진로특성을 이해하는 데 효과적인 방법일 뿐 아니라 보다 깊이 있는 정보를 제공해주는 면접 방법의 중요성은 간과되어 왔던 것이 사실이다. 우리가 누군가를 이해하고자 할 때 가장 많이 사용하는 방법이 대화임에도 불구하고 진로상담이나 진로교육에서는 대화를 통한 면접 방법의 중요성이 진로심리검사에 비하여 상대적으로 덜 강조되어 왔다. 물론 이러한 면접 방법은 주관적 검사의 하나로 소개되어질 수 있다. 하지만 이곳에서는 면접 방법의 중요성을 강조하고자 하나의 독립적인 장으로 다루고자 한다.

1) 구조화된 면접

가장 보편적이면서도 쉽게 사용할 수 있는 면접 방법은 구조화된 면접이다. 구조화된 면접은 미리 준비된 질문들을 가지고 학생들에게 질문을 함으로써 학생의 진로관련 특성을 탐색하는 방법이다. 질문은 주로 학생들이 과거에 좋아하였던 과목이나 취미, 책, 활동 등에 대한 탐색으로 구성되며, 답변내용을 Holland의 여섯 가지 성격유형과 연결시킴으로써 학생의 특성이 무엇인지를 이해하는 방식이다. 질문의 종류가 정해져 있지는 않으며, 진로진학상담교사가 직접 구성하여 학생에게 제시하면 된다.

2) Savickas의 진로양식면접

Savickas(1989)는 자신의 구성주의 진로발달이론에서 내담자의 이야기를 끌어내어 내담자의 특성을 이해하는 방식으로 진로양식면접(Career Style Interview, Savickas, 1989; Taber et al., 2011)을 제안하고 있다. 진로양식면접은 진로상담자로 하여금 내담자가 자신의 생애에 대해서 어떠한 주제를 가지고 살아가고 있는지를 이해할 수 있도록 할 뿐 아니라, 내담자의 직업적 성격과 진로적응도 함께 파악할 수 있게 한다고 한다. 또한 내담자는 진로양식면접의 질문들에 답하면서 자신의 진로이야기를 만들어 내게 되고, 이 이야기를 통해 진로나 교육과 관련된 당면한 선택을 하면서 더욱 자신의 삶의 의미를 확인하게 된다고 한다. 즉, 이야기를 하면서 내담자는 자신에 대해 가지고 있던 생각을 보다 명확하게 알아차리고, 상담자는 내담자가 발견한 자신의 특성을 진로선택에 활용할 수 있도록 조력하게 된다.

진로양식면접은 구조화된 면접으로 8개의 질문을 포함하게 된다. 첫 번째 질문은 상담에 대한 내담자의 준비도를 파악하고 상담의 목표설정을 하기 위한 질문(opening question)이고, 나머지 7개의 질문은 역할모델, 잡지/TV프로그램, 책/영화, 여가와 취미, 명언, 교과목, 생애초기기억 등으로 구성된다. 각 영역의 의미와 전형적인 질문 형태를 정리하면 표 3-1과 같다.

표 3-1 진로양식면접에서 사용하는 질문

영역	질문	의미
준비도	○○씨의 진로를 만들어 나가는 데 있어 저와 만나는 시간을 어떻게 활용할 수 있을까요?	상담의 출발점을 제시한다.
역할모델	자라면서 가장 존경했던 사람은 누구인가요? 어떤 사람의 삶을 따라서 살고 싶은가요? 세 사람의 역할모델을 얘기해 보세요. • 이 사람들의 어떤 면을 특히 존경하나요? • 이 사람들을 각각 얼마나 좋아하나요? • ○○씨는 이 사람들과 어떻게 다른가요?	이상적 자아를 나타낸다. 질문의 초점은 '누구'를 존경했는가가 아니라 '어떤 점'을 존경했는가이다.
잡지/TV	정기적으로 구독하는 잡지가 있나요? 그 잡지의 어떤 점이 좋은가요? 정말 좋아하는 TV프로그램은 무엇인가요? 이유는?	개인의 생활양식에 맞는 환경에 대한 선호를 나타낸다.

책/영화	좋아하는 책이나 영화에 대해 얘기해 주세요.	동일한 문제에 당면해 있는 주인공을 드러내고, 이 주인공이 어떻게 그 문제를 다루어나가는지를 보여준다.
여가와 취미	여가시간을 어떻게 보내고 싶은가요? 취미는 무엇인가요? 취미생활의 어떤 점이 좋은가요?	자기표현(self-expression)을 다루고 겉으로 드러난 흥미가 무엇인지 나타낸다.
명언	좋아하는 명언이나 좌우명이 있나요? 기억하고 있는 명언이 있으면 얘기해 주세요.	생애사(life story)의 제목을 제공한다.
교과목	중학교 때와 고등학교 때 좋아하는 과목이 무엇이었나요? 이유는? 싫어했던 과목은? 이유는?	선호하는 직무와 근로환경을 나타낸다.
생애초기 기억	가장 어릴 적 기억은 어떤 것인가요? 3~6살 시기에 ○○씨에게 일어났던 일 중 기억에 남는 일 세 가지를 듣고 싶습니다.	무엇에 몰두하여 노력을 기울이고 있는지를 드러낸다.

출처: 황매향 외(2013), p. 259

진로양식면접에서 중요한 것은 각 질문에 대한 학생의 응답내용을 통해서 학생이 자신의 삶에 대해서 어떤 의미를 가지고 살아가고 있는지, 또는 어떤 방향성을 가지고 있는지를 확인하는 것이다. 단순히 무엇을 좋아했는지가 중요하다기보다는 좋아하였던 책과 영화가 학생에게 어떤 의미였는지를 확인하는 것이 더 중요하다. 이러한 정보를 통해서 진로진학상담교사와 학생은 진로목표나 진로방향을 함께 생각할 수 있다. 또한 진로진학상담교사와 학생은 8가지 질문에 대한 응답을 하면서 학생이 가지고 있는 직업적 성격이 무엇인지를 탐색하게 된다. 특히, Holland의 여섯 가지 성격유형과 이야기의 내용을 비교하여 학생의 직업적 성격이 무엇인지 확인할 수 있게 된다.

3) 유형확인연습

유형확인연습(pattern identification exercise)은 학생의 몰입과 수월성을 탐색하는 면접방식이다(Amundson, 2003). 특히, 학생이 과거에 좋아하고 몰입하였던 활동들을 탐색함으로써 학생이 가지고 있는 진로관련 특성을 탐색하는 방법이다. 유형확인연습에서 할 수 있는 질문의 종류에는 다음과 같은 것들이 있다.

- 당신의 인생에서 가장 보람 있는 성취경험을 이야기해 주십시오.
- 가장 좋아하였던 학교 과목에 대해서 말씀해 주세요.
- 취미나 흥미가 있나요?
- 어렸을 때 몰두하면서 했던 활동이 있다면 말씀해 주세요.
- 어떤 것을 할 때 활력을 느꼈다면 무엇인지 말씀해 주세요.
- 존경했던 사람이 있다면 말씀해 주세요.
- 책이나 영화에서 가장 좋아했던 인물이 있다면 어떤 인물인가요?

물론 이러한 질문만 할 수 있는 것은 아니다. 다양한 방식으로 학생이 좋아하고 몰두하였던 활동에 대해서 질문을 할 수 있다. 때로는 잘못하였던 것에 대해서도 질문할 수 있다. 잘했던 것 뿐 아니라 부정적인 경험에 대한 이야기를 통해서도 통찰을 얻을 수 있기 때문이다.

위와 유사한 질문을 만들어서 학생에게 질문을 한 후에는 조금 더 심층적인 질문을 해야 한다. 예를 들어, 가장 좋아하는 과목에 대해서 이야기를 했다면, 학생이 왜 그 과목을 좋아했는지, 과목의 어떤 점이 좋았는지, 해당과목을 공부할 때 어떤 것을 느꼈는지, 그 과목이 학생에게 어떤 의미였는지 등에 대해서 보다 깊이 있는 추가 질문을 한다. 이렇게 추가 질문을 통하여 보다 깊이 있는 탐색을 하게 되면, 각 질문마다 반복적으로 나타나는 응답을 발견하게 된다. 즉, 질문에 대한 응답마다 일정한 패턴이 있음을 발견하게 되는데 이러한 패턴을 확인함으로써 학생이 어떤 방향으로 나아가고 싶은지, 어떤 목적을 추구하며 살아가고 싶은지 등을 확인하게 된다. 또한 진로양식면접에서와 마찬가지로 학생의 직업성격이 무엇인지도 확인할 수 있게 된다.

2부

청소년 진로특성
진단도구

4장

진로검사에 대한 개괄적 이해

신윤정 · 이은설

진로관련검사는 심리검사의 한 분야로서 상담심리 및 진로상담 분야의 발전과 함께 지속적으로 개발되고 사용되었다. 심리검사란 인간의 성격, 정서, 인지, 행동 등 다양한 심리적 특성을 양적 혹은 질적인 방법으로 측정하고 평가하는 일련의 절차들을 의미한다. 협소한 의미에서 심리검사는 양적으로 개발되어 점수화한 검사를 생각하기 쉬우나, 실제 심리검사는 검사를 실시하는 목적 및 필요성에 대한 인식부터 검사에 대한 해석까지 전반적인 과정을 포괄한다. 심리검사는 사람들로 하여금 유사한 인구사회학적 특성을 가진 다수와 비교하여 각 개인이 가지고 있는 고유한 특성을 이해하고, 심리적인 특성의 개인차 및 집단 간 차이에 대한 이해 증진에도 도움이 된다. 심리검사는 개인에 대한 진단과 평가의 목적으로 사용될 뿐만 아니라 진로 혹은 진학과 관련된 문제들에 대한 이해를 돕기 위한 것이라는 점에서 좀 더 영역 특정적(domain specific)이라고 이해할 수 있다. 구체적으로 진로검사는 개인의 진로발달 및 결정 과정에서 필요한 나 자신에 대한 이해, 그리고 직업 및 노동 시장 등 환경에 대한 이해를 돕기 위해 사용된다.

좋은 검사는 검사의 목적이 정확하게 정의되어 있고, 표준화된 실시 절차를 가지고 있으며 적절한 채점 규칙들을 제시한다. 목적이 명확하게 제시되어 있다는 것은 이 검사가 측정하고자 하는 영역과 내용이 명확하고 구체적인지, 그리고 검사실시 대상자가 명확한지, 그리고 검사 점수를 어떻게 이용할 수 있는지가 제시되어야 함을 의미한다. 표준화된 실시 절차는 어떤 경우든 모든 피검자에게 동일한 자료를 가지고 동일한 지시에 따라 실시되어야 하고 검사받는 시간의 길이도 동일해야 한다. 마지막으로 표준적인 채점 절차는 모든 피검자들에게 동일하고 정밀한 채점 규칙이 적용되어야 함을 의미한다.

검사는 측정학적인 속성도 중요하기 때문에 표준화된 검사(standardized test)를 사용하는 것이 필요한데, 표준화검사는 그 실시와 채점을 위한 구체적인 조건을 가지고 있다. 대부분 표준화검사는 검사 구성에 대한 전문적 지식을 가지고 있는 전문가들이 다양한 표본으로 사전검사를 시행해야 하기 때문에 개발에 많은 시간과 노력이 필요하다. 표준화검사는 피검자의 수행을 표준화 과정에 참여했던 규준 집단의 수행과 비교하는 규준·참조 점수를 산출하도록 제작된다. 표준화검사는 다양한 문항 유형을 사용할 수 있으나, 대부분 중다선택형이 선호되는 편이다.

또한, 이외에 좋은 검사는 그 검사를 구성하는 문항들이 좋은 문항인지를 분석하는 과정을 통해서 높은 신뢰도와 타당도를 확보해야 한다. 이 장에서는 좋은 검사선택을 위해서 표준화, 신뢰도, 타당도 등 기본적인 통계적인 개념들을 소개하고자 한다.

1 통계적 개념 이해

검사를 실시할 때 일반적으로 피검자로부터 검사점수를 얻게 되는데, 그 점수는 학급 시험의 결과일수도 혹은 진단적 혹은 적성 검사의 결과일 수도 있다. 어떤 유형이든 검사로부터 얻어진 점수들의 집합을 분포(distribution)라고 부른다. 이러한 점수들에 의해 표현되는 특성들, 즉 개인 간 차이를 보이는 특징들을 변인(variable)이라고 한다. 예를 들어, 홀랜드의 RIASEC 모형에 기반한 진로흥미 유형을 측정하기 위해 사람들에게 검사를 실시하였다면, 그 진로흥미 유형에 대한 점수 분포를 얻게 된다.

가장 쉽게 얻어지는 분포는 원점수(raw score) 분포인데, 이는 집단구성원들의 각각의 점수를 그대로 나열한 것이다(표 4-1 참고). 하지만 이 분포형식만으로는 집단의 수행을 이해하기 어렵다.

표 4-1 원점수 분포의 예

학생	R	A	S	E	C
A	10	18	12	12	10
B	11	20	9	10	12
C	13	15	7	13	13
D	18	13	10	16	14
E	15	12	11	15	14

이에 다양한 분포의 모양을 나타내는 방법이 존재하는데, 점수 분포 내 모든 점수의 빈도패턴이 분포의 중심을 기준으로 좌우가 동일한 분포인 대칭분포(symmetric distribution)와 편포분포(skewed distribution)가 있다. 대칭분포 중 정상분포(normal distribution)에는 몇 가지 구체적인 특징이 있다. 종모양의 단봉분포로서, 최빈치, 중앙치, 평균이 모두 일치하는 분포이다. 정상분포에서는 분포 내 특정 점수가 발생하는 비율이 일정한 규칙을 갖게 되는데, 평균과 표준편차(평균으로부터의 점수들의 평균적인 편차)로 설명이 가능하다. 예를 들어, 그림 4-1을 살펴보면, 분포 내 점수의 약 34%가 평균에서 +1 표준편차만큼 떨어진 점수 사이에 포함된다. 정상분포는 좌우 대칭이므로, 전체 점수의 34%가 평균에서 −1 표준편차 사이에도 포함된다. 전체 점수의 95%는 평균에서 ±2 표준편차 범위 내에 포함이 되고, 극단 점수들은 전체의 5%가 됨을 알 수가 있다.

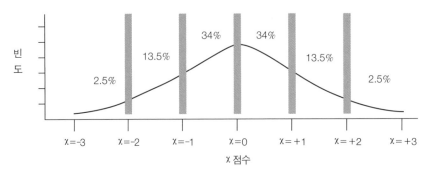

그림 4-1 정상분포 예시

이러한 정상분포에 대한 이해는, 내 점수가 상대적으로 어떤 수준인지 이해하는 데 도움이 된다. 예를 들어, 내 점수가 90점이라 할 때, 평균이 70이고 표준편차가 15인 검사에서는 매우 높은 점수이나, 평균이 90점인 검사에서는 평균 정도의 점수밖에 되지 못한다. 즉, 검사의 평균과 표준편차 정보는 원점수를 어떻게 해석할지에 대한 이해를 돕는다.

그러나 이러한 점수가 평균으로부터 얼마만큼 떨어져 있는지를 아는 것만으로는 점수에 대한 정확한 이해를 하기에 부족하다. 예를 들어, 같은 90점이라 하더라도 평균이 75, 표준편차가 15인 100점 만점인 검사 A와 평균이 75이고, 표준편차가 8점인 검사 B가 있을 때, 검사 A와 B 모두에서 90점은 평균에서 15점 위에 있는 점수이나, 첫 번째 검사는 +1 표준편차만큼 떨어져 있는 점수인데 반해, 검사 2에서는 +2 표준편차 정도 떨어져 있는 점수가 된다. 따라서 한 분포 안에서 원점수, 평균, 표준편차 간의 관계를 정확히 이해하기 위해서는 원점수를 표준점수(standard score)로 표현할 필요가 있다.

1) 표준점수

표준점수란 측정의 등간 점수를 이용하는 점수들로 여러 유형이 있으나 가장 기본적인 점수가 Z점수이다. Z점수는 원점수를 평균이 0이고, 표준편차가 1인 새로운 척도로 전환한 표준점수이다. 따라서 평균보다 높은 원점수는 양수가 되고, 평균보다 낮은 점수는 음수가 된다. 예를 들어 한 검사의 평균이 75이고, 표준편차가 15라고 할 때, 이 검사에서 점수 90은 평균으로부터 양의 방향으로 +1 표준편차만큼 떨어져 있는 것이 되고(75+15), 이를 Z점수로 표현할 때는 (90-75)/15 = 1이 된다. 점수 60의 경우는 평균으로부터 −1 표준편차만큼 떨어져 있고, 이를 Z점수로 변환 시 (60-75)/15 = −1이 된다.

Z점수로 표현할 때 장점은 (1) 등간 척도를 이용하여 한 분포 내에서의 위치를 정확하게 나타내준다 (2) 하나의 단일 측정에서 여러 사람들 간의 수행을 비교하는 데 유

용하다. 즉, 검사에 따라 표준과 표준편차가 다를 수 있지만, 이러한 원점수들을 Z점수로 전환 후 비교하게 되면, 모든 검사의 분포가 동일한 척도를 갖게 되어서 비교 해석이 용이해진다. 예를 들어, 한 학생이 국어시험에서 Z점수로 0.5를 받고, 수학시험에서 Z점수로 1.5를 받았다면, 이 학생은 국어보다 수학 시험에서 같은 학급의 학생들에 비해 상대적으로 우수한 성취를 하였음이 확인 가능하다.

이러한 Z점수를 기초로 한 다양한 표준 점수가 있는데, 그중 널리 알려지고 활용되는 점수 중 하나가 T점수(T-score)이다. T점수는 Z점수를 새로운 단위로 전환한 거라고 생각하면 쉬운데, 마치 inch(인치)를 cm(센티미터)로 전환하는 것과 유사하다. 원점수를 Z점수로 변환하고, 이를 T점수로 변환 시, 음수 값이 없어짐으로 인해서 해석상의 용이성을 확보하는 장점이 있다. 예를 들어, 앞서 예를 들은 평균이 75점이고, 표준편차가 15인 검사에서, 나의 원점수가 90점이라면, Z점수는 1점이고, 이를 평균이 500이고 표준편차가 100인 T점수로 변환한다면, T점수는 500+100인 600점이 된다.

진로검사들 중 T점수를 사용하는 경우가 많은데, T점수는 원점수가 표준화 표본의 원점수와 비교 시 어떤 위치에 해당하는지를 나타내준다. 즉, 흥미의 원점수는 개인 내에서 상대점수이나, 흥미의 T점수는 절대점수로 피검자의 흥미를 규준집단의 점수와 비교 가능하게 해준다. 즉, 흥미 점수는 예술, 운동 등 특정 영역에서 피검자의 흥미가 일반인들과 비교했을 때 평균인지, 평균 이상 또는 이하인지를 나타내준다. 예를 들어, 예술 점수에서 T점수가 60점이라 할 때 이는 평균 (50)보다 1 표준편차 위(10)에 있고, 규준집단과 비교 시에, 84%의 사람들보다 예술 점수가 높다는 점을 의미한다. 이러한 T점수는 '매우 높음' '높음' '조금 높음' 등의 문구로 제시된다.

2) 검사 점수 유형

검사를 해석하고 적용하는 데 있어서 그 목적의 차이에 따라서 다른 점수 유형을 갖는 검사가 존재하는데, 피검자를 평가하기 위해 그 검사를 어떻게 활용할 것인지에 따라 점수 유형이 달라진다. 예를 들어, 그 검사를 이용해서 서로 상대적으로 비교를 하여 어떤 위치에 있는지를 나타내고자 한다면 규준–참조 점수화(norm-referenced scoring)를 사용하여야 하고, 피검자들이 그 검사의 내용을 바탕으로 볼 때 기준점에서 어떤 위치에 나타나는지를 보고자 한다면 준거–참조 점수화(criterion-referenced scoring)를 사용한다.

대부분의 표준화된 검사들, 즉 지능, 성취, 성격, 진로 검사 등은 규준–참조 점수를 제공한다. 규준–참조 점수란, 검사의 목적이 피검자들을 서로 비교하여 그들이 얼마나 많이 유사한지 혹은 많이 알고 있는지 등에 따라서 서로 다른 집단으로 분류할 때 적합한 방법이다. 개인의 규준–참조 점수를 산출하기 위해서 비교되는 집단을 규준집단(reference group)이라고 부르는데, 표준화된 검사에서는 표준화 표본(standarization sample)이라 불리는 특정 집단에 그 검사를 실시하고, 그로부터 얻어진 피검자들의 반응을 활용하여 규준–참조 점수 척도를 개발한다. 예를 들어서, 내 원점수는 모르나 전국 청소년 대상 상위 30%에 속한다면, 나의 검사 수행은 백분위(percentile task: 서열 척도로, 규준집단 내 구성원 중 특정 피검자보다 낮은 점수를 받은 사람의 비율로 결정됨)라는 규준–참조 점수를 사용하여 설명된 것이다. 즉, 나의 원점수는 내가 얼마나 특정 검사/시험에서 정답을 맞혔는지 정답 수에 의해 결정되나, 나의 백분위 점수는 집단 전체 수행에 기초해서 새로운 척도로 전환된 것이므로, 나의 백분위로 기술된 규준–참조 점수는 나의 수행뿐 아니라 타인의 수행 결과를 기초로 만들어진다. 즉, 내가 많은 정답을 맞추었다 하더라도 타인들도 유사한 수행을 하였다면, 나의 원점수는 높을 수 있어도 규준–참조 점수는 높지 않을 것이다.

이 외에 준거–참조 점수(criterion-referenced score)혹은 내용–참조 점수(content-referenced score)가 있는데, 이는 나의 수행이 타인의 수행과 비교되는 것이 아니라, 완벽한 수행을 준거로 사용해서 검사 문항들의 측정 영역에 대해 평가된 것을 나타낸다. 즉, 준거–참조 점수를 사용하는 검사의 목적은 피검자들이 그 검사 영역에 얼마나 숙달하였는지 그 정도를 나타내는 데 목표가 있다.

많은 심리검사들은 앞서 언급하였듯이 규준–참조점수를 더 많이 사용하며, 이는 피검자들을 서로 비교하여 분류하기 위한 것이라 대개 준거–참조 검사보다 다양하고, 신뢰도·타당도 평가 등 다양한 통계적 기법들이 적용된다.

3) 신뢰도 및 타당도

객관적인 심리검사를 선택할 때 주로 고려해야 하는 사항 중 하나가 신뢰도와 타당도 정보이다. 많은 심리검사의 경우 신뢰도 정보는 많이 보고를 하나, 상대적으로 타당도 정보는 부족한 편이다. 그러나 신뢰도만 높아서는 검사가 재고자 하는 걸 제대로 재고 있는지에 대한 정보가 확보되지 않아 반드시 타당도 정보가 같이 존재하는지를 확인하는 절차가 필요하다. 신뢰도는 높으나 타당도가 낮은 검사를 실시하는 것은 마치 눈금이 정확하지 않은 자로 측정하는 상황과 유사하다. 청소년기를 지난 성인이 6개월 동안 키가 성장하는 경우가 드물다는 점을 고려할 때, 170cm인 사람의 신장을 눈금이 정확하지 않은 자로 재었을 때 160cm라고 나왔다면, 이 수치는 6개월 후에도 동일할 가능성이 높다. 즉, 그 눈금이 정확하지 않은 자는 신뢰도는 높다고 생각할 수 있으나, 재고자 하는 것을 정확하게 재지 못하므로 타당도는 낮은 것이다.

(1) 신뢰도

신뢰도란 동일한 검사를 같은 사람에게 반복 실시하였을 때, 동일한 점수 혹은 일관된 결과가 나오는가를 보는 측정의 일치성이다. 즉 신뢰도는 검사의 일관성, 안정성, 정확성과 관련이 있다. 측정 방식으로는 (1) 동일한 검사를 일정 시간 간격을 두고 반복 실시하였을 때, 두 검사 점수가 유사함을 살펴보는 검사-재검사 신뢰도 (2) 특정 검사와 동일한 형태(문항 내용, 난이도, 변별도 등)로 제작된 검사를 동일 피험자 집단에게 실시하여 얻은 두 검사점수 간의 상관계수로 신뢰도를 추정하는 동형 검사 신뢰도 (3) 한 검사를 구성하고 있는 다른 하위 영역 내의 문항들 간의 유사성을 살펴보는 내적 일치도(internal consistency reliability) 등이 있다. 내적 일치도를 구하는 방법 중 하나가 하나의 검사를 두 세트로 분리하여 두 반분 검사 간의 상관을 살펴보는 반분신뢰도가 있다. 이외에 내적 일치도를 구하기 위해 자주 사용되는 방법으로 본래 검사 점수 분포로부터 검사의 신뢰도를 계산하는 방법인 Cronbach의 알파계수(coefficient alpha)가 있다. 내적 일치도 이외에도 측정하는 방식에 따라서 관찰자 신뢰도를 측정, 보고할 수도 있다. 관찰자 신뢰도에는 한 관찰자가 모든 측정 대상을 일관성 있는 기준으로 관찰하였는가의 문제와 관련된 관찰자 내 신뢰도와 하나의 측정대상에 대한 여러 관찰자들의 관찰결과가 얼마나 유사한지와 관련된 관찰자 간 신뢰도가 존재한다.

(2) 타당도

타당도는 검사도구가 측정하고자 하는 것을 얼마나 충실히 측정하였는가를 볼 수 있는 중요 정보를 담고 있다. 검사 점수를 해석할 때 그 검사가 검사의 사용 목적에 얼마나 부합하는지 정도에 따라서 그 해석이 얼마나 구체적이고 정확하며 믿을 수 있는지가 달라진다. 타당도는 정도의 문제로서 높다, 적절하다, 낮다 등으로 표현된다. 타당도의 종류에는 내용 타당도, 구성 타당도, 준거 타당도 등이 있는데, 내용 타당도(content validity)는 측정하고자 하는 분야의 전문가가 자신의 전문 지식을 바탕으로 검사가 그 측정하고자 하는 영역을 제대로 측정하는 검사인지에 대한 판단에 근거하여 이루어진다. 그래서 객관적 자료에 근거하기보다는 전문가의 판단에 따라 검사의 타당성에 대한 판단이 이루어져서 이 내용 타당도 하나만으로는 검사의 타당도를 이야기하기에는 충분치 않다.

준거 타당도(criterion validity)는 검사가 다른 측정치에서의 피검자 수행을 얼마나 잘 예측할 수 있는지 그 정도를 의미한다. 예를 들어, 대학에 지원한 학생들을 선발하기 위해 시험(예, 수능, SAT 등)을 치르는데, 이러한 시험들을 사용하는 목적은 시험 점수들을 통해 대학에서의 성공적인 적응(예, GPA)을 예측하기 위함이다. 이렇게 특정 검사 점수를 가지고 그 사람의 미래의 수행을 예측하고자 할 때, 그 검사를 사용하는 것이 합리적인 것인지에 대한 질문이 준거 타당도에 대한 질문이라고 볼 수 있고, 만약 대학입학시험이 대학 입학 후 성적 등을 잘 예측한다면, 대학입학시험은 준거 타당도가 높다고 이야기할 수 있다.

이러한 준거 타당도에는 예측 타당도와 공인 타당도가 있는데, 예측 타당도(predictive validity)는 예측변인과 준거변인의 점수가 서로 다른 시기에 얻어지고 공인 타당도는 동시에 얻어진다는 점에서 다르다. 예를 들어, 회사에서 특정 직무의 성공적 수행을 예측하기 위해 직무 역량 관련 검사를 개발하였다고 할 때, 그 검사의 예측 타당도를 알아보기 위해서는 직무 지원자들에게 특정시간 검사를 실시하여 검사 점수를 얻고, 일을 하고 나서 시간이 흐른 후 그 직무의 수행, 즉 준거 점수에 대한 평가가 요구된다. 즉, 처음 검사 점수와 준거 점수 간의 상관이 높다면 예측 타당도가 높다고 볼 수 있다. 동시/공인 타당도(concurrent validity)는 검사 점수와 현재 얻을 수 있는 준거 측정치 간의 상관을 구하는 방법으로서, 널리 타당성을 인정받고 있는 검사와 새로 만든 검사 간의 상관관계를 통해 얻어질 수 있다.

구성 타당도(construct validity)는 측정하고자 하는 개념이 실제로 측정 도구에 의해 제대로 측정되었는지 정도를 살펴보는 것으로서, 많은 경우 상관을 이용하는 수렴 타당도 혹은 변별 타당도가 있고, 그 외에 요인분석을 이용하여 검증해 볼 수 있다.

2 진로검사 선택 및 실시

1) 진로검사 선택 시 고려사항

진로검사 선택 시 제일 먼저 고민해야 할 점은 이 검사실시가 피검자에게 도움이 되는가에 대한 문제이다. 검사를 진행하는 사람의 편의나 호기심 충족 혹은 그 외 다른 욕구를 충족시키기 위한 목적이 더 크다면 검사실시에 대해서 다시 한 번 고민할 필요가 있다.

피검자가 호소하는 문제가 있고 검사를 통해서 알고 싶은 내용이 있으며, 검사실시에 대해서 상호 간의 대화와 피검자의 동의가 있다면, 그 뒤로 고려해야 할 점은 어떤 검사를 실시할 것인가의 문제이다. 대부분의 진로검사는 객관적 검사이나, 피검자의 연령과 언어, 성별, 문화적인 배경 등을 종합적으로 고려하여 선택하는 것이 필요하다.

만약 객관적 검사를 선택하였다면, 앞서 언급한 신뢰도, 타당도, 표준화 등에 대한 정보를 확인해야 한다. 국가나 연구기관에서 혹은 사설 업체에서 개발된 수많은 검사 도구들이 존재하나, 개발한 기관에 따라 신뢰도와 타당도, 표준화 등의 정보가 충분히 공개가 된 도구도 있고, 그렇지 않은 도구들도 존재한다. 그러므로 사전에 충분한 정보를 수집하여서 어떤 검사를 실시할 것인가를 결정하는 과정은 반드시 필요하다. 이는 상담 장면에서뿐 아니라, 연구용·학술용으로 검사를 선택할 때도 마찬가지이다.

투사검사를 선택했을 경우, 신뢰도나 타당도 정보가 객관적인 검사만큼 체계적으로 마련되지 않았고, 검사 진행 절차도 검사자의 재량에 달려 있는 경우가 많은 점을 유의하여서 실시해야 한다.

마지막으로, 많은 진로검사들은 자가진단을 가능하게 한 경우도 많으나, 상담 장면에서 상담자로서 학생에게 진로검사를 실시하는 경우, 진로검사를 학생에게 실시하고 그 결과를 해석하며 상담을 진행하기 위해서는 충분한 훈련과 그에 대한 수퍼비전 경험이 전제되어야 한다. 만약 훈련 과정 중이라면, 선택에서 실시 및 해석에 이르기까지 전 과정에 대해서 필요한 경우 자문과 수퍼비전을 받을 수 있어야 한다.

2) 내담자와 함께 논의해야 하는 점

심리검사는 검사를 실시하기 전 목표를 설정하고, 그 목표를 검사 결과를 해석함으로써 달성하도록 도와주는 데 의미가 있다. 즉, 검사를 받는 당사자가 그 검사를 통해서 무엇을 알고 싶은지 그 목적이 분명해야 한다. 목적이 분명하지 않고 학생이 그 검사를 통해 알고 싶은 내용이 분명하지 않은 검사실시는 비용 및 시간 낭비를 초래할 수 있다.

따라서 뚜렷한 검사실시 목적의 명료화와 이 검사의 실시가 누구에게 도움이 되는 것인지에 대해서 생각하는 과정이 검사실시 전 반드시 선행되어야 한다. 검사실시의 윤리적인 측면에서 보더라도 이러한 고민의 과정을 거쳐 검사가 실시되는 것이 적절하며 무분별한 남용을 방지할 수 있다.

그렇다면 심리검사를 받고자 하는 학생이 알고 싶어 하는 정보 혹은 검사를 통해 얻고자 하는 목표는 어떤 것이어야 할까? 실제로 학생과 함께 설정하는 목표는 다양할 수 있다.

예를 들어 내가 어느 분야에 흥미가 있는지, 적성이 맞는지 등을 알고 싶다면 나에 대한 이해가 목표가 되고, 그러한 자신에 대한 이해를 돕는 활동 중 하나가 심리검사가 된다. 이 때 단순히 검사를 실시하고 결과를 알려주는 것이 심리검사의 전부가 아니다. 우선, 결과에 대한 충분한 설명이 이루어지고, 그 이후 학생과의 충분한 심리검사 과정 및 결과에 대한 소통 혹은 대화의 과정이 이루어져야 한다. 심리검사를 하면서 검사에 대해서 어떻게 느꼈는지, 어떤 점이 어렵거나 힘들었는지, 그리고 그 결과가 자신이 예상했던 것과 비슷한지 아닌지 등에 대한 충분한 상담이 이루어져야 심리검사가 잘 활용되었다고 볼 수 있다.

또한, 결과를 해석함에 있어서 과소 혹은 과잉 해석을 하지 않도록 유의할 필요가 있다. 예를 들어서 지능검사의 경우 지능 점수가 높다고 무조건 똑똑하고, 지능 점수가 높은데 공부를 못하면 게을러서 그렇다고 해석하는 것은 위험하다. 진로에 대해서도 마찬가지이다. 그 검사의 종류와 특성을 정확히 미리 숙지하고 이를 바탕으로 한 정확한 해석이 필요하다. 일례로 진로흥미검사를 실시하고 내담자가 특정 영역에 흥미가 높다는 것은 그 분야에 평소에 관심이 많거나 성격이 그 분야에 종사하는 사람들과 유사점이 많을 가능성이 높다는 것이지, 반드시 해당 진로 분야에서 성공을 할 것이라든가 잘할 것이다 못할 것이다 등의 수행의 정도를 예언하는 것이 아니다.

이에 더하여, 검사를 실시하지 않더라도 충분히 학생 혹은 내담자의 문제를 접근하고 다룰 수 있다면, 검사를 꼭 실시해야 하는 것은 아니다. 검사의 실시는 학생이 가지고 있는 문제나 궁금증에 대한 이해를 돕는 하나의 수단이지, 내담자가 가지고 있는 문제의 해결방법을 찾기 위해서 이 검사의 결과에만 의존해서는 곤란하다. 검사는 어디까지나 보조 수단이며, 검사를 실시하는 사람의 편의나 호기심을 충족시키기 위해서가 아닌, 검사를 받는 당사자의 필요에 의해 실시되어야 한다.

마지막으로 고려해야 하는 문제는 얼마나 자주 실행하느냐의 문제이다. 예를 들어, 내가 어느 진로분야에 적성이 있는지 등의 검사는 1년에 한 번 실시만으로도 충분하다. 측정하고자 하고 보고자 하는 문제가 무엇이냐에 따라 다르겠으나, 예를 들어 지능검사를 한 해에 여러 번 실시한다고 지능이 바뀌지도 않을 뿐더러, 거기서 생기는 미묘한 점수의 차이가 학생에 대해서 큰 설명이나 함의를 가지지 않는다. 큰 생활 사건이 있었거나, 개인 내 변화가 있어서 반드시 측정해야 하는 상황이 아니라면, 검사의 남발은 하지 않느니만 못하다.

5장

개인의 심리적 특성 관련검사

신윤정 · 이은설

앞서 진술한 바와 같이 진로탐색 과정에서 개인의 전반적인 특성에 대해 이해하는 것은 매우 중요한 작업이다. 진로상담 장면에서 혹은 개인적인 진로탐색의 과정에서 성격, 흥미, 가치관을 점검하는 심리검사들은 개인이 스스로에 대한 풍부한 정보를 탐색 및 수집하는 데 많은 도움을 준다. 개인의 성격, 적성, 흥미, 가치관 등은 진로 및 직업 만족과 긴밀한 연관을 가지고 있을 뿐 아니라 진로준비행동, 진로결정효능감 등과 관련 진로와 직업 특정 행동들에도 유의미한 영향을 미친다는 연구 결과들이 많이 존재한다. 이 장에서는 개인이 진로와 직업 탐색과 관련하여 자신에 대한 이해를 넓히는 데 유용한 정보를 제공하는 흥미, 가치 및 성격을 측정하는 다양한 심리검사에 대해서 알아보겠다.

1 자신의 성격에 대한 이해

성격이란 일반적으로 개인의 감정, 사고, 행동에 있어서 비교적 일관성 있게 나타나는 개인 고유의 행동 및 사고 양식을 말한다. 성격에 관한 다수의 이론이 존재하고 각 이론들이 성격을 정의하는 바는 조금씩 차이가 있다. 이 장에서는 진로상담에서 주로 쓰이는 성격검사들이 바탕으로 삼고 있는 성격의 특질이론을 중심으로 살펴보도록 하겠다. 성격의 특질이론은 개인의 성격이 안정성 있는 조직과 같다고 보았다. 구체적인 정의를 살펴보면 올포트는 성격을 '개인이 환경에 독특하게 적응하도록 결정짓는 심리 물리적 체계의 역동적 조직'이라고 정의했고, 아이젱크는 '환경에 독특하게 적응하도록 하는 한 개인의 성품, 기질, 지성 등의 안정성 있는 조직'이라고 정의했다. 성격의 특질이론은 사람들이 특정한 방식으로 반응하려는 성향을 가지고 있다고 가정했고 그에 따른 행동 경향성을 가진다고 보았다. 성격의 특질이론은 개인의 특성을 결정짓는 요소를 알아내고 이에 따라 개인의 성격을 기술하고자 하는 데 그 목적을 두고 있으며, 대표적인 이론이 성격의 5요인 이론(Big Five Personality Trait)이다.

1) 관련 이론

(1) 성격의 5요인 이론

성격의 5요인 이론(Big Five)은 경험적인 연구에 의해 정립된 이론으로 성격특성이 다섯 가지 주요한 차원으로 구성된다고 가정한다. 다섯 가지 주요한 차원은 신경증/정서적 안정성, 외향성, 경험에 대한 개방성, 우호성, 성실성을 포함한다. 다섯 가지 차원에 대한 설명은 아래의 표 5-1에 제시하였다.

수많은 연구들이 성격의 5요인 이론이 개인의 행복에서부터 신체 및 정신 건강, 가족·친구·연인 사이의 관계적 결과뿐 아니라 직업선택, 진로흥미, 직무만족도, 직무수행과 같은 진로 및 직업과 관련된 변인과도 밀접한 관련을 보임을 밝히고 있다. Big Five 성격이론을 기반으로 한 심리검사들은 개인의 성격에 대한 풍부한 정보를 제공하고 있고 이에 따라 진로상담 및 지도에서 유용하게 사용되고 있다.

표 5-1

높은 점수를 보이는 사람의 특징	특질 척도	낮은 점수를 보이는 사람의 특징
신경증/정서적 안정성 (N: Neuroticism) 걱정 많은, 불안한, 정서적인, 자신이 없는, 부적절한, 건강염려증을 가진	순응성과 정서적 불안정성을 대비하여 측정. 심리적 고통, 비현실적 생각, 과도한 열망과 충동, 부적응적 대처 반응을 잘 보이는 개인을 규명	차분한, 편안한, 감정적이지 않은, 강인한, 안심한, 자기에 만족한
외향성(E: Extraversion) 사교적인, 활동적인, 수다스러운, 사람 중심적인, 낙관적인, 재미를 추구하는, 다정한	대인관계 상호작용의 질과 강도, 활동성, 자극에 대한 욕구, 즐거움을 느낄 수 있는 능력을 측정	과묵한, 냉철한, 활기 없는, 냉담한, 과업 중심적인, 남과 잘 어울리지 않는, 조용한

개방성(O: Openness to experience) 호기심 많은, 너른 관심사를 가진, 창의적인, 독특한, 상상력 풍부한, 비관습적인	경험 자체를 목적으로 능동적으로 새로운 경험을 찾고 즐기는 행동을 측정. 익숙하지 않은 것에 관용을 보이고 익숙하지 않은 것을 찾아 나섬	관습적인, 실제적인, 관심사가 좁은, 예술적이지 못한, 분석적이지 않은
우호성(A: Agreeableness) 상냥한, 온화한, 신뢰하는, 친절한, 용서하는, 남을 잘 믿는, 솔직한	개인의 생각, 감정, 행동에서 나타나는 대인관계 지향의 특성을 공감-적대감 연속선상에서 측정	냉소적인, 무례한, 의심 많은, 비협조적인, 복수심 불타는, 무자비한, 짜증을 잘 내는, 교활한
성실성(C: Conscientiousness) 정돈된, 신뢰할 수 있는, 열심히 노력하는, 자기 수양이 있는, 시간을 잘 지키는, 꼼꼼한, 깔끔한, 야망이 있는, 인내심 강한	개인의 체계성, 끈기, 목표 관련 행동의 동기 수준을 측정. 믿음직하고 꼼꼼한 사람과 부주의하고 엉성한 사람을 대비	목적이 없는, 신뢰롭지 못한, 게으른, 부주의한, 해이한, 태만한, 의지가 박약한, 쾌락주의적인

출처: Daniel Cervone & Lawrence A. Pervin(2015).

(2) 긍정심리학

한편, 개인의 성격을 이해하는 비교적 최신의 접근법 중 하나는 긍정심리학이라고 할 수 있는데, 셀리그만(2004)이 주창한 긍정심리학에서는 인간의 긍정적 측면에 초점을 두고 성격적 강점을 발견하고 발전시킴을 통해서 개인의 성장과 행복을 지원하는 데 관심을 둔다. 여기서 성격적 강점이란 구체적 성과와는 관련 없이 그 자체로 가치 있으며 선천적 능력이나 재능과는 달리 노력에 의해 의도적 개발이 가능한 인간의 긍정적인 특질이라고 할 수 있는데 셀리그만과 긍정심리학자들(Park, Seligman, & Peterson, 2004)은 다양한 동서양의 철학, 종교, 문화 등에 대한 연구를 통해 세계의 다양한 문화권에서 공통적으로 통용되는 행복한 사람의 특성을 제시하였다. 이러한 특성은 VIA(values in action) 분류체계로 불리는데 지성, 인간애, 용기, 절제, 정의, 초월의 6개의 범주와 그 아래 24가지 대표특성인 강점(character strengths)을 제시한다(표 5-2 참조). 셀리그만은 개인이 이러한 강점을 계속해서 발달시키고 직업생활, 여가생활 및 관계의 영역 등과 같은 일상생활에서 충분히 발휘할 때 삶의 만족이 높아진다고 주장한다. 이러한 긍정심리이론을 진로상담에서도 최근 적극적으로 적용하여 활용하고 있는데 대표적인 예가 심리검사 부분에서 소개될 성격강점검사의 활용이라고 할 수 있다.

표 5-2 성격강점에 대한 VIA 분류체계

	공정성 fairness	편향된 개인적 감정의 개입 없이 모든 사람을 동등하게 대하고 모두에게 공평한 기회를 주는 태도.
정의 justice (사회적 강점)	시민의식 citizenship	자신이 속한 집단의 이익을 추구하고자 하는 책임의식. 사회나 조직 속에서 자신에게 주어진 임무와 책임을 인식하고 부응하려는 태도.
	리더십 leadership	집단활동을 조직화하고 그러한 활동이 진행되는 것을 파악하여 관리하는 능력. 구성원을 고무시켜 좋은 관계를 창출해내고 사기를 진작시켜 각자의 일을 해내도록 지휘하는 것을 포함.
초월 transcendence (초월적, 영적 강점)	감사 gratitude	좋은 일을 잘 알아차리고 그에 대해 감사하는 태도.
	낙관성 optimism	최선을 예상하고 그것을 성취하기 위해 노력하는 태도.
	심미안 appreciation of beauty and excellence	다양한 삶의 영역에서 나타나는 아름다움, 수월성, 뛰어난 수행을 인식하고 평가하는 능력.
	유머감각 humor	웃고 장난치는 일을 좋아하며 다른 사람에게 웃음을 선사하는 능력.
	영성 spirituality	인생의 궁극적 목적과 의미에 대한 일관성 있는 신념을 가지고 살아가는 태도.
용기 courage (의지 관련 강점)	용감성 bravery	위협, 도전, 난관, 고통으로부터 위축되지 않고 이를 극복하려는 능력. 저항이 있더라도 무엇이 옳은지 이야기하고 인기가 없을지라도 신념에 따라 행동하는 것을 포함.
	진실성 authenticity	진실을 말하고 자신을 진실하게 드러내는 능력. 자신을 거짓 없이 드러내고 행동이나 감정을 수용하고 책임지는 것을 포함.
	끈기 persistence	시작한 일을 마무리하여 완성하는 능력. 장애에도 불구하고 일련의 계획된 행동을 지속하거나 과업을 성취하는 과정에서 기쁨을 느끼는 것을 포함.
	활력 vitality	활기와 에너지를 가지고 삶과 일을 접근하는 태도. 생기와 생동감을 느끼며 삶을 모험적으로 사는 것을 포함.
절제 temperance (중용적 강점)	겸손 modesty	자신이 이루어낸 성취에 대해서 불필요하게 과장된 허세를 부리지 않는 태도. 자신의 성취나 업적을 떠벌리지 않고 세인의 주목을 구하지 않으며 스스로를 특별한 존재로 생각하지 않는 것을 포함.

절제 temperance (중용적 강점)	신중성 prudence	선택을 조심스럽게 함으로써 불필요한 위험을 다루지 않으며 나중에 후회 할 일을 말하거나 행하지 않는 능력.
	용서 forgiveness	나쁜 일을 한 사람들을 용서하는 능력. 잘못을 행한 자를 용서하고 사람들에게 다시 기회를 주며 앙심을 품지 않 는 것을 포함.
	자기조절 self-regulation	자신의 다양한 감정, 욕구, 행동을 적절하게 잘 조절하는 능력.
지성 wisdom & knowledge (인지적 강점)	창의성 creativity	어떤 일을 하면서 새롭고 생산적인 방식으로 생각하는 능력. 참신한 사고와 생산적인 행동방식 포함.
	호기심 curiosity	일어나고 있는 모든 경험과 현상에 대해서 흥미를 느끼는 능력. 다양한 주제와 호제에서 매혹되어 조사하고 발견하는 것을 포함.
	개방성 open- mindedness	사물이나 현상을 다양한 측면에서 철저하게 생각하고 검토하는 능력. 모든 증거를 동등하게 취급하고 새로운 증거에 따라 신념을 수정하는 태도 를 포함.
	학구열 love of learning	새로운 기술, 주제, 지식을 배우고 숙달하려는 동기와 능력.
	지혜 wisdom	사물이나 현상을 전체적인 관점에서 생각하고 다른 사람에게 현명한 조언 을 제공해 주는 능력.
인애/인간애 humanity (대인관계적 강점)	사랑 love	다른 사람들과의 친밀한 관계를 소중하게 여기고 실천하는 능력. 다른 사람을 사랑할 수 있고 다른 사람으로부터 사랑을 받아들일 수 있는 능력.
	이타성 altruism, kindness	다른 사람을 위해서 호의를 보이고 선한 행동을 하려는 동기와 실천력. 다른 사람을 돕고 보살피는 행동을 포함.
	정서지능 emotional intelligence	자신과 다른 사람의 동기와 감정을 잘 파악할 뿐만 아니라 다양한 사회적 상황에서 어떻게 행동하는 것이 적절한지를 잘 아는 능력.

출처: 권석만(2011). **인간의 긍정적 성품(긍정심리학의 관점)**. 학지사.

2) 성격검사

사람의 성격을 설명하는 다수의 이론들이 존재하고 그 이론에 기반하여 성격을 측정하는 다양한 성격검사들이 존재한다. 국내에서 개발 및 사용되고 있는 대표적인 성격검사의 목록은 아래 표에 열거하였다. 지면의 한계 때문에 국내에서 개발된 모든 종류의 성격검사를 표에 포함하지는 못했다. 아래의 표에 제시된 성격검사 중 진로 및 직업의 선택과 관련하여 활용 가능한 검사들을 위주로 좀 더 자세히 살펴보도록 하겠다.

표 5-3 국내 성격검사 종류 목록 예시

검사명	대 상	제작자 및 제작처	발행처
청소년 직업인성검사 S형	중고등학생	한국고용노동부	한국직업능력개발원 (워크넷)
청소년 직업인성검사 L형	중고등학생	한국고용노동부	한국직업능력개발원 (워크넷)
KPI－e 초등인성검사	초등학생	한국행동과학연구소	한국행동과학연구소
KPI－a 청소년인성검사	중고등학생	한국행동과학연구소	한국행동과학연구소
Mindfit 인성건강검사	초3-6	학지사 인사이트	학지사 인사이트
Neo-II 아동성격검사	초4-6	학지사 인사이트	학지사 인사이트
Neo-II 청소년성격검사	중고등학생	학지사 인사이트	학지사 인사이트
PAI-A 청소년성격평가	중고등학생	학지사 인사이트	학지사 인사이트
CST-A 성격강점검사	중고등학생	학지사 인사이트	학지사 인사이트
KICS 아동성격강점검사	아동	김과수, 김경집, 김은향, 양곤성, 하요상, 한선녀	학지사 인사이트
Mindfit 인성건강검사	중고등학생	학지사 인사이트	학지사 인사이트
PAS-C아동인성검사 개정판	초4-6	변창진	마인드프레스
PAS-A청소년인성검사 개정판	초4-6	변창진	마인드프레스
EDI 에니어그램심리역동검사	중학생~성인	이은하	한국가이던스
KCYP 아동인성검사 (자기보고용/부모보고용)	초등학생	임호찬	한국가이던스
Selrah 6요인 인성검사	초4-6	이경임	한국가이던스
성격5요인검사BFI아동용	초등학생	정승철, 최은실	한국가이던스
SAI 강점검사	초3-6	감정코칭심리연구소	한국가이던스
종합강점창의성검사	초4-6	최인수, 이종구, 감정코칭심리연구소	한국가이던스
16PF 다요인인성검사II	중고생	염태호 김정규	한국가이던스
EPDI 애니어그램 심리역동검사	중고생	이은하	한국가이던스

(1) 워크넷 청소년 직업인성검사

한국고용정보원에서 개발한 워크넷(http://www.work.go.kr)에서는 청소년 직업인
성검사 S형과 L형을 무료로 제공한다. 두 버전 모두 중학교 1학년부터 고등학교 3학년
의 청소년을 대상으로 하고 있으며 Big Five 이론에 기반하여 5가지 성격요인 및 30가
지 하위요인에 대한 응답자의 프로파일을 제공한다(그림 5-1). S형과 L형은 성격 5요인
과 하위요인의 결과 면에서는 동일하나 문항수가 다르고 그에 따라 소요시간이 다르다.
S형의 경우 20분 정도, L형의 경우 40분 정도의 소요시간이 예상된다. 또한 L형의 경우
응답의 신뢰성을 측정하는 척도가 포함되어 있다.

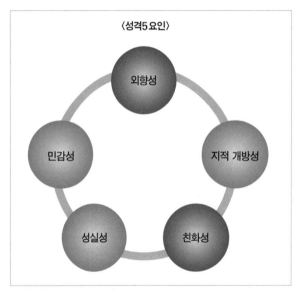

〈성격5요인별 하위요인 구성〉

요인	세부요인
민감성	불안, 분노, 우울, 열등감, 충동, 심약
외향성	온정, 군집, 리더십, 활동성, 자극추구, 명랑
지적 개방성	상상, 심미, 감수성, 신기, 지성, 가치
친화성	신뢰, 정직, 이타, 협동, 겸손, 동정
성실성	자기유능감, 정돈, 책임, 성취지향, 자율, 신중

그림 5-1 워크넷 청소년용 직업인성검사의 5요인과 하위요인 구성
출처: 워크넷

(2) NEO 성격검사

NEO 성격검사는 워크넷 청소년 인성검사와 비슷하게 Big Five 이론에 기반하
고 있는 개인의 기질적 성격구조를 파악하는 데 도움을 주는 검사이다. 안현의와 안창
규가 개발하고 학지사에서 판권을 소유하고 있는 유료검사로 초등학생용과 청소년용

의 두 가지 버전이 있다. 초등학생용의 경우 147문항으로 이루어져 있고 예상소요시간은 약 45분 정도이다. 청소년용의 경우 211문항으로, 약 45분의 소요시간을 예상한다. NEO 성격검사는 5가지 요인 및 하위척도의 프로파일을 제공하고 해석을 통해 개인이 어떤 환경에서 어떻게 적응과 부적응을 나타내는지를 설명하는 성격과 환경의 상호작용적인 해석을 제공한다.

(3) CST-A 성격강점검사

CST(Character Strengths Test) 성격강점검사는 권석만, 김지영, 하승수가 개발한 검사로 학지사에서 판권을 소유하고 있는 유료검사이다. 이 검사는 응답자인 청소년들이 자신의 대표강점을 구체적으로 인식함으로써 자기이해와 진로탐색에 유용한 정보로 활용될 수 있다. 이 검사는 긍정심리학에 근거한 VIA 분류체계를 사용하여 6개의 핵심덕목(지성, 인간애, 용기, 절제, 정의, 초월)과 이에 관련한 24개의 성격강점을 측정한다. 또한 응답자의 주관적 행복도를 측정한다. 총 182문항으로 약 40분 정도가 소요된다.

(4) KICS 아동성격강점검사

KICS(Korean Inventory of Character Strengths for Children) 아동성격강점검사는 긍정심리학에 기반하여 아동의 긍정적 성품인 덕성과 성격강점을 자기보고식으로 측정하는 검사이다. VIA 분류체계를 기반으로 6개의 덕목(지성, 인간애, 용기, 절제, 정의, 초월)과 24개의 성격강점에 대한 프로파일을 제공하여 응답자의 대표강점과 대표덕목을 확인하도록 도와주는데, 확인된 성격강점의 개발과 활용은 아동의 진로발달에 기여할 수 있다. 학지사가 판권을 가지고 있으며 김광수, 김경집, 김은향, 양곤성, 하요상, 한선녀가 개발했다. 총 117문항으로 약 40분이 소요된다.

(5) MBTI

MBTI(The Myers-Briggs Type Indicator)는 대표적인 심리유형검사로 한국을 포함한 세계 여러 나라에서 널리 쓰이는 성격검사이다. MBTI는 융(C. G. Jung)의 심리유형론에 바탕을 두고 있는데 융은 인간의 행동이 개인이 정신능력을 사용하는 데 있어서 선호하는 방식에서 비롯된 결과라고 가정한다. MBTI는 다음의 4가지 분류기준에 따른 결과에 의해 응답자를 16가지 심리유형 중 하나로 분류한다. 정신적 에너지의 방향성을 나타내는 외향-내향(E-I) 지표, 정보 수집을 포함한 인식의 기능을 나타내는 감각-직관(S-N) 지표, 수집한 정보를 토대로 합리적으로 판단하고 결정내리는 사고-감정(T-F) 지표, 인식과 판단 기능이 실생활에서 적용되어 나타난 생활 양식을 보여주는 판단-인식(J-P) 지표이다. 이러한 4가지 선호지표가 조합된 양식을 통해 16가지 성격 유형을 설명하여, 성격적 특성과 행동의 관계를 이해하는 정보를 제공한다.

이 검사는 1900년에서 1975년에 걸쳐 Katharine Cook Briggs와 Isabel Briggs Myers에 의해 개발되었고 한국에서는 김정택과 심혜숙이 한국어로 번안 및 타당화하였다. 어세스타(ASSESTA)에서 판권을 가지고 있다. 한 가지 유의할 점은 MBTI 검사는 이 장에서 소개된 다른 검사들과는 다르게 개인이 온라인을 통해 실시할 수 있는 검사가 아니라 한국MBTI연구소에서 제공하는 일정 과정의 교육을 거친 사람들만이 실시할 수 있는 검사이다.

	외향(**E**xtraversion) 외부세계의 사람이나 사물에 대하여 에너지를 사용	에너지 방향 energy	내향(**I**ntroversion) 내부세계의 개념이나 아이디어 에 에너지를 사용
	감각(**S**ensing) 오감을 통한 사실이나 사건을 더 잘 인식	인식기능 information	직관(**IN**tuition) 사실, 사건 이면의 의미나 관 계, 가능성을 더 잘 인식
	사고(**T**hinking) 논리적, 분석적 근거를 바탕으 로 판단	판단기능 decision making	감정(**F**eeling) 개인적, 사회적 가치를 바탕으 로 판단
	판단(**J**udging) 외부세계에 대하여 체계적이고 계획적으로 접근	생활양식 life style	인식(**P**erceiving) 외부세계에 대하여 개방적이고 융통성 있게 접근

그림 5-2 MBTI의 4가지 선호지표

출처: 어세스타 (career4u.net) MBTI 온라인 보고서 샘플

ISTJ 세상의 소금형 한번 시작한 일은 끝까지 해내는 사람들	**ISFJ** 임금 뒤편의 권력형 성실하고 온화하며 협조를 잘하는 사람들	**INFJ** 예언자형 사람과 관련된 뛰어난 통찰력을 가지고 있는 사람들	**INTJ** 과학자형 전체적인 부분을 조합하여 비전을 제시하는 사람들
ISTP 백과사전형 논리적이고 뛰어난 상황적능력을 가지고 있는 사람들	**ISFP** 성인군자형 따뜻한 감성을 가지고 있는 겸손한 사람들	**INFP** 잔다르크형 이상적인 세상을 만들어가는 사람들	**INTP** 아이디어 뱅크형 비평적인 관점을 가지고 있는 뛰어난 전략가들
ESTP 수완 좋은 활동가형 친구, 운동, 음식 등 다양한 활동을 선호하는 사람들	**ESFP** 사교적인 유형 분위기를 고조시키는 우호적 사람들	**ENFP** 스파크형 열정적으로 새로운 관계를 만드는 사람들	**ENTP** 발명가형 풍부한 상상력을 가지고 새로운 것에 도전하는 사람들
ESTJ 사업가형 사무적, 실용적, 현실적으로 일을 많이 하는 사람들	**ESFJ** 친선도모형 친절과 현실감을 바탕으로 타인에게 봉사하는 사람들	**ENFJ** 언변능숙형 타인의 성장을 도모하고 협동하는 사람들	**ENTJ** 지도자형 비전을 가지고 사람들을 활력적으로 이끌어가는 사람들

그림 5-3 MBTI의 4가지 선호지표에 따른 16가지 성격 유형

출처: 어세스타(career4u.net) MBTI 온라인 보고서 샘플

2 자신에 대한 이해: 진로 특정적인 변인들

1) 적성과 흥미

(1) 정의

적성(aptitude)은 특정 영역에 대한 지식이나 기술을 익히고 습득할 수 있는 개인의
잠재적인 능력 혹은 역량을 의미한다. 특정 일을 수행할 수 있다고 생각되는 미래지향

적인 역량을 의미하며, 과거의 성취 경험에 대한 평가가 가능한 적성 정도를 판단하는 주요 판단 근거가 되곤 한다.

예를 들면, 한국의 경우 수능시험, 미국의 경우 SAT, ACT, AP 등의 대입 전 치루는 시험들이 그 예이다. 즉, 이러한 시험은 앞으로 대학에 들어가서 잘 적응할 수 있는 역량이 있는지를 보는 주요 지표 중 하나로 사용된다. 그러나 잠재적인 능력 혹은 적성이 있다는 것이 반드시 그 분야에서 잘할 것, 즉 직업적 성공을 예언하는 것은 아니다. 즉, 적성검사 결과를 미래에 특정 일을 잘할 것이라는 수행 결과를 예언하는 것으로 과대 해석하면 안 된다.

흥미는 넓게 정의하면 어떤 종류의 활동에 대해서 개인이 가지고 있는 쾌, 불쾌, 수락, 거부의 경향성을 말한다. 흥미와 관련하여 홀랜드(Holland, 1997)는 생물학적인 유전, 부모, 친구, 사회적 지위, 문화 물리적인 환경을 포함한 다양한 문화적 힘들 간의 상호작용 경험이 특정한 활동을 선호하도록 이끌며 선호가 강한 흥미로 발전한다고 보았다. 사람은 누구나 자신이 좋아하는 일을 할 때, 더 잘하려는 의욕이 높아지는 경우가 많고 따라서 진로나 직업을 선택할 때 가장 먼저 고려하는 것 중에 하나가 흥미라고 할 수 있다. 진로/직업 흥미는 진로의 선택, 지속, 만족감, 성공 등과 밀접한 관련이 있는 것으로 진로심리학에서 연구되어 왔다.

적성과 흥미는 다른 개념으로, 흥미는 선호에 초점이 있다면 적성의 경우 해당 분야에서 요구되는 역량이 있는가의 문제라고 할 수 있다. 예를 들어, 어학분야에 적성은 있으나 본인은 흥미가 없을 수가 있고, 반대로 수학 분야에 흥미는 있으나 적성은 떨어질 수도 있다. 물론 적성과 흥미가 모두 일치하는 경우도 있다.

필요에 따라 적성과 흥미 검사를 실시하여 자신이 잘하는 분야와 흥미 있어 하는 분야가 일치하는지, 일치하지 않는지, 그리고 그러한 결과들이 내게 시사하는 바가 무엇인지에 대한 충분한 탐색이 이루어질 필요가 있다. 또한, 검사 결과에 대해서 안내를 해줄 때, 검사 결과는 기본적으로 자신이 응답한 바에 근거해서 나오는 것이라는 점과 검사 결과는 자신에 대한 이해를 돕는 참고 자료 정도로 받아들여야지 전적으로 맹신하고 그에 기반해서 진로 결정을 하는 것은 위험할 수 있다는 점도 같이 설명해줄 필요가 있다.

(2) 관련 이론

적성과 흥미에 대해서 많은 진로이론들이 다룬 바 있지만 대표적인 이론으로 홀랜드(Holland)의 이론이 있다. 기본적으로 홀랜드는 어떻게 개인이 자신이 속한 환경과 상호작용을 하는지에 관심을 가졌다. 또한 각 개인과 환경의 특성이 궁극적으로 개인의 진로 혹은 직업 관련 선택 및 적응에 영향을 미친다고 보았다.

홀랜드는 P(사람)-E(환경) 간의 조화를 설명함에 있어서 6가지 유형으로 설명하였다. 홀랜드는 대부분의 사람들을 6가지 성격/흥미 유형의 조합으로 구분할 수 있으며, 환경 유형 또한 6가지가 존재한다고 보았다. 각 개인의 유형 조합은 각 개인이 가지고 있는 호불호 성향, 특정 가치 및 자기 기술 내용에 기반한 특징적인 일련의 행동들을 반영한다. 또한, 환경 유형도 개인을 설명하는 성격과 동일한 6가지 유형의 조합에 따라 설명이 가능하다. 여기서 이야기하는 환경 유형의 특징은 그 환경에 속해 있는 사람들로부터 그 특성이 나타난다고 볼 수 있는데, 즉 그 환경에 속한 사람들은 자신들과 가장 유사한 유형들을 반영하는 환경을 만들어내며, 그로 인해 특정 환경 유형은 그러한 사람들이 모인 곳의 특성을 의미한다.

홀랜드에 따르면, 사람들은 자신의 독특한 성격 유형을 바탕으로, 자신의 능력과 기술을 발휘하고 고유한 가치와 태도를 표현하며 자신에게 맞는 역할을 수행할 수 있는 환경을 찾고자 하며, 이에 개인이 진로를 선택하고 결정하는 일련의 행동들은 이러한 성격과 환경 간의 상호작용에 의해 결정된다고 보았다.

홀랜드가 제시한 6가지 유형에 따른 개인 및 환경의 특징은 아래 표 5-4와 같다.

표 5-4 홀랜드의 RIASEC 유형별 개인 및 환경의 6가지 특징

	개인	환경
R (realistic, 현실형)	• 자신의 취미나 일을 할 때 도구나 기계 등을 사용하는 것을 즐김 • 실용적인 부분을 가르치거나 기술적이거나 신체를 사용하는 기술들을 가르치는 수업을 선호 • 추상적이거나 이론적인 기술에 대한 참을성 부족	• 도구나 기계, 동물을 다루는 환경 • 다른 사람들과 일하는 능력보다는 물건/사물(things)을 다루는 환경 • 육체적인 힘/능력이 요구되기도 함

I (investigative, 탐구형)	• 창의적으로 문제를 해결하기 위해서 복잡하고 추상적인 사고를 하는 것을 좋아함 • 과학에 대한 읽을거리 선호 • 수학, 물리학, 화학 등과 같은 과목 선호 • 개인적인 문제를 직접 다루거나 타인에 의해서 수퍼비전(감독)받는 것을 즐기지 않음	• 수학적/과학적인 흥미나 유능성을 통해서 문제의 해결방안을 찾는 것이 요구되는 환경 • 분석적인 사고를 사용할 수 있는 기회가 제공되는 환경 • 독립적으로 일을 할 수 있는 지적 능력이 요구되는 환경 • 인간관계 능력이 심하게 요구되지 않는 환경
A (artistic, 예술형)	• 체계나 구조에 제한받지 않고 자유롭게 자신을 표현하기를 좋아하는 사람 • 음악, 미술, 글쓰기 등의 방법 선호 • 독창성과 창의력이 풍부함 • 순수한 A유형은 기술적인 글쓰기, 논문이나 보고서 등을 선호하지 않음	• 창의성과 개인의 선호를 자유롭게 표현하는 것이 격려받는 환경 • 음악가, 예술가, 작가 등 논리적인 표현보다는 개인적, 정서적인 표현을 하는 것이 선호되는 환경
S (social, 사회형)	• 타인을 돕는 것을 선호 • 윤리적 혹은 이상적인 문제들에 관련된 복잡한 문제에 대해 대화를 통한 해결 선호 • 언어적 그리고 대인관계 능력 등 친사회적인 능력이 요구되는 환경 선호	• 유연하고, 서로를 이해하는 환경 • 타인을 돕고, 가르치고 타인에게 영적 혹은 사회적으로 책임 있는 역할이 가능한 환경 • 초등학교 선생님, 상담전문가 등
E (enterprising, 진취형)	• 부를 창출하는 것이 주요 가치 중 하나 • 자신감 넘치고, 사회적이면서도, 자신의 의견 피력이 분명하고, 인기 있는 걸 선호하며, 리더 자리 선호	• 조직의 혹은 개인의 목표를 달성하기 위해 타인을 설득하거나 관리하는 환경 • 경제적인 문제들이 주요 문제 중 하나인 환경 • 승진, 권력, 사회적 지위, 부의 창출이 격려되는 환경
C (conventional 관습형)	• 독립적이고, 규칙과 원칙 등을 따르는 능력을 선호 • 모호한 상황을 다루기보다는 통제권이 있는 상황을 선호 • 타인과의 관계에서는 관계 중심이기보다는 과제 달성에 집중	• 조직적이고 계획적인 능력이 중요한 환경 • 기록을 꼼꼼히 관리하고 챙기는 능력이 필요한 환경

(3) 관련 검사도구들

이러한 홀랜드의 6가지 유형을 기반으로 만들어진 다수의 진로탐색검사가 존재하는데 대표적인 예가 Self-Directed Search(SDS, Holland, Fritzsche, & Powell, 1994)이다.

Strong Interest Inventory(SII, Harmon, Hansen, Borgen, & Hammer, 1994) 역시 홀랜드 이론을 반영하는 대표적인 검사 중의 하나로 처음 개발 당시에는(1927) 다양한

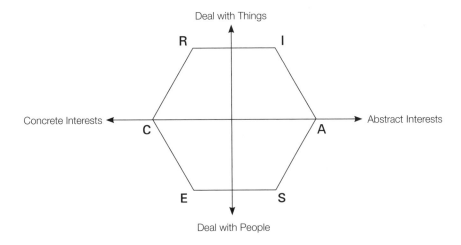

그림 5-4 Holland 이론의 6가지 유형

직업에 고용된 사람들이 좋아하는 것과 싫어하는 것에 대한 경험적인 데이터를 바탕으로 구성되었으나 추후에 여러 차례의 개정작업을 거치는 중에 홀랜드의 이론을 반영하고 현재의 형태가 되었다.

현재 국내에서는 SDS와 SII 모두 그대로 수입, 번역해서 한국판으로 사용하는 경우가 있는 한편, 홀랜드의 이론에 기반하여서 국내에서 개발한 검사 등 다양한 종류의 적성 및 흥미 검사가 존재한다. 또한 검사를 개발한 주체에 따라서 한국직업능력개발원 등 연구소에서 개발한 검사 및 사설 기관에서 개발한 검사들이 존재하고, 검사에 소요되는 비용도 다르다. 이에, 검사의 목적, 규모 등을 고려하여서 어떤 검사를 사용할 것인지에 대한 결정을 내리고 이에 따라 선택한다. 현재 국내에서 출판된 주요 검사들에 대한 목록은 다음 표 5-5에 있다.

한 가지 유의할 점은, 위의 정의에서 살펴본 바와 같이 개인의 선호 및 선호활동을 포괄하는 흥미와는 별개로 적성은 특정 영역이나 활동에 대한 지식이나 기술을 익히고 습득할 수 있는 개인의 잠재적인 능력 혹은 역량을 의미한다. 흥미와 적성에 있어서 개념의 차이가 존재하지만 현재 사용되는 검사들의 경우 검사 제목에 있어서 두 가지 용어를 혼용하기 때문에 표에 제시된 각 검사를 사용하고자 할 때는 검사의 발행처에서 제공하는 검사에 대한 설명을 숙지한 후 용도에 맞게 선택하는 것이 중요하다.

표 5-5 국내 진로 적성 및 흥미 검사 종류 목록 예시

검사명	대상	제작자 및 제작처	발행처
커리어넷 직업적성검사	중고등학생	임언, 정윤경	커리어넷
직업흥미검사 K	중고등학생	정윤경, 김나라	한국직업능력개발원 (커리어넷)
직업흥미검사 H	중고등학생	김나라 외	한국직업능력개발원 (커리어넷)
청소년용 흥미검사	중고등학생	고용노동부	한국고용정보원
직업선호도검사	18세 이상	고용노동부	한국고용정보원
적성탐색검사(Holland SDS)	대학/성인	이동혁, 황매향	한국가이던스
전공탐색검사(Holland SDS)	고2-고3	이동혁, 황매향	한국가이던스
진로탐색검사(Holland SDS)	고1-고3	이동혁, 황매향	한국가이던스
진로탐색검사(Holland SDS)	중1-중3	이동혁, 황매향	한국가이던스
Holland 진로발달검사	초4-중1	안창규, 안현의	한국가이던스
Holland 진로탐색검사II	중2-중3	안창규, 안현의	한국가이던스
Holland 전공탐색검사	고2-고3	안창규, 안현의	한국가이던스
Holland 진로탐색검사II	고1-고3	안창규, 안현의	한국가이던스
진로발달검사(CDI)	초3-중2	이종범, 이건남	한국가이던스
CCI 진로역량검사	고1-고3	김봉환, 김창대, 최한나, 김형수	한국가이던스
CCI 진로역량검사	중1-중3	김봉환, 김창대, 최한나, 김형수	한국가이던스
CHCA-M 적성검사	고1-고3	탁진국	한국가이던스
CHCA-M 적성검사	중1-중3	탁진국	한국가이던스
MCI 다면적 진로탐색검사	대학/성인	이동혁 황매향	한국가이던스
MCI 다면적 진로탐색검사	청소년용	이동혁 황매향	한국가이던스
MCI 다면적 진로탐색검사	초등용	이동혁 황매향	한국가이던스

직업적성검사	중고등학생	임언 외	한국직업능력개발원 (커리어넷)
KAT 적성검사	중고등학생	한국행동과학연구소	한국행동과학연구소
STRONG™직업흥미검사	고등학생 이상	김정택, 김명준, 심혜숙	어세스타
STRONG™직업탐색검사	중고등학생	김정택, 김명준, 심혜숙	어세스타
STRONG™진로발달검사	초등학생	김정택, 김명준, 심혜숙	어세스타
CACV 종합진로 직업적성검사	고등학생	성태제	학지사 인사이트
CACV 종합진로 직업적성검사	중학생	성태제	학지사 인사이트
CATA적성검사	고등학생	이종구, 현성용, 최인수	학지사 인사이트
CATA적성검사	고등학생	이종구, 현성용, 최인수	학지사 인사이트
Holland® 진로적성검사	초/중/고 통합	안현의, 안창규	학지사 인사이트
Holland® 직업적성검사	대학/성인	안현의, 안창규	학지사 인사이트
Holland® 전공적성검사	고등학생	안현의, 안창규	학지사 인사이트
Holland® 직업적성검사	대학/성인	안현의, 안창규	학지사 인사이트
Holland® 계열적성검사	고등학생	안현의, 안창규	학지사 인사이트
Holland® 진로적성검사	특성화고등학생	안현의, 안창규	학지사 인사이트
Holland® 진로적성검사	중학생	안현의, 안창규	학지사 인사이트
홀랜드III 진로발달검사	초3-초6	학지사 인사이트	학지사 인싸이트
홀랜드III 진로적성검사	중고등학생	학지사 인사이트	학지사 인싸이트
KVAT 직무적성검사		이종구	학지사 인사이트
KVAT 직무역량검사		이종구	학지사 인사이트
Holland 홀랜드 진로카드		안창규, 안현의	학지사 인사이트
여성용 직업카드	여자중고등	김희수, 이윤우	학지사 인사이트
여성용 직업카드	여자대학생/성인	김희수, 이윤우	학지사 인사이트
CET 진로탐색검사	초등용	이종승	학지사 인사이트
CET 진로탐색검사	중등	이종승	학지사 인사이트
CET 진로탐색검사	고등	이종승	학지사 인사이트
CET 진로탐색검사	대학/성인	이종승	학지사 인사이트
청소년용 직업카드 2nd		김봉환, 최명운	학지사 인사이트

학과카드 2nd		김봉환, 최명운, 박진영, 이재희, 박현옥	학지사 인사이트
STRONG 진로탐색검사 II	중고등	한국심리검사연구소 (ASSESTA)	한국심리검사연구소 (ASSESTA)
KATB적성검사	대졸용	한국행동과학연구소	한국행동과학연구소
KATB-h 적성검사	비대졸용	한국행동과학연구소	한국행동과학연구소
홀랜드유형 청소년용 직업카드 150		임인재	마인드프레스
홀랜드유형 직업카드 220		임인재	마인드프레스
청소년용 학과카드 250		임인재	마인드프레스
홀랜드유형 직업카드 110		임인재	마인드프레스
MIT진로특성종합검사 multiple intelligence test	초4~초6	한태영, 정종진	한국적성연구소
진로적성탐색검사	중고등학생	한태영	한국적성연구소
전공탐색검사	중고등학생	한태영	한국적성연구소
CIT 중,고등용 진로흥미검사	중고등학생	임인재, 김봉환	마인드프레스
CAT 홀랜드유형진로적성검사	중고등학생	임인재	마인드프레스
CIC 홀랜드유형 진로탐색체크리스트	중고등학생	임인재	마인드프레스

현재까지 출판된 다양한 검사들을 지면에 모두 소개하기 어려우므로, 대표로 몇 가지 검사도구들만 소개하고자 한다.

① 커리어넷 직업적성검사

한국직업능력개발원에서 개발한 커리어넷(http://www.career.go.kr)에서 무료로 실시할 수 있다. 한국직업능력개발원의 임언과 서유정이 개발하였으며, 대상은 중 1에서 고 3이고, 중학생은 59문항·예상소요시간 20분, 고등학생은 59문항·예상소요시간 30분이다.

본 검사는 무료이며, 자신의 적성에 적합한 직업군을 알고자 할 때 사용하면 유용하며, 본인의 적성 및 적성에 맞는 진로 및 직업에 대한 정보를 제공한다.

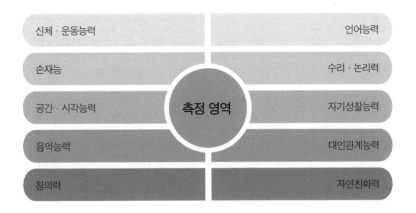

그림 5-5 커리어넷 직업적성검사 측정영역

출처: 커리어넷 심리검사 안내 e-book

② 워크넷 청소년 직업적성검사

워크넷(http://www.work.go.kr)의 직업적성검사는 중학생용과 고등학생용이 따로 구분되어 있다. 중학생용의 경우 한국고용정보원에서 연세대학교 김상진 교수를 연구 책임자로 하여 2006년 개발한 것으로, 70분 정도 검사시간이 소요되고 무료이다. 본 검사의 목적은 중학생의 9개 적성요인을 측정하여, 개인의 적성에 맞는 학업분야를 추천하기 위함으로 총 3개의 분야를 추천한다.

중학생용 검사의 하위요인과 설명 그리고 신뢰도 정보는 아래의 표 5-6과 같다. 이 외에, 검사실시 방법과 예시 결과표 등 자세한 검사에 관련된 정보가 들어있는 '심리검사 사용자 가이드'는 워크넷 홈페이지 안에 직업·진로 메뉴로 들어가면, 오른쪽 상단에 사이버진로교육센터 안 자료 마당에서 찾아볼 수 있다.

표 5-6 워크넷 중학생용 적성검사 하위요인과 내용

적성요인	내용	하위검사 설명	내적 합치도	검사-재검사 신뢰도
언어능력	일상생활에서 사용되는 다양한 단어의 의미를 정확히 알고 글로 표현된 문장들의 내용을 올바르게 파악하는 능력	어휘력: 주어진 글을 읽고 그 설명에 해당하는 가장 적합한 단어를 빠르고 정확하게 찾는 능력을 측정하기 위한 검사 독해력: 주어진 글을 읽고 주제를 빠르고 정확하게 찾거나 글의 내용과 일치/불일치하는 단어나 문장을 찾는 검사 언어추리력: 주어진 단어들의 관계를 논리적으로 추론하는 능력을 측정하는 검사	.86	.84
수리능력	정확하고 신속하게 계산하며, 응용문제와 자료를 독해하고 해석하는 능력	단순수리: 제시된 계산식의 답을 찾음으로 기초적인 계산능력을 측정하기 위한 검사 응용수리: 주어진 문장을 읽고 사칙연산, 공식의 유도 및 변형 등을 통해 문제의 해답을 끌어내는 능력을 측정하기 위한 검사 수열추리: 일정한 규칙에 의해 나열되어 있는 숫자들을 보고 그 규칙을 적용하여 괄호 안에 들어갈 숫자를 찾는 검사	.81	.67
공간능력	추상적 시각적 이미지를 생성하고 유지하고, 조작하는 능력	제시된 전개도를 접어서 만들 수 있는 입체도형을 찾는 전개도 접기 검사 및 제시된 입체도형을 펼쳤을 때의 전개도를 찾는 전개도 펴기 검사	.71	.56
지각속도	서로 다른 사물들 간의 유사점이나 차이점을 빠르고 정확하게 지각하는 능력	두 개로 구분되어 제시된 기호, 문자 등의 형태/방향 등을 보고 양쪽이 같은지 다른지를 빠르고 정확하게 비교해 구별하는 능력을 측정하는 검사	.82	.29
과학능력	도구나 기계, 여타의 물질세계에 대한 정보를 바탕으로 그 원리를 이해하고 기계의 작동 및 조작 원리를 추리할 수 있는 능력	기계의 원리 및 물질세계에 대한 과학 원리를 이해하고 적용하는 능력을 측정하는 검사	.73	.69
색채능력	색을 인지하여 새로운 색을 창조하는 능력과 색의 감성적 의미를 파악하는 능력	빛의 연속 스펙트럼상에서 특정 위치에 해당하는 색상을 추론하는 능력을 측정하는 검사	.73	.60
사고유연성	주어진 상황에서 짧은 시간 내에 서로 다른 많은 아이디어를 개발해내는 능력	성냥개비를 배열하여 만든 도형에서 정해진 개수의 성냥개비를 제거하여 정해진 개수의 사각형을 만드는 능력을 측정하기 위한 검사	.89	.67

협응능력	운동의 위치와 방향에 대한 시각적 평가에 기초한 정확한 손동작 능력	주어진 도형을 보고 빠르고 정확하게 그릴 수 있는지를 측정하기 위한 검사	.85	.21
학업동기	학업관련 상황에 임할 때 보이는 동기 유형과 수준. 학업성취와 관련 있는 내재적 동기, 자기결정성, 끈기	자율적 동기, 타율적 동기, 무동기로 측정하는 자기결정동기와 끈기와 결단성으로 측정하는 실패내성과 학업동기 유형과 수준을 평가하는 검사	끈기: .78	.68
			자율적: .65	.53
			타율적: .43	.67
			무동기: .80	.69

출처: 워크넷 심리검사 사용자 가이드 통합본1.pdf

워크넷 고등학생용 적성검사는 고등학생 적성검사라는 이름으로 한국고용정보원에서 2013년 개발되었으며 검사 소요시간은 약 65분이고 시간제한이 존재한다. 본 검사의 주요 목적은 고등학생의 적성능력을 측정하며, 향후 진출 분야로 고려해 볼 만한 직업 및 학업 분야를 추천하는 것으로 기술되어 있다. 구체적으로는 직업 추천은 우선 추천 직업, 고려해 볼 수 있는 직업, 비추천 직업 등을 세분화하여 정보를 제공한다. 또한 자신의 희망직업에서 요구되는 적성요인과 자신의 검사점수를 비교할 수 있다. 구체적으로 고등학생용 적성검사는 크게 9개의 적성요인과 13개의 하위검사로 구성되어 있으며 그 내용과 신뢰도 정보는 아래 표 5-7과 같다.

표 5-7 워크넷 고등학생용 적성검사 하위요인과 내용

적성요인	내용	하위검사		내적 합치도	Spearman-Brown 반분 신뢰도
언어능력	상황에 가장 적합한 단어를 파악, 사용하고 글의 핵심적 내용을 정확하게 이해하며 언어관계(공통점 등)를 정확히 파악하는 능력	어휘력	어휘찾기	.72	.74
			유의어찾기	.66	.70
		주제찾기		.66	.69
수리능력	간단한 계산문제 혹은 스스로 계산식을 도출할 수 있는가를 파악하는 능력	단순수리		.83	.88
		응용수리		.75	.60

추리능력	주어진 정보를 종합해서 이들 간의 관계를 논리적으로 추론해내는 능력	문장추리	.74	.82
		수열추리	.73	.75
공간능력	추상적 시각적 이미지를 생성하고 유지하고 조작하는 능력	심상회전	.60	.61
		부분찾기	.71	.74
지각속도	시각적 자극을 신속하게 평가하고 식별해내는 능력	지각속도	.93	.98
과학능력	과학의 일반적인 원리를 파악하는 능력	과학원리	.75	.76
집중능력	방해자극이 제시되는 상황에서는 방해자극의 간섭을 배제하면서 과제를 수행하는 능력 또는 방해자극이 제시되지 않는 상황에서 목표과제에 집중하는 능력	색채/도형집중	.92	.32
색채능력	백광색이 프리즘을 통과할 때 분산에 의해 나타나는 스펙트럼상의 색상의 적절한 위치를 파악하는 능력	색상지각	.82	.88
사고 유연력	주어진 정보를 다른 각도나 방식으로 해석하거나 수정할 수 있는 능력	성냥개비	.89	.91
협응능력	운동의 위치와 방향에 대한 시각적 평가에 기초한 정확한 손동작 능력	선그리기(10)	.79	.78

출처: 워크넷 심리검사 사용자 가이드 통합본1.pdf

또한 타당도 정보도 존재하는데, 이는 적성요인 간의 상관분석을 통해 살펴보았고, 전체적으로 양호하게 나타났으며, 자세한 결과는 워크넷에서 확인 가능하다.

③ CATA 적성검사

이는 중학생 및 고등학생 대상 적성검사로, 학지사에서 이종구, 현성용, 최인수가 공동개발한 검사이다. 이는 Thurstone의 기본정신이론과 Sternberg의 실제지능이론을 바탕으로 개발된 검사로서, 개인이 가지고 있는 적성 수준을 총 7가지 영역 안에서 확인할 수가 있다. 총 문항은 160문항이고 검사 예상소요시간은 중학생 55분, 고등학생 58분이다.

표 5-8 CATA 적성검사 하위검사 종류 및 설명

하위검사	설명
어휘적용력	어휘 보유능력과 기본적인 어휘력, 문장의 정확한 이해 및 문맥에 맞는 적절한 어휘를 선택하는 능력을 측정
언어유추	언어적 유추과제를 통하여 단어들 간의 언어관계, 범주 또는 위계 관계, 연상능력 및 기존 관계에서 새로운 관계 도출 등의 능력을 측정
수리력	수와 기초적인 연상 개념의 이해, 수량의 비교, 기초계산능력: 생활에 필요한 측정 문제의 해결, 기본 도형의 이해 및 언어로 표현된 문제의 수학적 연산과제 등의 표상 능력을 측정
공간지각력	공간내 부분적 요소 등의 위치 파악과 결합, 분배능력, 전체와 부분 간의 관계 파악 능력을 측정
수치이해력	표나 그림으로 제시된 수량적 자료를 이해하는 능력 측정
공간활용력	공간에 대한 조망과 전체적인 공간배치 능력, 공간 이해력을 측정
기계이해력	물리적 힘의 원리와 기계조작의 기본적인 원리를 측정

출처: 학지사 인사이트(http://inpsyt.co.kr/school/info/kindList)

④ 홀랜드

Holland와 Messer(2013)가 개발한 Self-Directed Search(Holland SDS) 5판을 한국 가이던스에서 SDS 저작권자인 PAR사와 한국저작권 및 출판권을 계약하여 제작하였다. 한국판 SDS의 개발자는 이동혁과 황매향이며 유료검사이다. 본 검사는 중학생용, 고등학생용, 대학생 및 성인용으로 구성되어 있다. 본 교재에서는 중학생과 고등학생용만 소개하도록 하겠다.

중학생용은 '진로탐색검사'라는 명칭으로 개발되었으며 대상은 중학교 전학년이고, 문항수는 210문항, 총 검사 소요시간은 45분이다. 고등학생용은 측정하는 영역은 동일하나, 문항수가 264문항이고, 검사 소요시간은 동일하다.

본 검사는 진로장면뿐 아니라 연구용으로 학술장면에서도 사용가능한 검사이며, 검사는 총 4개의 척도와 6개의 직업적 성격 유형에 대한 활동, 역량, 직업, 자기평가 영역의 문항들로 구성되어 있다. 본 교재에서는 진로 적성 분야에서 이 검사를 다루나, 실제 본 검사는 진로 관련하여 자신의 적성 뿐 아니라, 선호하는 활동 및 희망 직업 유형과의 일치성 및 RIASEC 점수 내에서 점수 간의 차이를 통해 변별성까지 보고함으로써,

종합적으로 진로정체성과 관련된 정보를 제공한다. 한국가이던스 홈페이지에 나와 있는 본 검사에서 측정되는 내용들을 소개하면 아래 표 5-9와 같다.

표 5-9 Holland SDS 중학생 및 고등학생용 진로탐색검사

		제공되는 정보 관련 기술	
진로정체성	희망직업과의 일치성 개인의 RIASEC 유형과 희망직업의 유형 간의 일치성 정도 보고	일관성	육각형모형에서 유형이 근접한 정도
		긍정응답률	흥미의 전반적인 수준
		변별성	6가지 유형 중 특정유형이 두드러진 수준
측정영역	활동	개인의 RIASEC 유형별 선호하는 활동	
	역량	개인의 RIASEC 유형별 보유능력 및 기술	
	직업	개인의 RIASEC 유형별 선호하는 직업	
	자기평가	능력에 대한 자기평가	
	희망직업유형	희망하는 직업의 순위	
적성에 맞는 대학전공과 추천계열 및 직업목록			
적성에 맞는 학습태도와 방법에 대한 소견			

출처: 한국가이던스 홈페이지

http://www.guidance.co.kr/agMain/ExamGoods/intro_newGoodsDetail.asp?examCode=S1&hight_partCode=H02

⑤ 스트롱검사

스트롱검사(Strong Interest Inventory, SII)(Harmon, Hansen, Borgen, & Hammer, 1994)는 직업영역 및 그 외 영역에서의 흥미를 측정하는 검사이다. 이 검사는 여러 차례의 개정을 거쳐왔는데 1927년 미국의 진로심리 연구자인 스트롱(E. K. Strong)이 Strong Vocational Interest Blanks(SVIB)를 성별에 따라 남성용과 여성용을 각각 개발한 것을 시작으로, 이후 1974년에 남녀를 합치고 홀랜드의 RIASEC 유형을 바탕으로 한 일반직업분류(General Occupational Theme, GOT)를 만드는 등 지속적으로 도구를 수정·보완해왔다. 이후, 1985년에 325문항으로 구성된 Strong Campbell Interest Inventory(SCII)를 개발하고, 1994년 Strong Interest Inventory로 개정판을 출판하였다.

스트롱검사는 세계에서 널리 사용되는 흥미영역을 측정하는 검사 중의 하나로 능

력을 측정하는 것이 아니라 흥미를 측정한다는 점이 중요하다. 제시된 직업명, 활동, 교과목, 다양한 사람들과 일하는 것을 좋아하는지 싫어하는지 또는 잘 모르겠는지 응답하도록 되어 있다. 또한 여러 가지 특성이 자신과 얼마나 유사한지에 대해서도 응답한다. 스트롱흥미검사는 전체 317문항으로 구성되어 있고 일반직업분류(GOT), 기본흥미척도(BIS), 직업척도(OS), 개인특성척도(PSS)의 4개 척도로 결과를 제시한다. GOT는 가장 포괄적인 척도로 '나는 어떤 사람인가? 일하는 것을 얼마나 좋아하나? 내가 선호하는 업무환경은 어떤 것인가'와 같은 직업적 성격과 관련된 질문에 답하는 것이다. BIS는 25개 세분화된 영역에 대한 직업영역 및 그 외 영역에서의 흥미 정도를 제시한다. OS는 100여개 직업에 종사하는 사람들이 좋아하는 것과 싫어하는 것을 6개 GOT 유형과의 관련성으로 유형화하고 그 유형과 응답자 유형 간의 유사성 정보를 나타내준다. 다시 말해서 그 직업에 종사하는 사람들의 선호가 자신의 선호와 유사한 직업을 선택했을 때 응답자의 직무만족도가 높아질 것이라는 가정에 바탕을 둔 척도이다. PSS는 직업적 성격의 다양한 면을 측정하는데 사람들과 함께 일하는 것을 어느 정도 선호하는지, 직접 실습을 통해 배우는 것을 좋아하는지 책이나 전통적인 수업방식을 통해 배우는 것을 좋아하는지, 리더십 유형, 모험심 유형 등에 대한 흥미 정도를 측정한다.

국내에서는 김정택, 김명준, 심혜숙이 Strong Interest Inventory를 한국어로 개발 및 타당화해서 어세스타(ASSESTA)가 출판 권한을 가지고 한국판 STRONG™ 검사를 제공하고 있다. 한국판 STRONG™은 고등학생부터 대학생, 일반 성인까지 사용가능한 STRONG™ 직업흥미검사, 중고등학생을 대상으로 한 STRONG™ 진로탐색검사II 그리고 초등학교 4~6학년을 대상으로 한 STRONG™ 진로발달검사 세 종류가 있다.

STRONG™ 직업흥미검사는 고등학생, 대학생 및 일반 성인용 검사로 개인의 흥미 영역 세분화에 초점을 두고, 보다 구체화된 직업탐색, 직무선택, 진로계획 등에 효과적으로 사용할 수 있도록 구성되어 있고, 일반직업분류인 GOT, 기본흥미척도인 BIS(basic interest scales), 개인특성척도인 PSS(personal style scales)로 구성되어 있다. 미국 STRONG 검사의 317개 전체 문항을 포함하고 있고, 한국인 8,865명의 자료에 대한 통계적 검증을 거쳐 한국 규준이 성립되어 있다. 검사 시간은 35~40분 가량이 소요되나 제한시간은 없다.

STRONG™ 진로탐색검사Ⅱ는 중고등학생용 검사로 STRONG™ 직업흥미검사의 여러 척도 가운데 홀랜드의 육각형 분류 체계를 반영하고 있는 일반직업분류(GOT)만을 사용한 검사로 학생이 진로에 대해 탐색할 준비가 되어 있는가를 확인하는 진로성숙도검사와, 직업·활동·교과목·유능감·성격특성에 대한 문항을 통해 학생들의 흥미유형을 포괄적으로 파악할 수 있는 흥미검사, 두 부분으로 구성되어 있다. STRONG™ 진로탐색검사Ⅱ는 학생들이 자신에게 적합한 진로를 탐색하기 위해 우선 해결해야 할 진로문제를 확인하는 데 필요한 정보를 제공하고, 흥미유형을 토대로 학생에게 적합한 학과 및 직업 분야는 어떤 것이 있는지 등에 관한 정보도 제공한다. 중학생용은 239문항, 고등학생용은 242문항이며 검사시간은 35~40분이 소요되나 특별히 제한시간은 없다. 두 검사 모두 유료검사로 어세스타 온라인 심리검사 사이트(http://www.career4u.net)에서 실시 가능하다.

⑥ 커리어넷 직업흥미검사 K형과 H형

교육부 산하 한국직업능력개발원 커리어넷(http://www.career.go.kr)에서는 홀랜드 이론에 바탕을 두고 개발된 직업흥미검사 K형과 H형, 두 가지 종류의 진로/직업 관련흥미검사를 무료로 제공한다. 직업흥미검사 K형은 중학교 1학년부터 실시가 가능한 중고등학생용 검사이다. 총 96문항으로 구성되어 약 15분가량이 소요 예상되나 제한시간은 없다. 청소년이 어떤 종류의 일(예, 다양한 직업에서 이루어지는 활동, 일상생활에서 실제 경험하는 활동, 유사한 직업들에 대한 흥미도)에 얼마나 흥미를 느끼는지를 측정한다. 검사 결과는 개인의 응답을 바탕으로 한 총 16개 직업군별(예, 과학 분야, 공학 분야, 경영 분야, 사무직 등)로 원점수, 백분위, 급별 T점수, 성별 T점수를 제시하여, 개인의 각 직업군별 흥미정도를 제시한다. 또한 이러한 직업군별 흥미도의 프로파일을 바탕으로 응답자가 가장 높은 흥미를 나타낼 만한 직업군 및 직업목록을 제시한다.

직업흥미검사 H형은 중학생을 대상으로 한 검사(141문항)와 고등학생을 대상으로 한 검사(130문항)로 나뉘어 있으며 예상 소요시간은 20분 정도이나 특별히 제한 시간이 있는 것은 아니다. 직업흥미검사 H형은 응답자가 일상생활에서 경험할 수 있는 여러 가지 활동들에 대한 선호를 측정하는 문항과 직업상황의 활동들에 대한 선호를 측정하는 문항으로 구성되어 있으며 검사 결과는 홀랜드의 RIASEC을 바탕으로, 개인의 흥미영역과 상대적으로 높은 흥미를 보이는 흥미영역의 성격특성, 직업특성 및 대표적인 직업들을 제시한다. 또한, 자신이 선호하는 직업군과 그 직업군에 대한 흥미 정도 그리고 나의 선호직업군에 기반한 구체적인 대표 직업목록이 제시된다. 각 직업을 클릭하면 각 직업의 취업현황, 전망 등의 정보를 더 탐색할 수 있는 페이지로 연결된다. 직업흥미검사 H형이 제시하는 흥미유형 분류 및 대표직업의 예는 다음의 표 5-10과 같다.

표 5-10 직업흥미검사 H형의 흥미유형 분류 및 대표직업의 예

흥미유형	유형특징	직업특성	대표직업
R유형 (실재형)	현실감각, 신체능력, 구체성, 자연친화성, 손재능	기계조작 · 설계하기 기구 · 기계 활용하기 동물 · 식물 키우기 제품 정비 · 수리하기	동물조련사 비행기 조종사 요리사 경찰관 운동선수
I유형 (탐구형)	논리성, 합리성, 호기심, 탐구성,분석능력	연구수행하기 자료수집하기 보고서작성하기 통계처리 및 활용하기 특정대상을 분석하기 실험하기	생물학자 로봇연구원 대체에너지개발연구원 경제학연구원 사회학연구원
A유형 (예술형)	예술성, 창의성, 감수성, 직관, 표현능력	글쓰기 춤추고 노래하기 악기연주하기 옷,물건 등을 디자인하기 연기하기	가수 화가 방송작가 연기자 영화감독
S유형 (사회형)	대인관계능력, 사회성, 배려, 타인이해, 봉사정신	가르치기 함께 공부하기 봉사활동하기 다른 사람 돕기	초등교사 인문계중등학교교사 자연계중등학교교사 사회복지사 간호사
E유형 (기업형)	리더십, 설득력, 도전정신, 목표지향성, 경쟁심	토론하고 설득하기 발표, 연설하기 제품 소개하고 판매하기 법률,정치적인 활동 참여하기 회의, 집단 등 이끌기	기업고위임원 고위공무원 외교관 국회의원 외환딜러

		문서작성하기	일반공무원
C유형 (관습형)	책임감, 계획성, 성실성, 순응성,안전지향	회계처리하기 정보처리하기 서류작성 및 검토하기 자료분류 및 정리하기 스케줄 관리하기	비서 사서 회계사 세무사

출처: 커리어넷 홈페이지.

⑦ 워크넷 청소년 직업흥미검사

고용노동부 산하 한국고용정보원 워크넷(http://www.work.go.kr)에서는 중고등학생이 직업적 흥미 탐색과 적합한 직업 및 학과를 알아볼 수 있는 청소년 직업흥미검사를 무료로 제공한다. 앞서 제시된 검사들과 마찬가지로 워크넷 청소년 직업흥미검사역시 홀랜드의 흥미이론에 입각하여 6개의 흥미유형에 대한 응답자의 상대적인 선호순위를 알아본다. 이 검사는 다양한 일상활동에 대한 선호, 직업과 관련된 활동에 대한선호, 그리고 활동에 대한 자신감을 묻는 185문항으로 구성되어 있고 약 30분 정도가

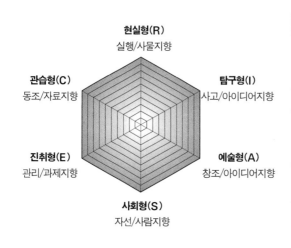

일반흥미유형	기초흥미분야
현실형(R)	기계 · 기술 사회안전 농림
탐구형(I)	과학 · 연구
예술형(A)	음악 미술 문학
사회형(S)	과학 사회서비스
진취형(E)	관리 · 경영 언론 판매
관습형(C)	사무 · 회계

그림 5-6 워크넷 청소년 직업흥미검사 주요내용

출처: 워크넷 홈페이지(https://www.work.go.kr/consltJobCarpa/jobPsyExam/youthInteDetail.do)

소요되며 시간제한은 없다. 검사 결과는 RIASEC 각 흥미유형에 대한 점수와 6가지 흥미유형이 더 세분화된 13개 기초흥미분야의 프로파일을 제시한다.

⑧ 워크넷 대학전공(학과)흥미검사

고용노동부 산하 한국고용정보원 워크넷(http://www.work.go.kr)에서는 대학진학을 희망하는 만 15세 이상 청소년들이 자신의 흥미에 부합하는 전공 및 학과를 탐색하는 데 도움이 되는 대학전공(학과) 흥미검사를 무료로 제공한다. 응답자는 이 검사를 통해 교육, 예술, 인문사회 등 7개 계열에 해당하는 49개 학과에 대한 자신의 상대적인 선호경향성을 파악할 수 있다. 검사 결과는 7개 전공 계열에 대한 흥미점수 결과 및 상대적인 선호경향성이 높은 상위 3개의 전공(학과)의 목록을 제시한다.

2) 가치

직업 및 진로선택과 과정에서 탐색해 볼 만한 요인 중 하나는 개인의 가치관이다. 현재의 진로상담 및 지도의 기본 원칙 중 하나는 개인이 본인의 특성과 일치하는 직업을 가졌을 때, 가장 큰 만족과 성취를 경험하고 따라서 그 직업에 종사하는 기간도 길어진다는 것이다. 개인의 특성이라고 이야기할 때 사람들은 흔히 흥미, 성격 혹은 적성을 대표적인 개인의 특성이라고 생각하는 경향이 있지만 개인이 가지는 가치관 역시 흥미나 성격과 마찬가지로 근원적인 의미를 가지며 개인의 진로선택 및 진로/직업 만족과 밀접한 관련이 있다는 것이 많은 진로심리학의 연구에서 밝혀졌다.

개인의 진로선택 과정에서 삶에서 노력하여 얻을 만한 가치가 있는 것이 무엇인지, 위험을 무릅쓰고라도 얻고자 혹은 일하고자 하는 가치가 무엇인지를 고려하는 것은 중요하다. 우리가 원하는 것과 노력해서 얻으려고 하는 것이 무엇인가는 어떻게 보면 당연하게 여겨져서 마치 사람들이 모두 건강, 돈, 사회적 인정 등을 원하는 것처럼 보일 수 있다. 그러나 인생에서 사람들이 직업을 통해 정말 하고 싶은 것 혹은 달성하고자 하는 것이 무엇인지, 무엇이 중요한지는 사람마다 다를 수 있다. 이렇게 개인의 삶에 의미를 부여하는 여러 가지 욕구와 동기에 대해 살펴봄으로써 개인이 진로 혹은 직업을 추구하는 데 있어서 중요한 가치에 대한 구체적인 이해가 가능하다.

(1) 관련이론

① 매슬로우의 욕구위계론

인본주의 심리학자인 매슬로우(Maslow)는 인간의 욕구가 본능적이며 위계를 가지고 있다고 가정하였다. 그는 인간의 기본 욕구를 크게 다섯 단계로 구분하였는데, 단계의 내용은 아래 제시된 그림에서 나타나듯이 생리적 욕구, 안전 욕구, 소속감과 애정 욕구, 자존감 욕구, 자아실현 욕구이다. 매슬로우는 다섯 단계의 욕구는 위계적인 계층을 형성하며 낮은 단계의 욕구에서 시작하여 그것이 충족됨에 따라서 차츰 상위 단계로 올라간다고 보았으며 모든 욕구가 동시에 생기지는 않는다고 주장했다. 예를 들면 개인의 신체적 생존을 유지하는 데 필요한 음식, 물과 같은 생리적 욕구가 채워지지 않은 사람들은 성장지향적이고 자아실현을 이루는 활동을 추구하고 싶은 마음이 생길 수 없

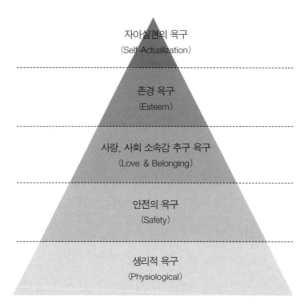

그림 5-7 매슬로우의 욕구위계

다는 것이다. 그러나 이러한 욕구 위계론은 개인의 우선순위, 가치의 우선순위가 다양하게 나타난다는 점에서 한계를 지니고 있다.

② 가치 중심적 접근 모델

가치 중심적 접근 모델은 브라운(Brown, 1996)에 의해서 제안된 모델로 진로선택 및 직업만족에 있어서 가치의 중요성을 강조한다. 이 모델에 의하면 흥미는 가치를 근거로 발전되기 때문에 가치가 개인이 원하는 목표설정에 중추적인 역할을 하고 진로결정과정에서 가장 중요한 역할을 하며 진로관련 변인들에 더 큰 영향을 미친다고 가정한다. 이와 더불어 일찍이 환경적응이론(Dawis & Lofquist, 1984)에서도 개인에게 욕구와 조화를 이룰 수 있는 환경적 특성을 선택하려는 경향이 있음이 강조된 바 있다.

(2) 가치관검사도구의 종류

진로관련가치관검사는 다양하게 개발되어 있는 편이다. 검사를 개발한 기관들도 다양하고 이에 따라 소요경비 및 시간, 제시되는 결과들이 다르기 때문에 검사 목적 및 검사 사용의 환경에 따라 어떤 검사를 사용할 것인지를 결정하는 것이 필요하다. 현재 국내에 개발된 주요 검사들의 목록은 아래의 표 5-11에 제시되어 있다.

표 5-11 국내 직업가치검사 종류 목록 예시

검사명	대상	제작자 및 제작처	발행처
미네소타 직업가치검사, 미네소타 중요도 검사 (MIQ) O*Net 용으로 개정한 Work Importance Profiler (WIP) WorkImportance Locator (WL)	16세 이상	Rounds, Henley, Dawis, Lofquist, & Weiss (1981) 이요행 (2002) 박사학위 논문에서 번안하여 사용	㈜ 커리어스마트 (컴퓨터 기반 검사 WIP의 경우 저작권자)
Rainbow 레인보우 진로가치카드	청소년	김봉환, 최명운, 윤재성, 김영미, 김성희	학지사 인사이트
직업가치카드 80		임인재	마인드프레스
직업가치관검사	초등	임인재, 김봉환	마인드프레스
직업가치관검사	청소년용	임인재, 김봉환	마인드프레스

한국직업능력개발원 직업가치관검사	중1 이상 청소년	임언, 최수정	한국직업능력개발원 (워크넷)
한국고용정보원 직업가치관검사	만 15세 이상 중고등	한국고용노동부	한국고용정보원

① 미네소타 직업가치검사

미네소타 직업가치검사(Minnesota Importance Questionnaire, MIQ, Rounds, Henley, Dawis, Lofquist, & Weiss, 1981)는 대표적인 직업가치검사 중 하나이다. 미네소타 직업가치검사는 21가지의 직업관련 욕구를 측정하는데 이는 다시 여섯 가지 직업가치 유목으로 분류된다. MIQ 프로파일을 해석하는 데 있어서 몇 가지 중요한 점이 있는데 첫째, 프로파일 점수는 각각의 욕구에 대한 응답자의 상대적인 중요도를 나타내며 둘째, 중요도가 가장 낮은 욕구는 응답자에게 대수롭지 않은 욕구일 수도 있고, 피하고 싶은 상황일 수도 있다. 셋째, 내담자가 욕구에 대해 반응하고 의미를 두는 진술문을 실제 문항의 내용을 참고하며 되새겨봄을 통해 그 의미에 대해 명료화할 수 있다. 넷째, 6개의 가치 유목뿐 아니라 하위의 21가지 욕구를 알아보고 이 두 수준의 점수에서 보이는 일치 혹은 불일치의 정도를 찾아보는 것도 개인의 직업가치에 대한 구체적인 정보를 얻는 데 효과적이다.

표 5-12 미네소타 직업가치검사의 구성내용

가치	욕구척도	내용
성취 (achievement)	능력 활용(ability utilization) 성취(achievement)	나의 능력을 활용할 수 있는 일을 할 수 있다. 일은 나에게 성취감을 준다.
안락함 (comfort)	활동(activity) 독립성(independence) 다양성(variety) 보수(compensation) 고용안정(security) 직업조건(working conditions)	나는 언제나 일할 때 바쁘다. 나는 혼자서 일을 할 수 있다. 나는 매일 다른 일을 할 수 있다. 나의 보수는 다른 일에 비해 좋다. 그 일은 안정된 고용을 보장한다. 그 일은 좋은 근무조건을 가지고 있다.

지위 (status)	발전(advancement) 인정(recognition) 권한(authority) 사회적 지위(social status)	그 일은 발전의 기회를 제공한다. 내가 하고 있는 일에 인정을 받을 수 있다. 사람들에게 할 일을 지시할 수 있다. 공동체에서 중요한 '누군가'가 될 수 있다.
이타주의 (altruism)	동료(coworkers) 도덕적 가치(moral values) 사회적 서비스(social service)	나의 동료들은 친해지기 쉽다. 도덕적으로 잘못되었다는 감정 없이 일할 수 있다. 다른 사람들에게 무언가를 해줄 수 있다.
안정성 (safety)	회사 정책과 관행(company policies and practices) 감독자와의 인간적 관계 (supervision-human relations) 감독자와의 기술적 관계 (supervision-technical relations)	회사는 정책을 공정하게 집행한다. 상사는 직원들을 지원해준다. 상사는 직원들을 잘 훈련시킨다.
자주성 (autonomy)	창조성(creativity) 책임성(responsibility)	나의 아이디어를 실행해 볼 수 있다. 나 스스로 결정할 수 있다.

출처: Rounds, Henley, Dawis, Lofquist, & Weiss(1981).

② 워크넷 직업가치관검사

한국고용정보원에서 개발한 워크넷(http://www.work.go.kr)에 접속하면 무료 검사실시가 가능하다. 중1 이상 청소년 혹은 성인을 대상으로 하는 두 가지 버전의 검사가 있다. 총 소요시간은 20분 정도이며 컴퓨터 실시와 지필검사 모두 가능하다. 시간제한이나 정답이 없는 검사로 응답자가 평소의 생각이나 행동을 솔직하게 응답하면 결과지는 응답자의 구체적인 직업가치관에 대한 설명과 가치관에 따른 적합한 직업을 안내한다. 검사는 아래의 표 5-13에 제시된 바와 같이 13개의 직업가치에 대한 내용을 포함한다.

표 5-13 워크넷 직업가치검사의 내용 예시

하위 요인	하위 요인 설명
1. 성취	자신이 스스로 목표를 세우고 이를 달성함
2. 봉사	남을 위해 일함
3. 개별 활동	여러 사람과 어울려 일하기보다는 혼자 일하는 것을 중시함

4. 직업안정	직업에서 얼마나 오랫동안 안정적으로 종사할 수 있는지를 중시
5. 변화지향	업무가 고정되어 있지 않고 변화 가능함
6. 몸과 마음의 여유	마음과 신체적인 여유를 가질 수 있는 업무나 직업을 중시
7. 영향력 발휘	타인에 대해 영향력을 발휘하는 것을 중시
8. 지식추구	새로운 지식을 얻는 것을 중시
9. 애국	국가를 위해 도움이 되는 것을 중시
10. 자율성	자율적으로 업무를 해나가는 것을 중시
11. 금전적 보상	금전적 보상을 중시
12. 인정	타인으로부터 인정받는 것을 중시
13. 실내활동	신체활동을 덜 요구하는 업무나 직업을 중시

③ 커리어넷 직업가치관검사

한국직업능력개발원에서 개발한 커리어넷(http://www.career.go.kr)에 접속하면 무료 검사실시가 가능하다. 임언과 최수정이 개발한 검사로 중고등학생용과 대학생/일반성인용의 두 가지 버전이 제공된다. 중고등학생용의 경우 총 28문항으로 10분 정도 소요되나 따로 제한시간이 있지는 않다. 직업과 관련한 다양한 가치 중에서 어떤 가치를 진로를 통해 주요하게 만족시키고자 하는지를 검사한다. 이 검사에서 포함하는 직업/진로 관련 가치의 하위요소는 아래의 표에 제시하였다. 검사의 결과는 개인별로 중요시하는 가치의 순서를 확인하는 내용과 상위 2개의 가치를 만족시킬 수 있는 직업의 목록을 현재 종사자의 평균 학력별, 평균 전공별로 나누어 제시한다.

표 5-14 커리어넷 직업가치관검사에 포함되는 하위요소

하위요소	정의
능력발휘	직업을 통해 자신의 능력을 발휘하는 것입니다.
자율성	일하는 시간과 방식에 대해서 스스로 결정할 수 있는 것입니다.
보수	직업을 통해 많은 돈을 버는 것을 말합니다.
안정성	한 직장에서 오랫동안 일할 수 있는 것입니다.

사회적 안정	내가 한 일을 다른 사람에게 인정받는 것입니다.
사회봉사	다른 사람들에게 도움이 되는 일을 하는 것입니다.
자기계발	직업을 통해 더 배우고 발전할 기회가 있는 것입니다.
창의성	스스로 아이디어를 내어 새로운 일을 해볼 수 있는 것입니다.

출처: 커리어넷 (http://www.career.go.kr)

이 검사는 전국의 중학생과 고등학교 1, 2학년생을 대표하는 표본을 선정하여 총 6,320명의 응답을 바탕으로 개발 및 타당화되었다. 신뢰도의 경우 2주 간격으로 실시된 검사-재검사 신뢰도가 하위요인별로 .49에서 .77에 이르는 것으로 나타났는데 구체적인 내용을 보면 능력발휘가 .49, 자율성이 .55, 보수가 .70, 안정성이 .75, 사회적 인정이 .64, 사회봉사 .77, 자기계발 .62, 창의성이 .70의 검사-재검사 신뢰도를 보고하고 있다.

④ 마인드프레스 직업가치관검사-초등학생용, 중고등학생용

직업가치관검사-초등학생용은 임인재와 김봉환이 개발한 검사로 개인이 직업과 관련된 자신의 가치관을 파악할 수 있도록 도와주고 자신이 지향하는 가치에 알맞는 직업영역이 무엇인지를 알아볼 수 있게끔 고안된 검사이다. 이 검사는 유료검사로 마인드프레스에서 판권을 가지고 있다. 초등학생용과 중고등학생용 두 가지 버전이 제공되며 검사 소요시간은 약 30분이나 특별한 제한시간은 없다.

이 검사는 통계적 요인분석의 결과로 추출한 8개 영역의 주요 가치들을 포함하고 있는데 8개 영역은 사회봉사성(social), 실용성(practical), 심미성(aesthetic), 사회적 인정성(recognition), 자율성(independence), 주도성(leadership), 질서정연성(orderliness), 탐구성(investigative)을 포함한다. 검사결과는 응답자의 8개 영역의 주요가치의 수준에 대한 프로파일을 제공한다.

진로 특정적인 변인들이 일반적인 성격보다 더 직접적으로 진로 혹은 직업 관련 탐색, 선택 및 직업 만족도 등 진로와 직업 특정 행동들에 유의미한 영향을 미친다는 연구 결과들이 많이 존재한다. 예를 들어, BIG 5와 같은 일반적인 성격 특질이 미치는 영향보다 진로 특정적인 심리적인 특성들, 예를 들어 진로선택과 결정과정을 해나갈 수 있는 자신의 능력에 대한 믿음인 진로자기효능감 혹은 진로선택이 자발적인 자신의 즐거움이나 흥미에 의한 것인지 혹은 주변의 기대 때문인지 등을 보는 진로결정자율성 혹은 진로결정동기 등 진로 특정적인 개인 내 심리적 변인들이 더 진로를 탐색하고, 선택하고, 결정하며, 선택한 진로 내에서 만족감을 느끼는 등의 진로 및 직업 관련 행동들을 더 잘 설명한다는 것이다.

이에, 본 장에서는 진로 특정적인 개인 내 특성들로서, 진로관련 자기효능감, 결과기대, 목표설정, 진로사고 등을 살펴보고 관련 검사들을 알아보고자 한다.

1) 진로관련 효능감

(1) 진로결정 자기효능감

진로결정 자기효능감은 일련의 진로탐색 및 결정 과정에서 수행해야 하는 다양한 과제들을 성공적으로 잘 수행할 수 있을 것이라는 자신의 능력에 대한 믿음 혹은 확신 정도를 의미한다. 진로결정 자기효능감은 Bandura(1997)의 자기효능감 개념을 바탕으로 제안되고 검증되어 온 개념으로, 자기효능감은 자신감과 달리, 특정 영역과 관련한 자신의 능력에 대한 믿음 혹은 확신 정도를 의미한다. 일례로, 수학에 대한 자기효능감은 높을 수 있으나 영어에 대한 자기효능감은 낮을 수 있다. 따라서 진로결정 자기효능감이 높을수록, 진로결정과정에서 이루어져야 하는 다양한 과제를 잘 수행해낼 수 있다는 스스로의 능력에 대한 믿음이나 확신 정도가 높다고 이해할 수 있다(Taylor & Betz, 1983).

(2) 관련 이론

사회인지진로이론(Social Cognitive Career Theory, SCCT, Lent, Brown, & Hackett, 1994)의 핵심 세 가지 개념 중 하나가 진로자기효능감이다. 이외에, 구성주의이론(career construction theory, Savickas, 2002; Savickas et al., 2009) 등 다양한 진로발달이론에서 언급되는 개념이며, 많은 진로 관련 연구 및 관련 상담 장면에서 연구되고 측정되는 개념이다.

(3) 관련 검사도구

진로결정 자기효능감척도(Career Decision-Making Self-Efficacy, CDMSE, Taylor & Betz, 1983)

진로결정 자기효능감척도는 50문항으로 Taylor와 Betz(1983)가 개발하였고, 이후 Betz와 Voyten(1997)이 25문항 단축형 진로결정 자기효능감척도(Career Decision Making Self-Efficacy-Short Form, CDMSE-SF)를 개발하였다. 이는 자기평가(self-evaluation), 직업정보 수집(career information gathering), 목표 선택(goal selection), 계획 수립(plan establishment) 그리고 문제해결(problem solving)까지 총 5개의 하위영역으로 구성되어 있다. 응답은 10점 리커트척도로 하게끔 구성되어 있다. Betz와 Voyten(1997)의 단축형척도의 경우 신뢰도가 .73에서 .83의 범위로 보고되었으며 전체 척도의 신뢰도 계수는 .94로 보고된 바 있다.

단축형 진로결정 자기효능감척도 하위영역과 진로미결정척도(Osipow, 1987) 간의 상관이 -.45에서 -.66 범위로 나타나서 단축형 진로결정 자기효능감척도의 준거 타당도도 확인된 바 있다.

국내에서는 이은경(2000)이 한글로 번안하여서 2천여 명의 중·고등학생 및 대학생을 대상으로 타당화하여 사용한 바 있다. 이은경(2001)이 번안한 척도는 피검자의 편의성을 고려하여서 10점 척도를 6점 척도로 변환하여 사용하였고, 이은경의 연구에서는 동일한 25개의 문항이 자기평가 요인 없이, 직업정보 수집(6문항), 목표 선택(11문항), 미래 계획(5문항) 그리고 문제해결(3문항)까지 총 4개의 하위영역으로 타당화되었다.

이은경의 연구에서 신뢰도는 직업정보 수집 .64, 목표 선택 .76, 미래 계획 .78, 문제해결은 .79로 나타났으며, 전체 척도의 신뢰도 계수는 .85였다. 이은경의 연구에서는 5개의 영역이 검증되지 않았으나, 이기학과 이학주(2000)의 연구에서 대학생 370명을 대상으로 연구한 결과, 원척도의 5개의 하위영역 모두 확인되었다. 신뢰도 계수는 자기평가 .76, 직업정보 .68, 목표 선택 .75, 미래 계획 .79, 문제해결 .70 그리고 전체 척도는 .91로 보고되었다.

2) 진로관련 결과기대

결과기대란 내가 고려하고 있는 진로를 선택하여 특정 관련 행동들을 수행했을 경우 예상되는 결과들에 대한 기대를 의미한다. 즉, 자기효능감은 내가 지각하는 나의 능력에 초점을 맞추어, 진로관련 행동들을 수행할 내 능력에 대해 믿는 정도를 측정한다면, 결과기대는 이걸 내가 한다면 이후 무슨 일이 일어날 것인가에 대한 기대나 예상 정도를 의미한다.

자기효능감과 결과기대는 항상 같이 가지는 않는다. 즉, 예를 들어 내가 글을 잘 쓰거나 춤을 잘 춘다고 가정하고 그러한 특정 영역에 있어 내 능력에 대한 확신인 자기효능감은 높으나, 그러한 활동들을 수행했을 때 내가 원하는 직업이나 경제적인 능력 혹은 대학 진학 등 원하는 결과가 일어날 수 있을지에 대한 결과기대는 낮을 수 있다. 반대로, 수학에 대한 자기효능감은 낮은 편이나 이를 잘 수행했을 때 내가 원하는 직업을 가지거나 대학 진학 확률이 높아진다면 결과기대는 높을 수가 있다.

진로자기효능감에 비해 결과기대는 주요한 개념으로서 인정받고 있으나, 상대적으로 그 측정의 정확도에 대해서는 의견이 분분하다. 실제로, 결과기대의 개념 특성상, 사회경제적인 환경의 변화와 밀접하게 관련되는데, 그런 의미에서 개발된 지 오랜 시간이 지났거나, 문화권이 달라 각 개인이 속한 사회경제적인 환경의 변화가 반영되지 않는 문항들이 들어 있을 경우, 척도의 타당도가 문제가 되는 경우가 존재한다.

예를 들어, 과거에는 대학을 졸업하면, 기본적으로 취업이 보장되고 평생 직장이라는 개념이 통용되었으나, 최근에는 대학 졸업자가 늘고 고용 시장이 급격히 변화하면서, 대학 졸업이 취업을 보장해주지 않으며, 평생 직장의 개념이 희박해지고, 사라지는 직업군들도 많이 존재한다. 이에, 진로에 대한 결과기대를 측정하고자 할 때는, 직접 마음에 두고 있는 척도의 문항들을 살펴보고 나의 내담자 혹은 연구 대상자가 현재 가지고 있을 것으로 추정되는 결과기대가 반영된 문항이 들어 있는 척도인지를 확인하는 것이 필요하다.

진로결과기대척도(Career Outcome Expectation Scale)

진로결과기대척도는 자기효능감과 더불어 Betz와 Voyten(1997)이 Bandura (1977, 1986)의 사회인지이론 내 주요 개념인 결과기대를 기반으로 Lent, Brown과 Hackett(1994)과 Fouad와 Smith(1996)가 사용한 척도를 참고하여 개발하였다.

이 척도는 총 9문항으로, 학문적 결과기대(5문항)와 진로결과기대(4문항)로 구성되어 있으며, 5점 리커트척도로 응답하게끔 되어 있다. 학문적 결과기대란 미래 진로선택과 성공을 이끌 것이라는 교육적 수행에 대한 기대 정도를 평가하고 예시 문항으로는 '충분히 노력하면 성적을 잘 받을 것이다'가 있다. 진로결과기대는 내가 하는 행동이 진로탐색과 선택 과정에 유용한가에 대한 기대 정도로, 예시 문항으로는 '내가 다른 진로에 대해 더 많이 알게 되면, 그중 더 나은 진로 결정을 할 수 있을 것이다'가 있다.

Betz와 Voyten(1997)이 보고한 신뢰도는 학문적 결과기대가 .77, 진로결과기대가 .79로 나타났고, 국내에서 한국어로 번역하고 사용한 양난미(2005)의 연구 결과에 따르면 학문적 결과기대 .75, 진로결과기대가 .80이다.

3) 진로관련 목표

(1) 진로목표

진로목표는 진로결정 자기효능감과 결과기대와 동일하게 Bandura(1977, 1986)의 사회인지이론의 주요 세 가지 요인 중의 하나인 목표설정을 진로이론에 접목시켜서 만들어진 개념이다. 진로목표는 특정 활동에 참여하고자 하는 혹은 특정 결과를 이끌어 내고자 하는 개인의 의도로 정의할 수 있다(Bandura, 1986). 즉, "내가 얼마나 그 행동을 하길 원하고, 잘하기 원하는가?"에 대한 답이 진로목표가 될 수 있다.

(2) 관련 이론

사회인지진로이론에서는 선택-내용 목표와 수행 목표 두 가지를 구분해서 설명하고 있다. 선택-내용 목표(choice-content goal)는 개인이 하고 싶어 하는 유형의 활동 혹은 직업의 수준과 관련되어 있고, 수행 목표(performance goal)는 선택된 활동 내에서 개인이 달성하고자 하는 수행의 수준 혹은 질 정도와 관련이 있다.

이러한 목표들은 개인이 가지고 있는 자기효능감과 결과기대에 의해 영향을 직접적으로 받는다. 예를 들어, 미술 관련 직업을 갖고자 한다면, 개인이 가지고 있는 미술과 관련된 자기효능감과 공부를 지속적으로 해나갔을 경우 결과에 대한 기대 정도가 그림 그리는 연습 등에 시간을 얼마나 투자할 것인지, 관련 대회나 학교 진학 관련 정보를 찾고 준비해 나갈 것인지 등의 목표를 설정하고 구체화하는 데 영향을 미친다.

(3) 진로관련목표척도의 종류

진로목표척도(Career Goal Scale)

진로목표척도는 결과기대와 마찬가지로 Lent와 동료들(1994)과 Fouad와 Smith (1996)의 연구에 사용된 척도를 참고로 하여서 Betz와 Voyten(1997)이 개발하였다. Betz와 Voyten(1997)의 연구에서 보고된 신뢰도 계수는 .73이었다.

국내에서는 양난미(2005)의 연구에서 Betz와 Voyten(1997)의 탐색적 의도(exploratory intention)척도를 한국어로 번안하여 사용한 바 있다. 진로목표척도는 탐색의도라는 단일 요인으로 총 5문항으로 구성되어 있으며, 5점 리커트척도로 응답하게 되어 있다(1=전혀 그렇지 않다, 5=매우 그렇다). 양난미의 연구에서 보고된 신뢰도 계수는 .73으로 원척도와 동일하게 나타났다.

4) 진로사고

(1) 진로사고

진로사고란 진로관련 문제해결과 의사결정 과정에서 다양한 어려움과 문제를 야기할 수 있는 진로에 한정된 역기능적인 생각들을 의미한다. 이러한 역기능적, 즉 부정적인 진로사고는 진로탐색, 진로선택 및 진로결정에서 어려움을 겪는 데 영향을 미치며, 실제로 많은 경험적 연구 결과 회피적 의사결정, 진로미결정, 우울, 무력감, 흥미저하 등의 문제와 높은 상관이 있는 것으로 보고된 바 있다.

(2) 관련 이론

진로사고는 인지치료(cognitive therapy)와 인지적 정보처리이론(cognitive information processing, CIP)에 기반하여 만들어진 개념이다. 인지적 정보처리이론은 진로문제와 의사결정 영역에서 일어나는 인지적 과정 중, 자기독백, 자기통제와 모니터링과 같은 메타인지의 중요성을 강조한다. 지식영역은 자신과 직업에 대한 정보를 파악하는 것으로, 자신의 가치 흥미 기술에 대한 개인의 지각인 자기에 대한 정보, 그리고 직업세계가 어떻게 구성되었는지에 대한 개인의 직업정보에 대한 인식으로 이루어진다. 그 위는 의사결정 기술영역으로, CASVE 주기 진로의사결정 단계를 통해서 이루어지는데, 개인이 진로문제를 해결하고 의사결정을 하는 데 필요한 정보처리 기술들을 의미한다. CASVE 주기에는 크게 5가지 단계가 있는데 의사소통, 분석, 종합, 평가 및 실행이다. 맨 상위에 놓인 실행과정 영역은 메타인지를 의미하며, 이는 자기독백, 자기인식, 통제, 관찰 등을 통해 진로문제를 해결하는 데 사용하는 개인의 인지적 전략의 선택 및 조절

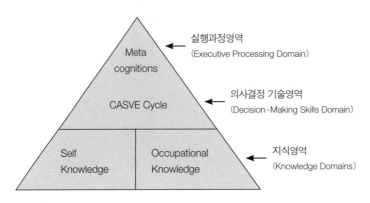

정보처리영역의 체계
(Pyramid of Information Processing Domains)

그림 5-8 인지적 정보처리이론에서 제안하는 정보처리영역의 피라미드식 체계

을 의미한다.

또한, 인지치료이론은 상호행동, 정서와 관련된 역기능적인 사고와 역기능적 도식
의 중요성, 그리고 체계적인 자동적 사고 오류의 영향이 개인의 심리건강과 삶의 질에
미치는 영향에 주목하고, 이러한 부정적인 역기능적 사고의 수정의 중요성에 초점을
두고 있는 치료 방법이다.

(3) 관련 측정 도구 종류

진로사고검사(Career Thought Inventory)

진로사고검사는 위에 소개된 인지적 정보처리이론(CIP)과 인지치료를 근거로
Sampson, Peterson, Lenz, Reardon과 Saunder(1998)가 개발하였다. 진로사고검사는
고등학생, 대학생, 성인 대상으로 모두 신뢰도와 타당도가 보고된 바 있으며, 의사결정
혼란 .89, 수행불안 .62, 외적 갈등 .84로 신뢰도 계수가 보고되었고 전체 검사의 신뢰도
계수는 .95로 보고되었다.

표 5-15 진로사고검사 하위척도 및 설명

하위척도	내용
의사결정곤란	진로의사결정 과정을 시작하거나 유지하는 데 개인이 가지는 곤란수준 측정
수행불안	여러 가지 대안 중 한 가지를 선택하거나 대안에 대한 우선순위를 매기는 등 선택을 하고자 할 때 결단을 내리기 어려운 곤란수준을 나타냄
외적 갈등	결정에 대한 책임감을 회피하게 하는 갈등에 관한 것으로 중요 타인에게서 얻는 정보의 중요성과 자신이 지각한 정보의 중요성 간에 균형 조절에 있어서의 무능력을 반영

출처: 한국가이던스 홈페이지

한국판은 이재창, 최인화와 박미진(2003)에 의해 번안되고 타당화되었다. 현재 한국판 진로사고척도는 2004년 한국 가이던스에서 출판되었다. 표 5-15와 같이 크게 3가지 하위척도로 구성되어 있다. 다른 연구용 검사들과 달리 진로사고검사를 실시하고 싶은 경우, 가이던스와 저자의 동의하에 사용이 가능하다. 유료검사이며, 한국판의 신뢰도, 타당도 정보 및 사용을 위한 절차 및 비용 등 자세한 사항은 한국 가이던스(www.guidance.co.kr)를 참고하기 바란다.

6장

직업세계에 대한 이해

신윤정 · 이은설

진로와 관련된 자신의 심리적 특징들을 이해하였다면 다음으로는 직업세계(world of work)에 대한 이해를 넓히는 것이 필요하다. 직업세계에 대한 이해는 직업세계의 전반적인 특징과 변화 방향을 이해하고 스스로 어떻게 대비할 것인가에 대해 생각해 본 다음, 자신이 원하는 직업에 대한 구체적인 정보를 바탕으로 잠정적인 의사결정을 할 수 있기 위해 필요하다.

이 장에서는 진로와 직업 선택에서 필요한 직업정보의 수집방법에 관해 알아보고 자 한다. 또한 수집된 정보를 평가하고 진로결정과정에서 어떻게 평가할 것인지에 대 해서도 탐색하고자 한다. 이러한 과정은 진로를 결정하고 직업을 선택하는 데에 보다 폭넓은 시야를 가지도록 도울 수 있다. 이를 위해 문헌 검색과 진로인터뷰를 통한 직업 정보의 탐색을 알아보고자 한다.

1 │ 문헌 검색을 통한 직업정보의 탐색

문헌 검색을 통한 직업정보의 탐색은 책이나 잡지 등의 인쇄매체나 인터넷 검색을 통해서 이루어질 수 있다.

1) 한국직업사전

한국직업사전은 한국고용정보원에서 발간하는 우리나라의 대표적인 직업사전으로 우리나라 전체 직업에 대한 표준화된 직업명과 수행직무, 관련 자격이나 요구되는 교육훈련의 정도 등의 기초정보가 수록되어 있다. 1986년에 처음 발간된 이후 분야별로 매년 업데이트가 되며 7~8년에 한 번, 통합본 한국직업사전을 발간한다. 2012년 나온 한국직업사전이 통합본 4판으로 가장 최신 버전이고 9,298개의 직업(11,655개 직업명)을 수록하고 있다. 한국직업사전은 방대한 정보를 포함하고 있지만 개인이 진로탐색이나 진로선택을 위해 활용하기에는 어려운 측면이 있어서 진로 및 직업 교육, 상담에서 기초자료로 쓰고 있다.

2) 한국직업전망서

한국직업전망서 역시 한국고용정보원에서 발간하는 인쇄물로 우리나라에 존재하는 17개 분야, 약 200여 개 직업에 대한 정보를 수록하고 있다. 각 직업에 대해 주로 하는 일, 근무환경, 교육훈련 자격, 업무를 수행하는 데 유리한 적성, 성격, 흥미, 향후 5년간 일자리 증감 여부 등의 정보를 기술하고 있으며 각 직업별 성·학력·연령 별 분포에 대한 정보도 제시한다. 격년으로 발간되는 한국직업전망서의 가장 최근 간행물은 2015년 한국직업전망으로 워크넷에서 PDF파일을 다운로드받아 열람할 수 있다.

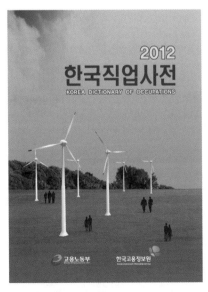 

그림 6-1 국내 직업정보 간행물 예시

위에서 기술한 직업사전이나 직업전망서 외에도 한국의 직업정보를 제공하는 자료는 매우 다양하다. 특히 한국고용정보원에서는 다양한 개인 및 진로상담에서 활용될 수 있는 유용한 정보를 제공할 수 있는 자료들을 만들어내고 있다. 최근에는 인터넷의 발달과 더불어 책이나 잡지 등의 간행물보다는 인터넷 홈페이지를 통해 직업정보, 대학 전공별 진로 가이드 등의 e-간행물을 게시함으로써 누구나 쉽게 접근할 수 있는 정보를 제공한다. 직업 및 진로 정보의 탐색을 위해 활용할 수 있는 대표적인 인터넷 사이트는 고용노동부 산하 한국고용정보원에서 운영하는 워크넷(http://www.work.go.kr)과 교육부 산하 한국직업능력개발원 커리어넷(http://www.career.go.kr)이 있다.

3) 워크넷

워크넷(http://www.work.go.kr)은 정부에서 운영하는 대표적인 웹사이트로 구인구직 정보, 각종 직업심리검사, 직업정보 등의 진로와 관련한 넓은 영역에 걸쳐 방대한 양의 정보를 제공한다. 특히, 직업 및 진로 선택과정에서 필요한 정보와 관련하여 한국직업정보시스템을 확보하고 있는데, 이는 우리나라 주요 직업에 대한 종합적인 정보를 키워드를 이용한 간단한 검색(혹은 평균연봉이나 직업전망과 같은 조건검색)을 통해 제공하여 청소년들의 진로선택이나 학과선택에 도움을 주는 종합직업정보시스템이라고 할 수 있다. 검색창에 키워드를 치면(예, 의사) 관련 직업의 목록이 나타난다(예, 가정의학과 의사, 간호사, 수의사, 약사, 일반의사 등). 그중 검색자의 관심에 가장 부합하는 직업명을 클릭하면 해당 직업에 대해서 하는 일, 교육/자격/요구되는 훈련, 임금/직업만족도/전망, 능력/지식/작업환경에 대한 정보뿐 아니라 해당 직업과 맞는 개인의 성격/흥미/가치관에 대한 정보도 소개한다.

워크넷에서는 직업검색 서비스 외에도 대학의 학과정보를 제공하는 학과검색 서비스도 제공한다. 검색 이외에도 e-간행물로 〈대학 전공별 진로가이드〉가 게시되어 무료 다운로드가 가능하게 되어 있는데 크게 어문학, 인문학, 사회과학, 교육학, 경영, 경제, 자연과학, 예체능에 해당하는 세부전공들의 목록과 해당 전공의 소개, 주요 교과,

졸업 후 진출분야, 개설학교 등에 대한 정보가 수록되어 있다.

이 외에도 '워크넷이 만난 사람들'이라는 섹션에서는 헤드헌터, 반려견 조련사, 웹툰작가, 메이크업 아티스트 등 다양하고 독특한 진로 분야에서 활동하고 있는 직업인들이 말하는 그들의 직업에 대한 이야기가 인터뷰 기사 형식으로 제공되고 있다.

4) 커리어넷

커리어넷(http://www.career.go.kr)도 워크넷과 마찬가지로 정부에서 운영하는 웹사이트로 국민들의 진로개발을 지원하고자 하는 목적을 가지고 직업 및 학과 정보 서비스 외에도 커리어플래너, 진로관련검사, 진로교육자료 등의 정보를 제공하고 있다.

커리어넷이 제공하는 직업 및 학과 정보 역시 워크넷과 비슷하게 검색시스템을 통해 확인할 수 있다. 직업정보의 경우 한국 내 500여 개의 직업에 대해 핵심능력, 유사직업명, 관련학과 및 자격, 주요 하는 일, 적성 및 흥미, 전망 등에 대한 정보를 제공한다. 학과정보는 학과 개요, 관련 자격증 및 직업, 직업의 전망(취업률, 졸업 후 첫 직장 임금 포함), 각 학과에 관심을 두는 개인의 특성(적성, 선호하는 직업가치) 등의 정보를 제공한다.

2 영상물을 통한 직업정보의 탐색

직업과 관련한 TV 프로그램이나 영화와 같은 영상물을 통해서도 직업정보의 탐색이 가능하다. 몇몇 프로그램은 새로운 직업을 소개하고 이에 도전하는 사람들의 모습을 보여주기도 하고 특정 직업에서 성공한 사람들의 모습을 보여주기도 한다. 커리어넷에서는 직업정보를 담고 있는 진로동영상 아카이브(라이브러리)를 운영한다. 직업분야에 따른 동영상 리스트를 볼 수 있고 직업 키워드 검색도 가능하다. MBC의 「드림주니어-드림주니어가 〈미래 유망직업〉에 도전하다」, 한국직업방송의 「신 직업의 발견」, 「미래의 직업세계」 등의 프로그램에서 방송된 동영상이 게시되어 있는데 이들 방송에서 다룬 다양한 직업에 대한 소개와 해당 직업에 종사하는 사람들이 경험한 진로와 직업에 관련된 이야기를 참고할 수 있다.

그림 6-2 영상물을 통한 직업정보의 탐색 예시

3 　진로인터뷰를 통한 직업정보의 탐색

위에서 살펴본 바와 같이 문헌 검색과 영상물을 통한 탐색을 통해서 다양한 진로

혹은 직업에 대한 기초적인 정보를 얻을 수 있다면 진로인터뷰를 통해서는 개인이 관심을 가지고 있는 진로나 직업에 종사하는 사람과의 인터뷰를 통해서 심도 있는 직업정보를 수집하는 것이 가능하다. 진로상담 및 지도에서는 학생이 자신이 고려하고 있는 직업에 실제 종사하는 사람을 직접 만나거나 전화 혹은 이메일을 통해 해당 직업에 대한 더 구체적인 정보를 탐색하는 인터뷰 계획을 세우도록 도와줄 수 있다. 계획의 과정은 인터뷰의 대상을 물색하는 것부터 시작하여 어떤 식으로 연락을 취할 것인지, 장소나 환경은 어떻게 설정할 것인지, 구체적으로 어떠한 질문을 던질 것인지와 인터뷰 예행연습의 과정까지 포함할 수 있다. 특히 질문의 구성에 있어서 구체적인 계획이 필요하다. 인터뷰에서 활용될 수 있는 질문들은 응답자의 개인적인 직업만족도, 업무수행에 관련해서 문헌에서 제시되지 않는 범위의 정보, 근무환경, 승진 혹은 경력개발의 기회, 전망 등을 포함할 수 있다. 인터뷰가 끝난 후에는 인터뷰 보고서를 작성해서 획득한 정보를 정리할 수 있도록 도와주는 것도 좋다. 인터뷰 보고서는 획득한 정보의 구체적 내용뿐 아니라 정보의 평가도 중요한데, 이미 알고 있던 것 중에서 확인한 것은 무엇인지, 새로 알게 된 것은 어떤 것인지, 더 알아야 할 부분은 없는지, 다음 계획은 무엇인지 등을 포함한다.

7장

진로발달 수준 및 결정 과정

신윤정 · 이은설

1 진로발달 수준

1) 진로발달 수준 관련 이론

진로발달에 대한 대표적인 이론들로는 수퍼(Super)의 전생애적 발달이론과 갓프레드슨(Gottfredson)의 제한·타협이론이 있다. 이론들에 대한 자세한 설명은 진로상담이론 교재에 나와 있을 것이며, 본 교재에서는 진로발달검사를 소개하기 위하여 관련 핵심 내용만 다루고자 한다.

(1) 수퍼의 전생애적 발달이론

수퍼(Super)는 진로발달은 하나의 과정이며, 여러 의사결정의 과정이라고 보고, 진로발달의 5단계를 제안하였다. 다섯 가지 발달단계는 성장기(4~13세), 탐색기(14~24세), 확립기(25~44세), 유지기(45~65세) 그리고 쇠퇴기(65세 이후)로 나뉜다. 이 단계들이 꼭 정해진 나이에 따라 거쳐가는 것은 아니나, 전 생애에서 대부분의 사람들이 이 다섯 단계를 거쳐간다고 수퍼는 주장했다. 이 각 발달단계별로 특징적인 발달과업이 존재하는데, 각 단계별 발달과업을 얼마나 성공적으로 잘 수행하는가의 여부가 진로성숙도 수준을 의미한다고 보았다.

본 장에서는 다섯 단계 중 청소년기에 초점을 맞추어서 이야기를 하고자 한다. 다음 그림 7-1과 같은 수퍼의 생애 단계와 하위 단계에 대한 설명에 따르면, 대략 초등학교 입학 이후부터는 자신의 흥미와 제한적이나 스스로 평가한 능력에 기반하여 진로나 특정 직업에 대한 관심을 갖게 된다.

이후, 대략 만 11~14세 사이의 청소년기는 초등학생 때보다는 좀 더 현실적인 자신의 능력에 대한 평가와 더불어 보다 구체적인 미래에 대한 계획을 세우고 진로와 관련된 탐색을 지속할 가능성이 높다.

좀 더 분화되고 구체화된 본인 자신의 능력, 가치, 흥미 등에 대한 인지적 판단들은 자신의 적성에 대한 좀 더 명료한 주관적 평가를 가능케 한다. 이러한 자신의 역량에 대한 평가가 구체화되면서 고등학생 시기에는 자신과 직업세계에 대한 이해와 관련된 여러 고려해야 하는 다양한 정보들을 바탕으로, 복잡하나 구체적인 진로결정을 할 가능성이 높아진다. 예를 들어 대학에 진학을 할지 혹은 취업을 할 것인지에 대한 결정을 하게 된다.

수퍼는 진로선택 과정이 다른 생의 다양한 역할과 맥락 속에서 같이 이해하는 게 중요하다고 보았고, 그러한 진로발달단계와 다양한 생의 역할들을 다음 생애진로무지개

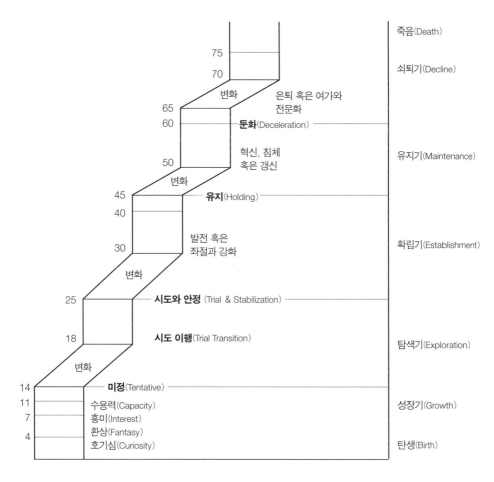

그림 7-1 수퍼의 전생애 단계와 하위 단계

출처: Super(1957). *The Psychology of Career.*

를 통해 설명하고자 하였다. 이러한 Super의 생애진로무지개(그림 7-2)는 내담자와 상담 시, 특별한 진로검사를 사용하기 전, 각 내담자가 위치한 진로발달단계와 각 단계별로 관련 있는 다양한 역할들 간의 관계를 설명하고 이해하도록 돕는 데 활용될 수 있다.

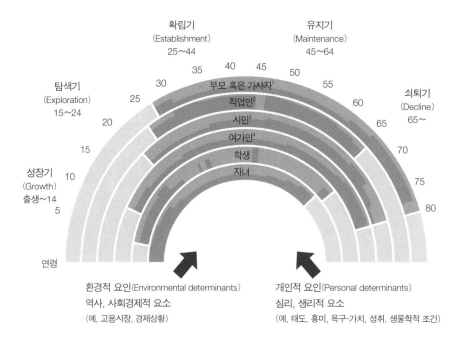

그림 7-2 수퍼의 생애진로무지개

출처: Super, Savickas, & Super(1996).

1 부모(parent) 혹은 가사자(homemaker): 가사자는 성별에 관계없이 가정에서 가사에 종사하는 역할.
2 직업인(worker): 직업인은 보수를 받고 일하는 역할.
3 시민(citizen): 시민은 내가 속한 공동체를 위해서 시간과 에너지를 사용하는 역할(예, 무료봉사활동).
4 여가인(Leisurite): 여가활동에 시간을 보내는 역할을 기술하기 위해 Super가 고안한 용어이다. 일반적으로 사람들은 성장기와 쇠퇴기에 여가인으로서의 시간을 많이 보내는 경향이 있음.

이러한 이론을 바탕으로 수퍼는 진로평가를 위한 진로발달평가와 상담(Career Development Assessment and Counseling, CDAC)이라 불리는 상세하고 포괄적인 모델을 제시하고, 평가 시 사용할 만한 검사도구들도 추천하였다. 추천된 검사들로서는 성인 진로관심사검사(Adult Career Concern Inventory), 가치척도(Value Scales), 중요성검사(Salience Inventory)와 Strong 흥미검사(Strong Interest Inventory, SII)와 진로발달검사

(Career Development Inventory) 등이 있다.

이외에도 아동의 진로발달척도(Childhood and Career Development Scale, CCDS)는 수퍼의 아동기 발달이론의 여러 가지 구성개념, 호기심, 탐색, 정보, 주요인물, 내적 통제 대 외적 통제, 흥미의 발달, 시간 조망 그리고 자아개념 및 계획성을 측정하고 있는데, 주로 상담보다는 연구용 도구로 사용되었다. 아동의 진로발달척도 외에, 중학생 이상에게 사용되도록 개발된 검사들로서는 홀랜드(Holland)의 진로탐색검사(Self-Directed Search, SDS) 등이 있다.

(2) 갓프레드슨의 제한·타협이론

갓프레드슨(Gottfredson)은 사람들의 진로 관련 기대가 어린 시절부터 성별이나 인종 혹은 사회계층별로 차이가 존재하는 이유를 설명하는 제한·타협이론(circumscription and compromise)을 제안한 바 있다. 갓프레드슨에 의하면, 진로선택은 우선적으로는 사회적 자아의 실현이고, 그 다음으로 심리적 자아의 실현인데, 그렇기 때문에 흥미나 가치와 같은 심리적 변인이 성이나 사회계층 같은 사회적 변인에 의해 제한을 받는다고 설명하였다.

갓프레드슨은 아동이 성장하면서, 자신의 사회적 위치에 대해 인식하면서 자신에게 적합하지 않다고 생각하는 진로 대안들을 제외시키는 제한의 과정을 통해 수용 가능한 진로대안 영역을 줄여나간다고 주장하였다. 이러한 제한 과정은 아동의 추상적인 사고 능력 발달에 따라 4단계를 거친다. 1단계(미취학 아동)는 크기와 힘에 대한 개념을 발달시키고, 이를 바탕으로 크고 힘 있는 부모 혹은 성인과 어린아이를 나누는 식으로 사람들을 분류한다. 2단계(만 6~8세)가 되면 성역할에 대한 개념을 습득하여, 자신의 성이 반대 성보다 더 우월하다는 식의 이분법적 인식과 자신의 직업 포부도 본인의 성역할에 적합한지 아닌지로 구분하기 시작한다. 즉, 남아의 경우 남성적 성역할 개념을 가지고 소방관, 트럭운전기사 등을 선호하고, 여성적 역할이라 인식되는 간호사 등은 배제한다.

3단계는 대략 초등학교 고학년에서 중학교 단계(만 9~13세)로서, 이 때는 사회적 가치를 습득하고 명성과 지위에 민감해진다. 즉, 의사는 사회적 가치나 지위가 높고 어려우며, 트럭운전기사는 사회적 가치나 지위가 낮고 습득하기 쉬운 지위의 직업이라는 인식을 하게 된다.

마지막 4단계 대략 고등학생(만 14세 이후) 때에는 자신의 흥미, 가치, 능력에 대한 판단과 더불어 고유한 내적 자아를 형성하고, 이를 바탕으로 가능한 대안들 중에서 어떤 대안이 가장 좋은지를 선택하고, 타협을 하는 과정을 경험한다.

타협의 과정은 가장 현실적인 대안, 즉 현실 실현 가능성 때문에 진로 대안들에 변화가 필요한 과정으로 내게 덜 매력적인 대안이라도 수용하게 되는 과정을 의미한다. 갓프레드슨은 성역할, 지위, 흥미영역을 타협 과정에서 중요시하는 세 가지 측면으로 제시하였는데, 이 중 흥미가 가장 쉽게 타협하기 쉽고, 성역할 부분이 가장 타협하기 어려운 측면이라고 주장하였다.

갓프레드슨의 이론을 바탕으로 만들어진 직접적인 진로검사는 없으나, 갓프레드슨의 제한·타협이론은 진로상담 제공 시 해당 학생의 발달단계 등을 고려하여 제한과 타협의 과정을 탐색하고, 어떤 측면들이 해당 학생의 진로포부 수준 정도에 영향을 미치는지와 그 영향을 미치는 요인들에서 변화의 여지가 있는 부분들은 없는지 등에 대한 점검을 할 때 유용하게 쓰일 수가 있다. 즉, 이론에 대해 충분히 숙지하고 상담장면에 응용 및 적용하는 것은 심리검사만큼 중요한 평가 방식이 될 수 있다.

2) 진로발달검사 종류 및 특성

(1) 진로적응성

진로적응성은 개인이 처한 다양한 예측 가능한 혹은 예측 가능하지 않은 진로관련 환경에 대처하고 적응하는 개인의 준비 정도를 일컫는다(Savickas & Porfeli, 2011), 이에 최근 급변하고 빠르게 변화하는 사회에서 진로적응성은 개인이 환경에 미치는 영향 및 환경이 그 개인에게 미치는 영향 모두를 아우르는 순환적인 과정에서 요구되고 필요한 능력으로 인식되고(김봉환 외, 2010) 주목받고 있다.

진로적응성이 높을수록 급변하는 미래 사회와 직업세계에 적극적이고 유연하게 대처할 가능성이 높다고 알려져 있고, 이에 다양한 연구, 교육 및 상담 장면에서 주목하고 이에 대한 이론 및 활용 방안에 대한 논의들이 활발히 이루어지고 있다. 진로적응성을 측정하는 검사는 다양한데, 대표적인 검사로 Savickas와 Porfeli(2011)가 진로성숙도검사(Career Maturity Inventory, CMI, 2011)를 개정하면서 청소년을 대상으로 개발한 진로적응능력검사가 있다.

① 진로적응능력검사(Career Adapt-Abilities Scale, CAAS)

Savickas와 Porfeli(2012)가 제안하고, 13개 국가에서 구성개념, 신뢰도 및 타당도 등을 확인하는 연구들이 진행되었다. 연구 결과 연구에 참여한 모든 국가들에서 신뢰도에서는 편차가 존재하나, 대체로 진로적응 개념에 대한 잠재적인 특징이 동일하고 측정의 동일성이 확인되었다.

이 검사는 관심(concern), 통제(control), 호기심(curiosity), 자신감(confidence) 네 가지 영역에 각 6문항씩 포함되어 총 24개 문항으로 구성되어 있으며, 5점 리커트척도(1점은 강하지 않음, 5점은 가장 강함)로 반응하도록 되어 있다.

표 7-1 진로적응능력검사의 하위영역들

진로적응능력검사 영역	정의
관심(concern)	진로관련 준비의 필요성을 인식하고 신경 쓰는 정도
통제(control)	의사결정 과정에서 내 능력 안에서 해결할 수 있는 것이 많다고 생각하고 책임감을 가지고 적극적으로 대처하고자 하는 자기통제감의 정도
호기심(curiosity)	진로관련된 기회를 찾기 위해 적극적으로 자신 혹은 환경을 탐색하는 정도
자신감(confidence)	예상한 혹은 하지 못한 문제들을 만나도 무엇을 어떻게 해야 하는지 알고 처리할 수 있는 자신의 능력에 대한 확신 정도

Savickas와 Porfeli(2012)는 총 16개 국가에서 번역되고 검증된 진로적응능력검사의 신뢰도를 보고하였는데, 미국 표집에서는 신뢰도가 관심 .83, 통제 .74, 호기심 .79, 자신감 .85 그리고 전체 문항 .92로 보고되었다. 프랑스, 한국 및 이탈리아에서는 내적

일관성 수치가 낮은 편으로, 타이완 표집에서는 가장 높은 것으로 보고되었다.

Tak(2012)이 한국어로 번역하여 신뢰도와 구인 타당도 검증을 한 한국판 진로적응 능력검사에서 보고된 신뢰도는 관심 .85, 통제 .80, 호기심 .82, 확신 .84로 나타났다. 확인적 요인분석의 결과에 따르면 관심, 통제, 호기심, 확신의 4요인 모형의 적합도가 높은 것으로 나타나 구인 타당도가 지지되었다. 한국 내에서는 신윤정(2013)의 연구에서 신뢰도가 관심 .89, 통제 .87, 호기심 .85, 확신 .87로 보고되어 Tak과 유사한 결과를 보고한 바 있다.

② 진로미래검사(Career Future Inventory, CFI)

Rottinghaus, Day와 Borgen(2005)이 Savickas(1997)의 진로적응성 개념과 Scheier와 Carver(1985)의 낙관성이론을 토대로 진로관련 적응성 및 낙관성을 측정하는 진로미래검사를 개발하였다. 진로미래검사는 진로적응, 진로긍정성, 직업시장에 대한 지식까지 세 가지 하위척도로 구성되어 있으며 총 25개 문항으로 이루어져 있다. 5점 리커트척도로 응답하게 되어 있다. Rottinghaus와 그 동료들의 연구에서 보고된 신뢰도 계수는 .75~.88(Rottinghaus, Day, & Borgen, 2005)이다.

국내에서는 최옥현과 김봉환(2006)이 한국어로 번안 및 타당화하여 사용한 바 있으며, 국내에서 보고된 신뢰도 계수는 .88이다.

현재 진로미래검사는 Rottinghaus, Buelow, Matyja와 Schneider(2012)가 개정한 진로미래검사 개정판(Career Future Intenvory-Revised, CFI-R)이 출판되었다. 진로미래검사 개정판(CFI-R)은 기존의 진로미래검사와 달리 총 5개의 하위척도로 구성되어 있다. 구체적으로 진로주체성 10문항, 직업인식 4문항, 지지체계 6문항, 일과 삶의 균형 4문항 그리고 부정적인 진로전망 4문항으로 총 28문항이다. 아직 국내에서 사용된 예는 찾아볼 수 없다.

(2) 진로 정체성

진로 정체성이란 홀랜드가 제안한 개념으로서, 진로발달에 필요한 태도, 능력, 행동 등을 적절하게 갖추고 있는지의 정도를 의미한다. 홀랜드는 이 용어를 통해서 진로성숙 정도를 설명하였는데, 개인이 자신의 목표, 흥미, 적성, 능력 등을 정확하고 안정되게 이해하고 알고 있는 정도를 의미한다. 진로 환경 또한 정체성을 가질 수 있고 환경적 측면에서의 정체성은 환경이나 조직이 명확하고 분명한 목표나 업무 등을 제안할 수 있을 때 나타난다.

① 커리어넷 진로성숙도검사

커리어넷의 진로성숙도검사는 한국직업능력개발원의 임언, 서유정, 김인형이 개발하였고, 대상은 중1에서 고2까지이다. 문항수는 64 문항이고, 예상 소요시간은 약 20분이나, 시간제한이 있는 것은 아니다. 커리어넷의 진로성숙검사가 측정하는 영역은 다음 그림 7-3과 같다.

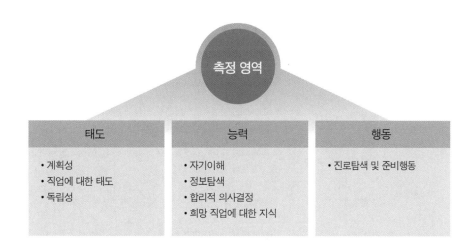

그림 7-3

출처: 커리어넷 심리검사 안내 e-book

② 청소년 진로발달검사

한국고용정보원에서 김아영 교수가 연구책임자로 2006년 개발한 검사로 중학교 2학년부터 고등학생에게 실시 가능하다. 검사실시에 소요되는 시간은 40분이며, 이 검사의 목적은 진로성숙도 수준 및 진로미결정 원인 정도를 측정하는 것이다. 워크넷의 설명에 따르면 이 검사는 청소년들의 진로에 대한 태도, 성향, 진로관련 지식 정도 및 진로행동 정도를 파악하여 청소년들이 자신의 현재 진로관련 생각과 행동 수준을 점검해 볼 수 있도록 돕는다. 이에 더하여, 진로관련결정에 어려움이 있는 경우, 그 원인이 무엇인지 성격, 정보, 갈등 요인 등으로 정보를 제시하여, 본인의 진로결정어려움 문제를 파악할 수 있도록 돕는다.

표 7-2 워크넷 청소년 진로성숙검사의 세부요인 및 설명

		세부요인	설명
진로 성숙 검사	진로에 대한 태도와 성향	계획성	자신의 진로방향과 직업결정을 위한 사전의 준비와 계획을 수립하고 있는가를 파악할 수 있다.
		독립성	자신의 진로에 대한 탐색, 준비, 선택을 스스로 하는 정도를 파악할 수 있다.
		태도	직업의 의미에 대한 올바른 인식과 일에 중요성을 부여하는 정도를 파악할 수 있다.
	진로와 관련된 지식의 정도	자신에 대한 지식	진로선택 시 고려해야 할 자신의 능력, 흥미, 성격, 가치관 등 개인 특성에 대한 이해 정도를 파악할 수 있다.
		직업에 대한 지식	직업에 대한 지식의 정도와 개인의 특성에 적합한 직업을 선택할 수 있는 능력의 수준을 파악할 수 있다.
		학과에 대한 지식	학과에 대한 지식의 정도와 개인의 특성에 적합한 학과를 선택할 수 있는 수준을 파악할 수 있다.
	진로행동의 정도	진로행동	진로계획을 실천하고 확인하는 정도를 파악할 수 있다.
진로 미결정 검사	성격요인	동기부족	진로를 탐색, 계획하고자 하는 동기의 수준을 파악할 수 있다.
		결단성부족	결정을 잘 내리지 못하는 우유부단한 정도를 파악할 수 있다.
	정보요인	직업에 대한 지식부족	직업과 전공에 대한 지식 및 변화에 대한 이해 정도를 파악할 수 있다.
		자신에 대한 이해부족	진로 선택시 고려해야 할 능력, 흥미, 성격, 가치 등 특성에 대한 개인의 주관적 이해 정도를 파악할 수 있다.
	갈등요인	직업과 자신 간의 갈등	진로선택이나 결정과 관련하여 성역할, 능력 및 신체적 조건(외모, 장애 등)과 선택 가능한 직업 간의 갈등의 정도를 파악할 수 있다.
		외적인 조건들과 자신 간의 갈등	진로선택이나 결정과 관련하여 성역할, 사회-경제적 문제, 실업문제나 사회전망과 관련된 문제와의 갈등의 정도를 파악할 수 있다.

출처: 워크넷 청소년의 자기이해 및 진로탐색 직업심리검사 가이드 e북

워크넷에 따르면, 검사의 신뢰도와 타당도는 다음과 같다.

표 7-3 워크넷 청소년 진로성숙검사의 신뢰도와 타당도

		세부요인	문항수	신뢰도
진로성숙검사	진로에 대한 태도와 성향	계획성	5	.72
		독립성	5	.52
		태도	5	.54
	진로와 관련된 지식의 정도	자신에 대한 지식	6	.71
		직업 지식	10	.49
		직업 선택	10	.54
		학과 지식	10	.55
		학과 선택	10	.59
	진로행동의 정도	진로행동	6	.80
진로미결정검사	성격요인	동기부족	6	.81
		결단성부족	6	.81
	정보요인	직업에 대한 지식부족	7	.81
		자신에 대한 이해부족	6	.71
	갈등요인	직업과 자신 간의 갈등	5	.74
		외적인 조건들과 자신 간의 갈등	6	.61
타당도 정보	구인 타당도 확인: 청소년용 직업흥미검사, 학업적 자기조절설문지, 한국직업능력개발원의 진로성숙도검사, 진로미결정검사와의 높은 상관			

출처: 워크넷 청소년의 자기이해 및 진로탐색 직업심리검사 가이드 e북

③ Holland® 진로성숙검사

학지사 인사이트의 Holland® 진로성숙검사는 안현의와 안창규가 개발하였으며 중학생 대상으로 실시 가능하다. 총 소요 시간은 40분이며, Holland 이론의 RIASEC 유형에 따라 자신의 성격, 능력, 직업 적성을 파악할 수 있도록 돕고, 적성에 맞는 직업 분야에 대한 제시가 같이 이루어진다.

④ STRONG™ 진로탐색검사Ⅱ

1927년 미국의 진로심리 연구자인 스트롱(E. K. Strong)이 Strong Vocational Interest Blanks(SVIB)를 성별에 따라 남성용과 여성용을 각각 개발한 것을 시작으로, 이후 1974년에 남녀를 합치고 홀랜드의 RIASEC 유형을 기반으로 하여서 일반직업분류(General Occupational Theme)를 만드는 등 지속적으로 도구를 수정·보완해 왔다. 이후, 1985년에 325문항으로 구성된 Strong Campbell Interest Inventory(SCⅡ)를 개발하고, 1994년 개정판을 출판하였다.

우리나라에서는 스트롱의 Strong Interest Inventory를 어세스타(ASSESTA)가 출판 권한을 가지고 한국판 STRONG™ 검사를 개발하였다.

한국판 STRONG™는 앞서 흥미영역에서 언급한 바대로, 대상에 따라 세 종류가 존재하는데 고등학생부터 대학생, 일반 성인까지 사용 가능한 STRONG™ 직업흥미검사, 중고등학생을 대상으로 한 STRONG™ 진로탐색검사Ⅱ 그리고, 초등학교 4~6학년을 대상으로 한 STRONG™ 진로발달검사가 있다.

본 장에서는 중고등학생 대상의 진로탐색검사를 소개하고자 한다. STRONG™진로탐색검사Ⅱ는 중고등학생용 검사로서 홀랜드의 육각형 분류체계를 반영하고 있는 일반직업분류(GOT)만을 사용한 검사이다. 이는 총 2부로 구성되어 있는데, 진로에 대해 탐색할 준비가 되어 있는 정도를 확인하는 진로성숙도검사와 직업, 활동, 교과목, 유능감, 성격 특성에 대한 문항을 가지고 중고등학생의 흥미유형을 파악하는 흥미검사로 이루어져 있다. 유료검사이며 총 검사시간은 35~40분 정도이며, 문항수는 중학생은 239문항, 고등학생은 242문항이다.

(3) 진로결정동기

진로결정동기 혹은 진로결정자율성 개념은 자기결정성이론을 진로발달에 접목시키면서 제안되었다. 자기결정성이론에서는 자율성(autonomy), 유능감(competence) 그리고 관계성(relatedness), 이 세 가지 기본적인 심리적 욕구가 충족이 되면, 내재적 동기가 유발되어 다양한 창의적 및 탐색적 행동, 긍정적 정서 반응, 높은 자존감, 유연한 인지적 처리 및 삶의 만족도 수준이 높아진다고 본다. 이 중 자율성은 행동을 시작하고,

유지하고, 조절할 때 자기결정성을 가지고 행동하려는 욕구(Ryan & Grolnick, 1986)로, 자기결정성이론의 하위 이론인 유기체통합이론과 관련이 있다.

유기체통합이론은 처음에는 외적인 이유 때문에 시작된 행동들이 개인 내에서 점차 내재화, 내면화되어 자율성 있는 행동으로 변화되는 과정을 설명한다. 즉, 자율성은 내재화된 동기(intrinsic motivation)뿐 아니라, 외재적 동기로도 설명이 가능하다. Ryan과 Connell(1989)은 외재적 동기를 자기결정성이 낮은 순서부터 무동기(amotivation), 외재적 조정(external regulation), 부과된 조정(introjected regulation)그리고 확인적 조정(identified regulation)으로 구분하였다. 이 중 확인적 조정의 경우는 앞서 설명한 바 대로, 내재적 동기와 함께 자율성을 증가시키고, 그로 인해 정서, 인지, 행동방식에서 주체적으로 행동하고 그로 인한 만족을 얻을 가능성이 높으나, 부정적인 정서나 결과를 회피하기 위해서 하는 부과된 조정이나, 돈이나 남의 인정을 얻기 위해 하는 외재적 조정에 기반한 행동들의 경우는 자율성이 약화되고, 심리 내외적 어려움을 겪을 가능성이 높다(Deci & Ryan, 1985).

① 진로결정동기척도

진로결정동기 수준 혹은 진로결정자율성 수준은 진로결정성이론에 기반하여 Guay(2005)가 개발한 진로결정자율성척도(Career Decision-Making Autonomy Scale, CDMAS)을 사용하여 측정 가능하다. 진로결정자율성은 4개의 동기를 조작적으로 정의하여 측정하며, 이는 자기결정성이론에서 자율성 수준에 따라 나눈 네 가지 유형의 동기인 외적 조절, 부과된 조절, 확인된 조절 및 내적 동기와 같다(Guay, 2005). 진로결정자율성척도는 8개의 행동에 대해서 4개의 동기를 묻는 총 32개의 문항으로 구성되어 있다. 8개의 문항 내용은 다음과 같다.

표 7-4 진로결정 동기/ 진로결정자율성척도 문항 특징

문항내용	답변 (4개 중 1개 선택)
1. 진로에 대한 정보를 구한다.	내가 이 행동을 하는 것은
2. 학교에서 제공되는 프로그램에 대한 정보를 구한다.	(1) 가족이나 이성친구 등 가까운 사람들이 원하기 때문이거나, 내가 타인으로부터 보상
3. 학교 프로그램이나 진로와 관련하여 내게 주어진 대안들을 알아본다.	이나 칭찬, 인정 등을 받을 수 있기 때문이다 (외재적 동기)
4. 진로목표를 달성하기 위해 열심히 공부한다.	(2) 내가 이 행동을 하지 않는다면, 죄책감이 나 불안을 느낄 것 같아서이다(부과된 조정)
5. 진로목표와 부합하는 직업을 알아본다.	(3) 이 행동이 중요하다고 생각하기 때문이 다(확인된 조정)
6. 학교 프로그램을 마치기 위해 따라야 하는 절차를 알아본다.	(4) 이 행동을 하는 것이 즐겁기 때문이다(내 적 동기)
7. 진로선택에 있어 내게 가장 중요한 가치가 무엇인지를 찾는다.	
8. 자신의 흥미, 성격과 어울리는 진로를 알아본다.	

출처: 한주옥(2004).

각 문항은 전혀 그렇지 않다 (1)에서 아주 많이 그렇다 (5)의 5점 리커트척도로 응답하게 되어 있다. 각 문항점수가 높을수록 해당 동기 수준이 높음을 의미한다.

4가지의 하위유형 동기에 대해서 각각 따로 하위점수를 사용할 수도 있으나, 측정된 4유형 동기를 사용하여 자율성 지수 산출도 가능하다. 자율성 지수 산출 방식은 연구자에 따라 다른데, Guay(2003)의 경우는 (내적 동기+확인된 조절)-(투사된 조절 +외적 조절)의 방법을 제안한 바 있다. 이렇게 산출된 자율성 지수가 긍정적이면 이는 학생들의 진로관련 행동이 자발성에 기반했을 가능성이 더 높음을 의미한다. 즉, 진로관련 행동이 자신의 즐거움에 기반한 내적 동기와 중요하다고 생각하는 목표 등 이유가 분명한 확인된 동기로 인한 것임을 의미한다.

Guay(2005)가 이 척도를 개발할 때 대학생 집단을 대상으로 개발 및 타당화 연구를 진행하였으며, 신뢰도는 .91~.95 수준으로 보고되었다. 진로결정동기척도 한국판은 한주옥(2004)이 번역한 척도가 진로상담 심리 연구에서 자주 사용되는데, 한주옥(2004)의 연구에서 보고된 Cronbach's α는 .93이었다. 이외에도 김은영(2007)의 경우, Guay(2005)가 제안한 8가지 진로관련 행동이 한국 대학생들의 예비 진로준비 행동을 잘 설명하지 않는다고 생각하여, 대학생들의 진로행동을 연구한 이제경(2004)이 선정

한 총 15개의 진로행동 중 7개의 예비적 진로준비 행동을 포함 총 8가지의 진로행동 질문을 수정 보완하여 사용한 바 있다. 총 8가지 진로준비 행동에 대해서 4가지 다른 동기를 묻는 형식은 동일하며, 김은영 연구에서는 각 하위요인에 따른 신뢰도가 .89, .89, .78, .77이었고 전체 신뢰도는 .85로 보고되었다.

⑷ 진로준비

① 진로인식척도

초등학교는 아직 진로에 대한 구체적인 탐색보다는 자신에 대한 이해와 직업세계에 대한 이해를 쌓아나가는 단계로서, 진로준비 영역 안에서 관련 척도를 다루고자 한다. 워크넷의 초등학생용 진로인식척도는 한국고용정보원이 개발한 도구로, 초등학교 5~6학년을 대상으로 실시하도록 만들어졌다. 시간제한은 없으나 보통 약 30분 정도 소요된다. 이 검사는 초등학교 수업시간 내에 안내, 실시, 응답표 작성까지 이루어지도록 간편하게 고안되었으며, 사회적 바람직성과 부주의성에 대한 정보도 추가로 제공한다. 자세한 검사 구성내용 및 신뢰도 정보는 아래의 표 7-5와 같다.

표 7-5 워크넷 초등학생용 진로인식검사 하위요인과 내용

	세부요인	문항수	설명	신뢰도
	자기탐색	2	자신의 특성을 종합적으로 탐색하려는 태도 나의 소질, 관심에 대한 인식 여부	.73
자기이해	의사결정 성향	5	합리적 의사결정의 필요성 인식여부 합리적 의사결정을 위해 필요한 단계 혹은 요소의 인식여부 어떤 것을 결정할 때 그것을 인식하고 대응하는 개인의 특성 선호하는 인지적 접근방식	.56
	대인관계 성향	5	다양한 집단에서 의사소통이나 풍부한 인간관계를 구축하는 능력 사회집단 내에서 자신의 역할에 대한 인식 여부 구성원들과의 원만한 관계 형성 여부	.72

직업세계 인식	직업편견	5	직업에 대해 갖고 있는 성역할 고정관념의 정도 직업의 귀천에 대한 편견 정도	.74
	직업가치관	3	일과 직업에 대해 가지고 있는 가치관의 건전성 직업에서 필요로 하는 가치(예, 성실성, 책임감, 업무능력 등)에 대한 종합적인 인식 수준	.60
진로태도	진로준비성	8	장래 진로에 대하여 관심을 갖고 탐색하려는 의지 일의 세계와 자신의 현재 상황과의 관련성 인식 진로관련 정보의 중요성 인식	.79
	자기주도성	4	주도적으로 진로를 탐색하고 의논하는 정도 스스로 문제를 해결하고자 하는 정도	.80

출처: 워크넷 청소년의 자기이해 및 진로탐색 직업심리검사 가이드 e북

또한, 검사가 측정한 내용들 간 이론적인 관련성이 높거나 낮아야 하는 영역 간의 상관을 보고함으로써 타당도 정보를 제공하였으며, 자세한 정보는 워크넷에서 확인 가능하다.

② STRONG™ 진로발달검사

한국판 STRONG™은 앞서 언급한 것처럼, 대상에 따라 세 종류가 존재하는데 본 장에서는 생애발달단계를 고려하여, 진로탐색 및 발달 초기단계에 있는 초등학생을 대상으로 한 STRONG™ 진로발달검사를 소개하고자 한다.

STRONG™ 진로발달검사는 홀랜드의 육각형 분류체계를 바탕으로 만들어진 일반 직업분류(GOT)를 사용한 검사이다. 이는 총 3부로 구성되어 있는데, 학생의 진로발달 정도를 확인하는 진로발달검사와 6가지 홀랜드 분류를 바탕으로 관련된 활동들을 개인이 얼마나 좋아하는지 정도를 측정하는 흥미검사 그리고 6가지 홀랜드의 분류와 관련된 활동들을 얼마나 스스로 잘할 수 있다고 생각하는지 정도를 측정하는 유능감검사이다. 유료검사이며, 검사시간은 총 35~40분 정도 소요되며, 문항수는 125문항이다.

(5) 진로탐색행동

진로탐색행동검사(CSB)

최동선(2003)이 개발한 대학생용 진로탐색행동척도(Career Search Behavior Scale, CSB) 28문항이 있다. 대학생용이기는 하나, 고등학교 졸업 후 취업을 준비하고자 하는 학생들에게도 활용이 가능하다.

이 척도는 진로를 선택하거나 결정하기 위해 여러 매체나 경로를 통한 진로탐색행동을 지난 6개월 동안 어느 정도 수행하였는지를 측정하도록 구성되어 있다. 전체 28문항은 직업에 대한 탐색 문항 16문항과 자신에 대한 이해 및 탐색에 관한 문항 12문항으로 구성되어 있다. 점수가 높을수록 진로탐색행동이 높은 것으로 해석된다. 최동선(2003)의 연구에서는 신뢰도가 전체 .92, 직업탐색행동 .91, 자기탐색행동 .85로 보고되었다.

(6) 진로선택

대학전공선택검사

KCMII 대학전공선택검사(Korean College Major Interest Inventory, KCMII)는 성태제가 개발한 검사로 고등학교 전 학년을 대상으로 실시 가능하다. 소요시간은 약 60분이며, 학생들의 적성과 흥미에 맞는 전공계열과 학부를 예측하여 전공 선택 및 결정을 돕는다고 설명되어 있다. 하위영역으로는 활동 선호도(138개 문항), 직업 선호도(138개 문항), 그리고 전공교과 선호도(138개 문항)의 3영역이 존재한다. 자세한 사항은 학지사 인사이트에서 확인 가능하다.

표 7-6 대학전공선택검사 하위영역 및 설명

하위영역	영역에 대한 설명
활동 선호도	각 전공과 관련된 주요 활동에 대한 선호도를 알아보기 위한 검사로 해당 전공에 대한 적응과 성공 가능성을 탐색할 수 있는 요인
직업 선호도	각 전공과 관련된 주요 직업에 대한 선호도를 알아보기 위한 검사로 개인의 관심과 흥미, 적성을 토대로 해당 전공에 대한 향후 직업활동 가능성을 탐색할 수 있는 요인
전공교과 선호도	각 전공에서 다루어지는 주요 교과에 대한 선호도를 알아보기 위한 검사로 해당 전공에 대한 학문적 관심과 전공의 이수 가능성을 탐색할 수 있는 요인

출처: 학지사 인사이트

2 진로결정과정

1) 진로결정어려움 관련이론

파슨즈(Parsons, 1909, 1989)의 특성−요인이론(trait-factor theory)에 영향을 받은 진로상담자들은 적절한 진로 및 직업 선택을 위해 개인의 적성, 흥미, 가치와 같은 진로와 관련된 일부 심리적 특성과 직업 환경의 유사성을 살피고 매치시키는 데 초점을 두어왔다면, 실제 진로상담에서는 다양한 개인의 정서와 성격적인 문제뿐만 아니라 사회맥락적인 요인들이 개인의 진로선택과 추구에 영향을 미치는 경우가 많다. 따라서 진로상담에서 내담자의 정서 및 성격적 특성뿐 아니라 사회맥락적인 요인들에 대해 체계적으로 이해하고 개입하는 것이 중요하다. 이러한 이해를 위해 진로상담자들이 살펴볼 수 있는 개념 중 진로미결정과 진로장벽을 이 장에서 살펴보도록 하겠다.

2) 진로결정과정관련검사 종류 및 특성

(1) 진로미결정

진로미결정은 개인이 직업 혹은 진로 선택에 대해 확실한 결정을 하지 못하는 상태와 어려움을 말하는데, 어려움은 결정을 내리는 과정에서 겪는 어려움과 이미 결정한 진로에 대해 확신을 갖지 못해서 경험하는 어려움 모두를 포괄한다. 진로상담 연구에서 진로결정의 어려움, 높은 미결정 수준은 일시적이거나 환경적, 발달적 측면에서 겪어야 하는 문제로 여겨지기도 하지만, 어떤 사람들에게는 정서적인 문제나 성격특질적인 문제와 관련이 되어 있는 경우도 있다. 따라서 진로결정의 어려움은 단순히 진로결정과 미결정 상태로 구분하는 이분법적인 접근에서 벗어나 결정과 미결정을 연속선상에서 보고, 진로가 결정되지 않은 정도를 확인하고 다차원적인 요인을 점검할 필요가 있다. 진로미결정의 여러 차원은 연구마다 다르게 확인되기는 하지만 직업정보의 부족, 자기명확성 부족, 우유부단한 성격, 필요성 인식 부족, 외적 장애 등이 있다.

(2) 진로미결정을 측정하는 검사도구

① 진로결정수준검사(Career Decision Scale)

진로미결정은 진로결정수준검사(고향자, 1992)를 통해서 개인의 진로결정에 방해가 되는 장애요소를 확인하고 또한 진로선택과 관련해서 개인이 경험하고 있는 진로미결정 정도를 측정할 수 있다. 진로결정수준검사는 Osipow와 동료들(1980)이 개발한 Career Decision Scale을 고향자(1992)가 우리나라의 실정에 맞게 번안 및 타당화한 검사로 진로선택에 대한 확신 수준을 묻는 2문항(진로확신척도, certainty scale)과 진로미결정의 다양한 선행요인들을 측정하는 16문항(진로미결정척도, indecision scale) 그리고 위 18개의 문항이 진로결정과 관련하여 응답자를 적절히 표현하지 못할 때 응답자가 진로결정과 관련하여 자신의 상황을 자유롭게 기술할 수 있는 개방형 1문항을 포함한 전체 19개의 문항으로 구성되어 있다. 이 검사는 진로심리 연구에서 빈번하게 사용되어 온 검사로 내적합치도 .86과 검사–재검사 신뢰도 .79의 양호한 신뢰도를 가지고 있다.

② 한국판 단축형 진로결정어려움 관련 정서 및 성격척도(Emotional and Personali-ty-Related Career Decision Making Difficulties, EPCD)

진로결정어려움 관련 정서 및 성격척도는 진로미결정과 관련된 정서 및 성격적인 특성들을 통합적으로 살펴보기 위해 개발된 검사이다(Saka, Gati, & Kelly, 2008). 이 척도는 진로를 결정하지 못한 상태뿐 아니라 진로결정과정을 어렵게 만드는 요소들을 밝히는 데 이용할 수 있는 문항들로 구성되어 있는데, 진로결정어려움 관련 정서 및 성격적 특성으로 볼 수 있는 최상위 개념 아래, 3개의 하위요인(비관적 관점, 불안, 자기개념과 자아정체성)이 존재하는 위계적인 구조를 가정한다(그림 7-4).

김민선과 연규진(2014)이 EPCD를 한국어로 번안, 타당화 및 축소하는 총 28문항의 척도로 개편하였다. 한국 축소판 EPCD의 신뢰도는 전체 문항의 경우 .90, 세 가지 하위요인별로 살펴본 신뢰도의 경우 비관적 관점이 .73, 불안이 .85, 자기개념과 자아정체성이 .78로 높은 수준의 신뢰도를 보이는 것으로 나타났다.

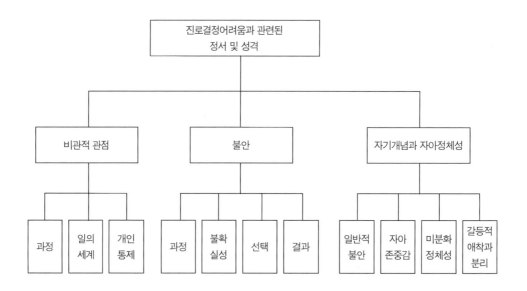

그림 7-4 진로결정어려움과 관련된 정서 및 성격척도의 위계구조
출처: 김민선, 연규진(2014).

(2) 진로장벽

진로장벽(career barriers)은 개인의 진로계획, 진로선택 및 결정 과정에서 개인이 지각하는 다양한 내·외적 방해요인들을 의미하며, 개인의 진로선택, 목표나 동기에 영향을 미치거나 역할 행동을 방해하는 것으로 개인에게 지각되는 여러 가지 부정적인 사건들을 통칭하는 용어이다. 진로지도 및 진로상담에서는 우리가 앞서 살펴본 바와 같이 개인의 흥미, 적성 및 성격 등과 같은 개인의 특성 혹은 진로결정수준이나 태도와 같은 의사결정과정을 중요시해 왔다. 그러나 이와 같은 개인이 사회와 문화 내에 속한 존재라는 점을 고려했을 때, 앞서와 같이 개인 내적, 심리적 변인들만 중요시해서는 개인의 진로만족 및 진로결정과정에 대한 총체적인 이해가 어려울 수 있다. 이러한 의미에서 진로장벽은 자신감의 부족, 낮은 동기 등과 같은 심리적, 개인 내적 요인들뿐 아니라 개인이 속한 사회문화적 맥락이나 환경적 요인과 같은 외적 요인들에도 주목한다.

진로장벽은 여러 가지 유형으로 나타날 수 있는데 성차별, 자신감 부족, 인종차별, 중요한 타인의 불인정, 의사결정의 어려움, 비전통적 진로선택에 대한 지지 부족, 노동시장의 제약, 관계망 만들기 및 사회화의 어려움 등이 그 예이다. 진로탐색, 진로흥미의 발달, 혹은 진로결정과정과 관련하여 여성과 남성의 사회문화적 경험에는 차이가 있고, 많은 연구결과들이 여성이 남성에 비해 더 많은 진로장벽을 경험하는 것을 확인하고 또한 여성과 남성이 경험하는 진로장벽의 세부 내용이 다를 수 있음을 제안한다. 진로장벽은 다수의 진로심리학 관련 연구에서 진로미결정이나 진로포부, 진로결정 효능감 등과 같은 진로관련 변인들과 밀접한 관련이 있는 것으로 밝혀졌다.

초중고 청소년용 여성진로장벽척도/초중고 청소년용 남성진로장벽척도

청소년용 여성진로장벽척도(황매향, 이은설, 유성경, 2005) 및 청소년용 남성진로장벽척도(황매향, 이아라, 박은혜, 2005)는 Swanson, Daniels와 Tokar(1996)의 Career Barriers Inventory를 바탕으로 개발된 척도로 한국 청소년들이 경험하는 진로장벽의 내용을 측정하기 위한 문항들을 포함한다. 7개의 하위요인에 해당하는 전체 42문항으로 구성되어 있으며 하위요인은 자기이해의 부족, 자신감 부족, 성역할 갈등, 성차별, 중요한 타인과의 갈등, 미래에 대한 불확실성, 진로 및 직업 정보의 부족, 경제적 어려움 등을 포함한다. 남학생용과 여학생용 척도가 다른 것은 7개의 하위요인 중 성역할 갈등 및 성차별 경험의 내용이 성별에 따라 다르기 때문에 이 하위요인에 해당하는 5문 항이 다르게 선정되었기 때문이다. 하위차원들의 신뢰도 계수는 남학생과 여학생 각각 자기이해 부족 .84/.86, 자신감 부족 .83/.83, 성역할 갈등 및 성차별 .80/.73, 중요한 타 인과의 갈등 .68/.67, 미래에 대한 불확실성 .68/.70, 진로직업정보의 부족 .77/.80, 경제 적 어려움 .72/.78로 나타났다.

표 7-7 청소년용 여성 진로장벽척도의 하위요인 및 정의

요인명	정의
자기이해의 부족	진로선택 시 고려하는 적성, 흥미, 가치 등 자신의 특성에 대한 이해의 부족
자신감 부족	학업태도, 성적문제, 신체적 조건 등 희망하는 진로와 관련하여 자신의 능력이 부족하 다고 지각하는 정도
성역할 갈등 및 성차별	여성이기 때문에 직업선택과정 및 추구행동을 하는 과정에서 부딪히는 갈등 및 차별에 대한 지각
중요한 타인과의 갈등	부모, 선생님, 친구 등의 중요한 타인이 자신의 직업선택에 대해 승인하지 않을 경우 예상되는 갈등
미래에 대한 불확실성	불확실한 미래에 대한 두려움
진로 및 직업정보의 부족	개인이 지각한 직업과 전공에 대한 지식 및 진로선택과정의 방법 · 절차에 대한 지식의 부족
경제적 어려움	진로선택 및 추구행동과 관련된 경제적 어려움

출처: 황매향, 이은설, 유성경(2005).

(3) 성역할 정체감

앞서 진로장벽에서 언급했듯이 여성과 남성이 경험하는 사회와 문화는 다를 수 있 고, 이러한 남성 혹은 여성으로서의 성장과정의 차이는 개인의 진로발달과 진로선택에 많은 영향을 미친다. 성역할은 사회적 지위에 관련된 가치, 태도, 인성, 특성 등에 대한 문화기대에서 오는 행동규범으로서 '문화가 성별에 따라 적절한 것으로 규정하는 태도 에 대한 기대'를 의미한다. Gottfredson의 제한·타협이론에서는 진로의사결정 과정에

서 성역할의 중요성을 강조한다. 본 장의 앞부분에 제시된 바와 같이, 이 이론에 따르면 개인의 자아개념의 핵심적인 부분이 성역할이기 때문에 개인이 자신의 흥미영역에 있거나 직업의 사회적 명성이 적절한 경우에도 자신의 성역할과 맞지 않으면 포기하게 된다고 주장한다. 이러한 주장이 경험적 연구에서 일관적으로 지지된 것은 아니지만 다수의 진로심리학 및 진로상담 연구에서 성역할은 진로결정 자기효능감, 진로태도 성숙 등의 진로관련 변인과 유의한 관련성을 가지고 있는 것으로 나타난다. 따라서 진로상담 장면에서, 특히 진로결정과 관련된 어려움을 호소하는 학생과의 상담장면에서 성역할 및 성역할과 관련된 개념들을 점검해 보는 것은 추가적인 정보 획득에 도움이 된다.

① 성역할검사

한국형 성역할검사(Korean Sex Role Inventory, KSRI)는 1990년에 정진영이 개발하고 2005년에 초등학생, 중학생, 고등학생을 대상으로 사용할 수 있도록 개정된(유성경·임영선, 2005) 검사이다. 이 척도는 Bem(1974)이 고안한 방식에 근거하는데, 남성성과 여성성을 상호 독립적인 요인으로 간주하고 각 특성을 독립적으로 추정한다. 한국형 성역할검사는 남성성, 여성성, 긍정성 각 20문항씩 총 60문항으로 구성되어 있다. 이 척도의 신뢰도는 각 하위요인별 .78에서 .88로 양호한 수준의 신뢰도를 보고하고 있다.

② 성역할 고정관념척도

성역할 고정관념척도는 김동일(1999)이 개발한 것으로 사회 내의 다양한 장면에서 남성과 여성의 역할에 대한 고정관념을 측정하는 33문항으로 구성되어 있으며 현재 다양한 연구에서 중·고등학생, 대학생을 대상으로 사용되고 있다. 이 척도는 가정적 요인, 직업적 요인, 외형적 요인, 심리사회적 요인, 지적 요인, 사회적 성역할 요인의 6가지 하위요인으로 구성되어 있다. 가정적 요인은 가정 내에서의 성역할에 대한 고정관념을, 직업적 요인은 직업과 관련된 성별에 대한 고정관념을, 외형적 요인은 외모에 대한 고정관념을 측정한다. 심리사회적 요인은 남성과 여성의 성격적 특성에 대한 고정관념을, 지적 요인은 성별에 따른 인지적 특성에 대한 고정관념, 사회적 성역할 요인은 사회생활에서 나타나는 성별에 따른 고정관념을 측정한다. 이 척도의 신뢰도는 하위요인에 따라 .70에서 .83 사이에 있는 것으로 보고되어 양호한 편이다.

3부

청소년 진로특성
진단도구
활용

8장

진로특성 진단도구의 선택

이효남

청소년들의 효과적인 진로상담을 위해서는 대상의 특성에 적합한 양호한 검사도구를 선택하는 것이 중요하다. 상담의 어느 단계에서 검사를 실시하여야 하는가? 어떤 검사를 선택해야 하는가? 교사는 청소년들의 진로문제를 진단하고 조언하는 과정에서 검사의 선택과 관련된 문제에 직면하게 된다. 본 장에서는 학생과의 상담과정에서 적합한 검사를 선택하여 활용할 수 있도록 개별 및 집단 상담 수준에서의 진단도구 선택방법에 대해 알아보고, 나아가 진단도구 선택 시 고려해야 할 사항에 대해 알아보고자 한다.

1 개별상담 수준에서의 진로특성 진단도구 선택

진로상담에서 검사도구를 사용하는 것은 그 자체가 목적이 될 수 없으며, 진로상담의 각 과정에서 상담의 효과를 높이기 위한 목적으로 사용되어야 한다. 진로상담은 학생의 진로문제해결과 의사결정을 돕기 위한 과정으로 학자들에 의해 다양한 관점에서 서술되어 왔다. Crities(1981)는 진로상담 과정을 진단, 문제분류, 문제구체화, 문제해결의 단계가 포함된다고 보았으며, Kinner와 Krumboltz(1984)는 사정(assessment), 개입(intervention), 평가(evaluation)의 세 가지 기본단계로 진로상담 모형을 설정하였다. 사정단계는 학생과의 라포 형성 뿐 아니라 문제발견과 상담의 목표설정 과정을 포함하므로 Crities가 제시한 상담과정의 진단 및 문제분류, 문제구체화의 과정과 유사하며, Crities의 문제해결단계는 Kinner와 Krumboltz의 문제개입단계와 관련된다. 따라서 다양한 진로상담 모형을 종합해 볼 때, 진로상담의 과정은 진로문제 탐색 및 발견단계, 진로문제해결을 위한 개입단계, 진로상담 효과를 평가하기 위한 평가단계로 구분해 볼 수 있다.

심리검사는 진로상담의 각 과정에서 사용될 수 있으며, 진로상담의 단계에서 효율적인 상담과정을 지원하기 위해 적절한 검사를 선택하여 사용할 수 있다.

1) 진로문제 탐색 및 발견 단계

진로상담에서 가장 먼저 이루어져야 하는 것은 학생과의 협력적 관계를 형성하는 것이다. 이는 학생으로 하여금 교사를 신뢰하게 하고 존중받고 있다고 느끼게 하며 상담에 대한 저항을 감소시켜, 보다 원활한 상담과정이 진행될 수 있도록 하는 사전단계로서 의미가 있다. 효율적인 진로상담을 위한 관계형성은 학생과의 상호신뢰가 형성되는 중요한 과정이나 이 과정에서는 검사도구는 거의 사용되지 않는다. 즉, 검사도구를 통한 측정은 학생-교사의 협력적 관계(working alliance)가 이루어지는 접수면접 이후에 사용된다(Zunker, 2002). 따라서 실질적으로 진로상담이 진행되는 '진로문제 발견' 단계에서부터 검사의 선택이 이루어지는 것이 바람직하다.

진로문제 발견단계는 학생들이 갖고 있는 진로와 관련된 문제점들을 진단하고 밝혀내는 과정이다. 특히 청소년들은 진로와 관련된 여러 문제들을 호소하기도 하지만, 대부분 자신의 문제를 표현하지 못하거나, 무엇이 문제인지를 스스로 명확하게 인지하지 못하고 있는 경우가 많다. 따라서 교사는 학생의 다양한 정보를 확인하여 진로문제가 구체화될 수 있도록 조력하는 것이 중요하다.

이를 위해 학생의 특성을 이해하고, 어떤 특성들이 이들의 진로문제에 영향을 주고 있는지 탐색하여야 한다. 구체적으로 이러한 특성(예, 성격, 능력, 흥미, 가치관, 진로에 대한 신념)이 진로의사결정에 어떻게 영향을 주고 있는지 파악해야 하며, 또한 진로정체감이나 진로확신도, 또는 진로성숙도 등을 탐색해 봄으로써 학생의 진로발달 수준을 확인하는 것도 필요하다.

한 가지 예로, 진로문제 발견단계에서 진로에 대한 신념, 의사결정 유형, 정체성 및 부적응 문제 등을 진단하는 것은 문제를 명확히 하고 향후 상담의 방향을 수립하는 데 도움을 줄 수 있으며 다음과 같은 검사도구들이 사용될 수 있다(Zunker, 2002).

표 8-1 진로문제 발견을 위한 검사 예시

검사명	측정내용	대상
Career Beliefs Inventory	• 총 25개 척도, 5개 요인 – 나의 현재 진로상태 – 행복을 위해 필요한 것 – 내 의사결정에 영향을 주는 요인 – 기꺼이 변화시키고자 하는 것 – 내가 기꺼이 주도하려는 노력	중학생용/성인용
Career Thoughts Inventory	• 역기능적 사고와 진로의사결정의 영향 측정 • 3개 척도(의사결정 혼란, 몰입불안, 외적 갈등 등) 48문항	고등학생~성인
My Vocational Situation	• 3개 척도(직업정체성 결여, 훈련과 정보 결여, 정서적 및 개인적 장애)	중학생~

일반적으로 학생들은 하나의 진로문제만을 호소하지는 않는다. 따라서 다양한 진로문제를 가지고 있을 경우 문제의 우선순위를 결정하여 무엇부터 해결해야 할지 탐색해야 한다.

학생들이 자신의 문제에 대한 이해를 높이고 문제를 구체화하는 과정에서 심리검사는 중요한 역할을 한다. 심리검사는 흥미, 적성, 가치관과 같은 개인의 특성을 파악하는 데 도움을 줄 뿐 아니라, 진로성숙 수준 및 진로결정 등에 따른 문제유형을 분류하고 그 정도를 파악함으로써 문제의 본질을 명확히 하는 데 도움을 준다. 또한 성격, 적성, 성취도 등을 평가하여 개별 진단을 통해 상담목표를 분명히 하는 데에도 심리검사가 활용될 수 있다.

2) 진로문제 개입단계

진로문제 개입단계는 교사가 학생의 진로문제를 해결하기 위한 방법을 모색하는 과정이다. 예를 들어 자기탐색이 덜 되어 있는 경우 자기이해를 높이는 것이 필요하며, 또한 진로대안 탐색이 요구되는 경우 흥미를 보이는 분야로의 진로대안을 모색하는 것이 필요할 수 있다. 이 과정에서 심리검사 결과로 개인의 다양한 특성과 진로선택의 대안을 탐색하는 것은 진로문제를 해결하는 방법이 될 수 있다. 또한 진로의사결정에 어려움을 겪거나 부모와의 진로대화 갈등을 겪는 경우 심리검사 결과로 진로의사결정 스타일을 진단해 보고, 학생과 부모의 성격 특성 등을 탐색함으로써 진로선택의 문제를 해결하는 데 도움을 받을 수도 있다.

진로문제와 해결을 위한 개입 목표에 따라 다음과 같은 검사들이 활용될 수 있다.

표 8-2 진로문제해결을 위한 검사선택 예시

진로문제	개입 목표	검사
자기탐색이 안 되어 있음	좋아하는 분야 탐색	흥미검사, 선호도검사
	강점성향 탐색	성격검사
	능력 및 적성 확인	적성검사, 성취도검사
진로결정이 힘듦	진로발달 수준 확인	진로성숙도검사, 진로발달검사
	진로의사결정 능력 향상	진로미결정검사
부모와의 진로갈등	흥미, 능력 탐색	흥미검사, 적성검사
	진로의사결정 유형 확인	진로의사결정 진단검사
	진로신념 확인	진로정체성검사

이와 같이 심리검사는 개인특성을 진단하고 검사결과로 자신의 문제를 직시하도록 하여 문제해결을 위한 실마리를 제공해 줄 수 있으며, 몰랐던 자신의 특성이나 강점을 발견해서 진로대안을 모색하는 데 도움을 줄 수 있다. 따라서 진로문제해결을 위해 심리검사를 선택하는 것은 유용한 개입전략이 될 수 있다.

3) 진로상담 평가단계

교사는 학생의 진로문제를 탐색하고 이를 해결하기 위해 상호협력관계에서 다양한 해결책을 모색하고자 한다. 이러한 과정 이후 진로문제가 얼마나 해결되었는지, 바람직한 변화가 발생하였는지, 진로갈등이 감소되었는지 등을 평가할 필요성이 있다. 예를 들어 학생의 흥미를 구체화하고자 한 상담 이후 흥미특성이 어떻게 나타나는지를 평가할 수도 있으며, 진로준비와 관련된 상담을 통해 진로효능감이 높아졌는지, 혹은 독립적인 진로결정능력이 향상되었는지 등을 평가하는 것은 중요하다. 이 과정에서 교사는 심리검사를 실시하여 학생의 변화를 평가할 수 있다. 흥미검사나 진로효능감검사, 혹은 진로의사결정 진단검사 등을 통해 학생의 현재 상태를 진단하여 상담의 효과를 평가할 수 있으므로 심리검사는 상담평가단계에서 유용하게 활용될 수 있다.

표 8-3 진로상담 평가를 위한 검사선택 예시

평가목표	검사
독립적이고 계획적인 진로준비도가 향상되었는가?	진로발달검사, 진로성숙도검사 등
자신의 흥미분야에 대한 탐색이 구체적으로 이루어졌는가?	진로흥미검사 등
진로방향에 대한 목표가 수립되었는가?	진로의사결정 진단검사 진로정체성검사 등

2 집단수준에서의 진로특성 진단도구 선택

진로심리검사는 개별 학생과의 진로상담과정에서 사용될 뿐 아니라 학급, 학년, 학교 단위 등 집단수준의 진로탐색프로그램에서 실시될 수 있다. 집단수준에서 심리검사를 선택할 때에는 집단의 특성과 상황이 고려되어야 한다. 최근 학교현장에서 진로교

육이 강조되면서 학급이나 학년단위로 집단 심리검사를 실시하는 경우가 늘고 있다. 개별상담수준에서는 학생의 문제를 발견하고 개입하는 과정에서 검사의 선택이 중요한 반면, 집단수준에서는 집단의 특성과 발달적 상황을 고려한 검사선택이 중요하다.

1) 집단특성에 따른 진로특성 진단도구

집단수준에서 청소년들의 진로특성을 진단하고자 할 경우, 검사결과의 효율적인 활용을 위해 검사선택 시 다음과 같은 점들이 고려되어야 한다.

(1) 학년 및 연령별 진로발달단계를 고려하여 진단도구를 선택하여야 한다.

학년단위로 집단검사를 실시할 경우 교사들은 학년별로 어떤 검사를 실시하여야 하는가의 문제에 봉착하게 된다. 각 검사들은 검사실시 대상의 연령을 명시하고 있으나, 학년에 따라 학생들의 진로발달특성이 달라지므로 학년에 적합한 검사를 선택하는 것은 중요한 문제가 아닐 수 없다. 국내외 흥미검사, 적성검사, 가치관검사, 진로성숙도검사 등 많은 진로검사들은 대부분 중학생 이상에게 실시 가능하도록 개발되어 있다. 그러나 연령이 낮을수록 흥미나 직업가치관 등의 진로특성이 구체적으로 나타나지 않는 경우가 많이 발생한다. 특정 활동이나 분야에 대한 흥미는 다양한 경험을 통해 그 활동에 대한 내적/외적 강화로 구체화되기 때문에 상대적으로 경험이 부족한 연령층에서는 개인의 흥미가 명료하게 나타나지 않는 경우가 많다.

특히 직업에 대한 가치관은 오랜 시간을 거쳐 형성되므로, 검사를 통해 직업가치를 측정하는 데에 있어 너무 어린 연령대는 적합하지 않은 경우가 많다. 물론, 진로흥미나 적성, 성격, 직업가치관 등을 측정하는 표준화된 검사는 연령별 규준을 갖고 있으므로 검사결과의 상대적인 비교가 가능하다. 그러나 진로발달의 단계에 따라 진로특성이 명확하게 나타나지 않을 수 있음을 감안하여 학년별 연령에 적합한 검사를 선택하는 것이 바람직하다.

이런 의미에서 국내외 대부분의 흥미검사나 적성검사는 만 13세~만 14세(중1 혹은 중2학년)를 검사실시의 최소연령으로 규정하고 있으며, 직업가치관검사는 만15세 이상을 최소 실시가능 연령으로 규정하고 있다.

(2) 집단의 검사실시환경이 고려되어야 한다.

집단으로 진로검사를 실시할 경우, 대상의 특성에 적합한 검사내용을 선택할 뿐 아니라 현재 집단이 처한 상황에서 실시 가능한 검사를 선택하여야 한다. 예를 들어 온라인 버전의 검사를 집단으로 실시하고자 할 때에는 단체로 온라인 검사실시가 가능한 컴퓨터 환경이 구비되어 있는 지가 중요한 문제가 된다. 또한 지필검사가 아닌 도구검사들은 집단검사실시가 불가능하므로, 집단을 위한 검사를 선택할 때에는 검사 형태가 집단에 적합한지 여부가 판단되어야 한다.

검사실시 시간이 집단검사 운영에 적합한지, 혹은 녹음으로 검사를 실시해야 할 때 관련 장비가 구비되었는지, 학급별로 전문 검사 진행자가 필요할 경우 인력배치가 가능한지 등 집단검사실시환경을 고려하여 적합한 검사를 선택하여야 한다.

2) 집단 진로상담 및 교육 평가를 위한 진로특성 진단도구

진로검사는 집단의 진로상담이나 진로프로그램의 효과를 평가하기 위해 사용될 수 있다. 교사는 동일한 진로문제를 가진 집단을 대상으로 몇 회기 동안 집단상담을 진행하거나 혹은 진로프로그램을 제공할 수 있다. 이러한 경우, 집단 진로프로그램이 대상자들에게 얼마나 효과가 있었는지에 대한 검증이 필요할 수 있다. 이를 위해 집단 진로프로그램에서 목표로 하는 집단 특성의 변화가 실제 의미 있게 나타나는지를 검증하기 위해 프로그램 전후에 심리검사를 실시하여 특성변화를 통계적으로 검증하게 된다. 이때 중요한 것은 어떤 검사를 선택할 것인가의 문제이다. 예를 들어 진로의사결정 능력 향상을 위한 프로그램이라면 진로의사결정유형검사 혹은 진로발달검사나 진로성숙도검사를 실시하여 각 검사에서 측정하는 하위요인들의 점수가 프로그램 전후에 어떻게 다르게 나타나는지를 분석해 볼 수 있다. 또는 진로와 관련된 정체감 및 효능감을 높이는 것을 목표로 한 프로그램의 경우 진로정체감검사 및 진로효능감검사 등을 사전사후에 실시하여 프로그램 효과가 집단에서 어떻게 나타나는지를 분석해 볼 수 있을 것이다.

3 진로특성 진단도구 선택 시 고려사항

교사는 학생의 진로문제를 탐색하고 해결하기 위한 과정에서 검사를 사용하고자 하며, 또한 진로교육이나 상담의 중요성이 강조되면서 학교에서 청소년들의 진로지도를 위해 집단으로 검사를 사용하고자 하는 경우도 증가하고 있다.

최근에는 진로상담을 위한 진단도구들이 학회 연구자나 검사출판사들을 통해 많이 개발되어 있어, 진로검사의 선택 폭이 넓어지고 있다. 그럼에도 불구하고, 교사는 학생의 진로문제해결이나 진로지도를 위해 어떤 검사를 사용해야 하는지 혹은 어떤 기준으로 검사를 선택해야 하는지를 고민하게 된다. 진로문제해결을 위해 '좋은 검사'를 선택하는 것은 검사결과를 활용한 학생과의 진로상담에서 중요한 문제가 아닐 수 없다.

진로교육 및 상담을 위해 검사를 선택하는 과정에서 교사는 사용할 검사에 대한 최소한의 정보들을 갖고 있어야 한다. 이를 위해 검사실시 매뉴얼, 검사 개발 연구보고서 등을 참조하여 검사의 목적이나 측정내용, 대상 등이 개별 대상 혹은 집단에 적합한지를 판단할 수 있어야 한다. 검사의 선택에서 교사의 판단이 무엇보다 중요하다. 이는 어떠한 검사도 완벽하게 최상의 정보를 줄 수는 없으며 학생의 문제해결과 현재의 상황에 가장 적합한 최선의 검사를 선택하는 것이 바람직하다. 이를 위해 몇 가지 기준들에 의해 검사를 선별하여야 하며 이러한 검사선택 과정은 합리적이지 않은 검사들을 피해 갈 수 있는 방법이 될 수 있다. 좋은 검사를 선택하기 위해 다음과 같은 과정을 참조해 볼 수 있다(Womer, 1988).

① 알고 싶은 특성(적성, 성격, 흥미 등)을 측정하고 있는 검사도구들을(검사명칭 참조) 먼저 규명하기

② 1단계로 규명된 검사들 중에서 가장 유용한 결과정보를 제공할 수 있는 검사들을 찾기

③ 그러한 검사들 중 실제적인 활용상의 문제점들을 고려하기

④ 검사의 기술적인 개발과정이나 양호도가 적절한가에 대해 판단하기

⑤ 검사의 타당성에 대해 개인적인 판단뿐 아니라 전문적인 판단을 참조하기

⑥ 이러한 일련의 과정을 통해 가장 적절한 검사를 최종 선택하기

즉, 진로상담과정에서 좋은 검사도구를 선택하기 위해서는 먼저 학생의 진로문제를 규명하고 어떤 검사가 이러한 목적에 적합한 것들을 측정하고 있는지 검사의 주요 목적들을 검토하여야 한다. 또한 목적에 적합하다고 판단된 검사들을 중심으로 타당도, 신뢰도, 규준 등이 제대로 제작되어 있는지 양호도를 검토하여 가장 적절한 검사를 선택하는 식으로 선택의 폭을 좁혀가야 한다.

1) 검사선택의 주체

진로상담에서 개인 혹은 집단에게 검사를 실시하고자 할 경우, 교사 혼자 검사를 선택하는 것은 바람직하지 않다. 특히 개인상담의 경우 학생이 검사선택과정에 적극 동참하도록 하는 것이 필요하다. 즉, 어떤 검사가 자신의 문제에 더 도움을 줄 수 있는지, 어떤 검사결과의 내용에 더 관심이 있는지 등 검사선택에 대한 학생의 의견을 적극 반영하는 것이 중요하며 이를 위해 검사에 대한 정보들을 공유하여야 한다. 또한 집단 검사실시에서도 미리 피검자들에게 각 검사들의 측정내용, 주요결과, 검사의 장점 등에 대한 정보를 제시하여 검사선택에 집단의 의견이 반영될 수 있도록 하는 과정이 필요하다.

이러한 과정을 통해 학생들은 검사실시에 보다 더 적극적인 태도로 임하게 되고 검

사실시의 동기가 높아지며 검사결과 해석에도 좀 더 관심을 보일 수 있는 효과가 나타 날 수 있다(Hood & Johnson, 2001).

2) 사용목적의 고려

검사를 선택할 때에는 검사의 사용목적이 고려되어야 한다. 누구에게 어떤 목적으로 검사를 사용할 것인지에 따라 검사의 선택이 달라져야 한다는 것이다. 예를 들어 어떤 학생에게는 진로결정을 미루는 이유를 탐색하기 위해 검사를 실시할 필요가 있으며, 또 다른 경우는 진로탐색의 범위를 좁혀가기 위해 검사를 실시할 수도 있다. 각 검사마다 측정하고자 하는 실시대상과 측정목적이 있으므로 검사를 선택하기에 앞서 각 검사에 대한 가능한 정보를 수집하여 목적에 적합한 검사를 선택하여야 한다.

검사의 목적 및 측정내용을 알기 위해서는 각 검사의 실시요람과 연구보고서 등을 참고하여야 한다. 또한 여러 검사들을 한꺼번에 비교하기 위해서는 각 검사출판사들의 사이트나 브로슈어, 심리측정척도집 자료 등을 참고하여 요약된 정보를 비교할 수도 있다.

3) 기술적 측면의 고려

검사선택에서 무엇보다 중요한 것은 검사의 정확성과 신뢰성이 검증되었느냐를 확인하는 것이다. 측정하고자 하는 내용을 제대로 측정하고 있는지, 안정된 결과점수를 보고하는지, 정확한 규준집단을 갖고 있는지 등이 검토되어야 한다. 이를 위해서는 검사의 타당도나 신뢰도 등을 확인하는 것이 중요하며 구체적으로 다음과 같은 사항들을 고려하여 검사의 기술적인 양호도 수준을 체크할 수 있다.

표 8-4 검사의 양호도 평가를 위한 기준

항목
• 검사의 목적
• 검사 대상
• 검사명
• 저자
• 출판사
• 자료의 저작권(매뉴얼, 채점표, 검사지, 응답지)
• 매뉴얼에 표기된 검사 활용 목적
• 검사의 적절한 학년/연령 수준
• 검사형태: 동형검사 여부
• 검사 실용성: 읽기수준, 편리성, 안정성
• 비용
• 검사내용, 문항 형태
• 검사실시 조건 및 시간
• 채점절차(자동채점, 수기채점)
• 점수보고 형태
• 규준 종류와 질
• 매뉴얼에 보고되는 검사 신뢰도
• 타당도 증거
• 실시, 해석, 검사매뉴얼의 전반적 양호도
• 다른 연구자에 의해 보고되는 검사 평가

출처: Mehrens, Lehmann, Eberly, & Denny(1991).

4) 실제적 문제의 고려

검사선택 시 가장 중요한 실질적 문제는 이 검사를 실시하는 사람의 전문성에 관한 문제이다. 즉, 아무리 좋은 검사라 할지라도 그 검사를 사용할 수 있는 훈련과 자격을 갖춘 전문가가 있어야만 검사를 선택할 수 있다는 점이다. 실제 몇몇 검사들은 자격을 갖춘 사람만이 검사구입부터 실시, 결과해석이 가능하도록 제한하고 있으므로 검사 선택에 앞서 사용자의 자격 적합성을 확인할 필요가 있다.

검사의 선택에서 또한 고려해야 할 측면은 검사를 실제 사용하는 데 문제가 없는 가이다. 검사실시에 너무 많은 시간이 소요된다든지, 혹은 검사의 읽기수준이 대상자의 수준을 넘어선다든지 하는 문제를 반드시 확인하여야 한다. 특히 학급이나 학교 단위 집단검사실시에서는 검사 소요시간이 현재 가용한 시간인지의 판단이 중요한 문제가 된다. 또한 유사한 검사라 할지라도 검사실시 및 채점 등의 측면에서 어떤 검사는 다른 검사보다 훨씬 유용할 수 있으며 검사비용 또한 현재상황에 적합한지 여부가 검토되어야 한다.

반면, 검사를 선택할 때 지나치게 실용적인 측면만 중시하는 것은(비용이 제일 싸거나, 가장 짧거나, 가장 실시하기 쉽거나 등의 이유로 검사를 선택하는 것) 자칫하면 검사의 질적 측면을 고려하지 못하게 할 수 있다. 따라서 검사를 선택할 때에는 질적 우수성이 보장된 검사들을 중심으로 검사의 실제적 기준들을 고려해야 할 것이다.

5) 개인적인 판단

좋은 검사를 선택하기 위해 상담자가 검사 매뉴얼이나 보고서 혹은 전문가 검토자 료들을 참조하여 검사목적의 적합성, 실제적 사항, 질적 우수성 등을 판단하는 것이 바람직하다. 그러나 또 다른 중요한 측면은 실제 몇몇 검사를 받아보아 검사의 적합성을 평가하는 것이다. 이를 위해서 교사가 직접 검사를 받아보아 검사에 대해 알아보는 방법도 있고 혹은 몇몇 학생들에게 검사를 받아보도록 한 후 몇 가지 질문을 통해 검사의 실용성 및 적합성을 평가해 볼 수도 있다.

이러한 방법은 모의로 검사를 받아보게 하여 검사의 실시과정 및 결과제시 등의 검사와 관련된 내용을 객관적으로 평가해볼 수 있는 좋은 정보를 제공하게 된다.

〈검사 모의테스트 후 평가 관련된 질문의 예(Grondlund, 1981)〉

① 검사문항이 이해하기 쉬웠는가?

② 검사문항이 편파적이지 않은가?

③ 검사지시문은 명쾌하였는가?

④ 시간은 적절하였는가?

⑤ 점수가 정확히 채점되었는가?

⑥ 검사결과는 평소에 자신이 느끼던 바와 관련 있게 제시되고 있는가?

⑦ 검사결과가 어떠한 방법으로든 도움이 되는가?

⑧ 이 검사를 다른 사람에게 추천하고 싶은가?

검사선택과정에서 교사나 상담자는 여러 명의 교사(혹은 상담자)와 함께 검사를 받아보고 각 검사가 현재 사용하기 적합한지 여부를 평가할 수 있다. 이 경우 여러 사람들의 의견으로 검사의 실제적 효용성이 보다 객관적으로 평가될 수 있다는 장점이 있다.

9장

진로특성 진단도구의 실시

이효남

청소년의 진로문제해결을 위해서는 좋은 검사를 선택하는 것이 매우 중요하다. 그러나 아무리 좋은 검사라 할지라도 제대로 실시하지 않으면 유용한 검사결과를 기대하기 어려우며 학생에 대한 정확한 정보를 제공하지 못하는 경우도 발생하게 된다. 따라서 검사를 선택한 이후 어떻게 검사를 제대로 실시할 것인가의 문제가 대두되며, 이를 위해 검사실시를 위한 교사의 준비, 검사실시 단계에 대한 이해, 검사실시의 윤리적 문제 등이 고려되어야 한다.

1 진로특성 진단도구 실시를 위한 준비

1) 검사실시를 위한 전문성

검사의 효율적인 운영과 올바른 사용을 위해서는 교사의 전문성이 매우 중요하다. 교사가 일정 자격을 갖추고, 지속적인 교육과 훈련을 통해서 검사를 올바르게 활용할 때 학생들은 자신의 검사결과에 대해 적절한 정보를 얻을 수 있다. 미국상담학회의 'ACA Code of Ethics and Standards of Practice'(American Counseling Association, 2005)나 한국심리학회의 '심리검사 제작 및 사용지침서(한국심리학회, 2003)에서는 검사사용자가 갖추어야 될 자격과 지식, 태도 등에 대해 다음과 같은 점을 명시하고 있다.

첫째, 검사를 실시하는 검사자는 일정 기준 이상의 전문성을 유지해야 한다. 그들은 자신이 실시한 결과에 대해 책임을 져야 하며, 자신이 적절하게 검사를 실시한다는 것을 보증하기 위해 노력해야 한다.

검사자의 일정 기준 이상의 전문성은 대학이나 대학원에서 관련 전공(심리학, 교육학, 상담학 등)을 이수하였거나, 지속적으로 검사실시 및 해석과 관련된 교육을 받아야 함을 의미한다. 검사의 올바른 해석을 위해서는 검사의 제작, 타당도, 신뢰도 그리고 검사에 관한 연구들에 대한 충분한 지식이 요구되며, 어느 수준 이상의 검사사용 경험과 교육훈련이 있어야 한다.

둘째, 검사자는 자신의 능력과 기술의 한계를 알고 있어야 한다. 훈련과 경험을 통하여 자격을 갖춘 기술만을 사용하여 서비스를 제공해야 한다. 따라서 검사자는 그들이 제공하는 서비스와 관련된 과학적이고 전문적인 최근의 정보들에 대한 지식을 갖추도록 노력하여야 한다.

검사의 실시, 결과처리, 해석 및 상담과정에서 폭넓은 전문적인 지식이 요구되므로 검사자가 관련 지식을 갖추도록 노력하는 것이 매우 중요하다. 검사의 해석과 관련된 지식을 갖추기 위해서는 각 검사의 해석에 관한 전문교육뿐 아니라 관련 자료를 적극 탐색하여 최신의 정보를 습득하는 노력이 매우 중요하다.

셋째, 검사 사용에 대한 책임은 검사를 전문적이고 기술적으로 다루는 데 필요한 훈련 경험을 갖춘 사람들에게만 부여해야 한다. 즉, 검사에 대한 교육 및 훈련을 담당하는 사람은 검사요강에 언급된 검사실시나 해석에 관련된 특별한 자격조건을 충족해야 한다.

따라서 검사의 실시 및 해석은 전문적인 교육을 받은 사람에 의해서만 가능하다. 그러나 때때로 검사실시를 위해 보조 검사원을 활용할 수 있으며, 직접 결과해석이 불가능한 경우 다른 사람에게 전달해야 할 경우가 있다. 이러할 때라도 아무에게나 검사실시에 관한 교육을 시켜서는 안 되며 타인에게 검사실시를 하도록 할 경우 반드시 표준화된 검사실시방법을 상세히 설명하여야 한다. 또한 검사실시자는 피검자들을 감독하고, 질문에 응대하며 표준화된 지침을 숙지하여 검사실시를 진행할 수 있어야 하므로 일정 수준 이상의 자격을 갖춘 사람이어야 한다.

2009년 미국국가경력개발협회(National Career Development Association, NCDA)에서는 진로지도 및 경력상담과 관련하여 상담자가 갖추어야 할 역량으로 11개의 역량을 제시하였으며 그 중 '개별 혹은 집단 측정평가 기술'을 포함하고 있다. 즉, 상담자가 진로상담과정에서 전문적인 개입을 하기 위해서는 검사도구 등을 사용할 수 있는 역량을 갖추어야 함을 강조하고 있다.

또한 2010년 NCDA는 '진로상담자들의 측정 및 평가 역량'(career counselor assessment and evaluation competencies)의 8가지 역량을 제시하였다.

역량 1. 좋은 검사도구를 선택하는 능력
역량 2. 주로 사용되는 최신의 검사도구들을 규명하고 평가할 수 있는 능력
역량 3. 검사도구의 채점과 실시방법에 대한 기술적 능력
역량 4. 검사결과를 해석할 수 있는 능력
역량 5. 검사결과를 진로의사결정에 활용할 수 있는 능력
역량 6. 검사결과의 통계적 정보를 해석하고 전달할 수 있는 능력
역량 7. 전문적으로 책임감 있게 검사도구를 사용할 수 있는 능력
역량 8. 검사결과와 다른 관련 정보들을 사용하여 진로프로그램 및 상담개입결과를 평가하는 능력

진로지도를 위한 측정평가영역에서 교사의 역할은 매우 중요하다. 교사는 진로검사에 대한 최근의 정보들과 다양한 검사도구들의 활용방법을 지속적으로 배워가야 한다. 현대사회는 개인과 환경이 점점 더 다양한 특성을 갖게 되면서 진로상담의 영역도 더 광범위해지고 있다. 따라서 이를 위한 측정평가의 범위도 질적, 양적으로 복잡해지게 되었으며 오래된 검사도구들도 계속해서 개정되고 검사의 기술적인 속성이나 실시절차들도 바뀌고 있다. 검사를 사용하는 교사들은 변화하는 검사속성에 대한 정보를 빠르게 수집하고 적용해가는 노력을 기울여야 한다.

2) 검사실시의 능력과 책임

검사를 사용하는 교사들은 검사실시에 대한 역량을 갖추고 있어야 하며, 실시 및

채점, 해석의 전반과정에 대한 책임을 갖고 있어야 한다. 교사는 검사에 대해 기본적으로 알고 있어야 될 전문지식들과 갖추어야 할 태도들에 관해 스스로 평가할 수 있어야 한다. Prediger와 Garfield는 검사의 실시와 활용에 관한 실제적인 도움을 주기 위해 검사실시자의 능력과 책임에 대한 체크리스트를 제시하였다.

검사사용 능력과 책임 체크리스트(Prediger & Garfield,1994)

아래에 제시된 내용들은 검사를 사용하는 상담자가 갖추어야 될 능력과 검사사용자로서 행해야 할 책임에 관한 것들을 보여주고 있으며 세 가지 수준에서 평가해 볼 수 있다.[1]

(1) 검사관련 지식

영역	거의 모름	조금 알고 있음	잘 알고 있음
	1	2	3
① 검사매뉴얼에 사용되는 통계치들			
a. 평균			
b. 표준오차			
c. 빈도분포			
d. 정상분포			
e. 상관계수			
② 검사의 형태			
a. 최대수행의 측정			
b. 전형적인 수행 측정			

---

[1] 출처: *A counselor's guide to career assessment instruments*: The National Career Development Association. (1988).

	거의 안함	가끔 함	항상 하고 있음
c. 지능, 적성, 능력, 성취 측정 간 유사점과 차이점			
③ 점수보고절차			
a. 백분위			
b. 표준점수			
④ 표준화/규준			
a. 실시와 채점의 표준화			
b. 원점수의 한계			
c. 규준의 형태(지역, 국가, 성, 학년 등)의 적용과 제한점			
d. 규준참조 대 준거참조적인 해석			
⑤ 신뢰도			
a. 검사신뢰도의 의미			
b. 측정오차의 근원			
c. 검사신뢰도의 종류(검사-재검사신뢰도, 동형검사신뢰도, 내적일관성지수, 반분신뢰도)			
d. 측정의 표준오차와 오차범위			
⑥ 타당도			
a. 검사 타당도의 의미			
b. 검사 타당도의 형태(내용 타당도, 준거 타당도, 구성 타당도)			

(2) 검사 사용을 위한 준비

영역	거의 안함	가끔 함	항상 하고 있음
	1	2	3
① 어떤 정보들이 내담자 혹은 상담을 의뢰한 기관의 필요에 적합한지를 분석하여 불필요한 검사실시과정을 피함			
② 검사를 사용하기 전에 검사들의 실시, 해석과 관련된 최신 자료들과 연구보고서를 반드시 구하여 읽고 검사에 대한 평가분석을 함 　- 검사를 평가분석할 만한 능력이 안 될 경우에 다른 전문가에게 자문을 구함			
③ 검사에 관한 전문 리뷰자료들을 읽음(예, 학회저널 등)			
④ 검사의 읽기수준이 자신의 내담자에게 적절한지를 고려함			

영역			
⑤ 검사문항, 규준, 채점절차 등이 성별이나 문화적 배경, 장애 등에 편파적이지 않은지 점검			
⑥ 자신이 특정 검사를 실시하는 데 있어 갖추어야 할 자격들을 갖고 있는지 체크하기(특정 훈련이나 경험 등)			
⑦ 컴퓨터 실시용 검사가 지필검사와 동등한 기준에 적합하게 제작되었는지를 검토			
⑧ 직업–특성의 매치가 적합하게 이루어졌는지의 여부를 결정하기			
⑨ 실제 검사를 최종 활용하기 전에 적은 수의 내담자에게 실시, 해석해보고 스스로도 검사를 받아봄으로써 검사의 실용성에 대해 평가하기			

(3) 실시와 채점

영역	거의 안함	가끔 함	항상 하고 있음
	1	2	3
① 검사실시에 필요한 교육을 받음. 실시방법을 공부하고 필요한 부가적인 도구들(초시계, 계산 종이 등)이 무엇인지 알아보기			
② 검사실시자들을 훈련하기			
③ 내담자들이 검사실시에 대해 이해하고 쉽게 받아들일 수 있도록 적절한 이유들을 확신 있게 설명하기-왜 검사가 필요한지, 검사가 할 수 있는 것과 할 수 없는 것은 무엇인지, 검사결과는 어떻게 활용될 것인지 등			
④ 검사실시 전, 도중, 후에 검사자료의 비밀을 보장하기			
⑤ 각 내담자가 최대의 검사수행을 할 수 있도록 적절한 검사실시 공간과 안정적인 환경을 제공하기			
⑥ 검사실시에 영향을 미치는 특별한 경우를 위한 세부계획 세우기(지각하는 사람, 장애인, 왼손잡이 등)			
⑦ 검사실시절차에 대해 명백하고 완벽하게 익히기			
⑧ 추측하기, 문항 건너뛰기, 검사시간을 효율적으로 활용하기 등의 질문에 대한 적절한 응답을 결정하기			
⑨ 검사 도중 수검자의 특이한 행동을 메모하기. 만약 검사결과가 타당하지 않을 경우 이러한 특이한 행동이 점수에 영향을 주는지 고려하기			
⑩ 채점의 정확성을 증명하기 위해 컴퓨터로 자동 채점된 몇몇 사례들을 정기적으로 다시 수채점하기			
⑪ 점수채점의 정확성을 위해 '자기채점검사'의 몇몇 사례들을 정기적으로 다시 수채점하기. 특히 자기채점 능력이 부족하다고 여겨지는 내담자의 점수를 반복확인하기			

(4) 결과해석

영역	거의 안함	가끔 함	항상 하고 있음
	1	2	3
① 검사점수와 실제 현실에서의 적용에 근거하여 검사해석결과 제공하기			
② 검사해석 초기와 그 후에 정기적으로 자격을 가진 동료들과 함께 검사해석에 관한 견해를 논의하기			
③ 검사의 목적과 속성에 관해 내담자와 함께 검토하기-왜 검사를 받았는지(검사의 내담자 목표에 대한 적절성), 검사가 할 수 있는 것과 할 수 없는 것은 무엇인지 등			
④ 내담자의 읽기 수준, 성, 문화적 배경, 장애, 연령 등이 검사결과에 영향을 미치고 있는지를 고려하고 검사결과를 해석하는 데에 이러한 정보들을 참조하기			
⑤ 내담자가 검사를 실시하는 동안 어떤 느낌을 받았는지에 대해 함께 대화하기. 특정한 부분에서의 검사수행에 관한 토론 혹은 검사실시 중에 경험한 다른 문제들(지루함, 산만함 등)			
⑥ 측정오차와 그 적용에 관한 간단한 설명 제공하기. 특히 프로파일에서의 점수차이에 관한 설명 제공			
⑦ 좋은 상담기법을 활용하여 결과해석하기-내담자에게 먼저 초점을 맞추고 검사결과자료에는 그 다음으로 관심을 갖기(내담자의 이야기를 주의 깊게 듣고, 적절한 피드백을 제공), 내담자가 결과정보들에 익숙해지고 질문을 할 수 있도록 충분한 시간을 줄 것, 때때로 내담자의 이해 정도를 확인하고 잘못된 인식을 고쳐주기			
⑧ 내담자와 함께 다양한 진로대안들을 단계적으로 탐색하여 내담자가 진로설계를 시작할 수 있도록 도울 것			

2 진로특성 진단도구 실시 절차

1) 검사 전 준비

심리검사의 목표가 개인의 특성이나 행동을 가장 정확하게 이해하려는 데 있으므로 반응의 신뢰도에 영향을 줄 수 있는 검사실시과정 역시 신중하게 다루어져야 한다.

바람직한 검사실시를 위해서는 교사와 학생 간의 적절한 관계 형성, 표준화된 방식의 검사실시 그리고 적절한 외부환경 조성 등이 필요하며 이러한 조건들은 개별검사와 집단검사실시과정에서 중요하게 고려되어야 한다.

(1) 라포 형성

검사실시에 앞서 학생이 편안한 마음을 가질 수 있도록 하는 것이 매우 중요하다. 일반적으로 검사를 받아야 하는 학생은 검사에 대한 여러 가지 정서를 가질 수 있다. 검사에 대한 막연한 불안감을 가질 수도 있고, 단체검사 경우에 본인의 의사와 상관없이 검사를 실시한다고 느낄 때에 검사에 대한 저항을 느낄 수도 있다. 특히 강한 저항을 느끼면 검사에 대한 반응이 극히 제한되어 신뢰로운 결과를 얻을 수 없게 된다. 또는 적성검사와 같은 능력검사의 경우 검사에 대한 두려움과 불안이 있을 수 있으며 반대로 검사에 대한 지나친 기대와 의존이 있을 수 있으므로 둘 다 주의하여야 한다.

정확한 검사결과를 위해서는 무엇보다 학생의 자발적 참여를 유도하는 것이 중요하다. 검사의 실시목적, 검사의 중요성, 검사를 받으면 좋은 점 등에 대한 충분한 설명으로 검사실시 동기를 극대화해서 정확한 검사결과가 나올 수 있도록 한다.

교사가 검사에 대한 정보를 충분히 제시할 때 학생은 안정된 상태에서 자발적으로 검사에 참여할 수 있게 된다. 만약 안정되지 않은 상태에서 검사가 실시된다면 이때 얻어진 결과의 신뢰도는 낮아질 수밖에 없다. 이 경우에는 검사결과를 해석할 때 이러한 점이 고려되어 해석되어야 한다. 또한 검사에 대한 저항이 지나치게 강한 경우에는 무리하게 검사를 진행하기보다는 중단하거나 보류하는 것이 현명하다.

(2) 검사실시를 위한 준비

검사가 교사의 특성이나 다른 환경의 영향을 받지 않고 제대로 실시되기 위해서는 각 검사별 표준화된 실시지침을 따라야 한다. 또한 검사의 실시과정에서 교사는 중립적인 태도로 검사를 실시하여야 하며 학생의 반응을 체크하여 검사결과에 영향을 주는 행동은 없는지 파악하여야 한다. 표준화된 검사실시를 위해 교사는 다음과 같은 준비가 되어 있어야 한다.

• 검사실시에 앞서 실시요람을 반드시 숙지한다.

검사를 실시하기 전 반드시 각 검사별 실시요람을 숙지하여 표준화된 지침대로 실시하여야 한다. 특히, 적성검사의 경우 교사의 설명이나 지시에 따라 피검자의 점수에 많은 영향을 끼칠 수 있으므로 요람에 제시된 설명만을 전달할 수 있도록 한다.

• 검사에 친숙해지도록 교사가 먼저 검사를 받아본다.

실제 검사를 실시하기 전 직접 검사를 받아보아 학생의 입장에서 검사내용을 파악할 수 있도록 한다. 검사내용의 파악을 위해서는 스스로 검사를 받아보는 경험이 가장 중요하다. 검사를 받아보는 경험은 검사의 내용 파악뿐 아니라, 학생의 입장에서 지시 내용의 이해 정도, 특별히 주의를 기울여야 할 부분 등을 확인할 수 있으므로 매우 유용하다.

• 주변 사람들을 대상으로 검사실시를 연습한다.

검사실시를 위한 연습으로 주위 사람들에게 검사를 실시해 보는 과정이 필요하다. 검사의 목적, 내용, 검사방법 등을 설명하는 연습을 할 수 있으며 이 과정에서 검사실시 절차에 보다 익숙해질 수 있다. 검사실시를 위한 연습은 교사들이 함께 진행해 볼 수도 있다. 이 과정에서 각 검사실시 방법 및 주의사항 등을 함께 논의하여 실시과정에서 빈번히 일어나는 문제점에 대한 해결안을 모색하는 것도 매우 좋은 방법이다.

• 검사 도중 발생할 수 있는 학생의 반응을 확인하여야 한다.

검사를 지루해하거나 어려워하지는 않는지, 성실하게 검사를 받고 있는지 등을 확인하여야 하며 많이 하는 질문들을 별도로 메모해 두도록 한다. 또한 검사실시 도중 필요하면 반응이 옳은지 그른지를 드러내지 않는 범위 내에서 학생을 격려해야 하며 스트레스, 싫증, 불안 또는 피로의 기미와 같은 행동을 계속 관찰하여야 한다. 교사의 특성이나 행동 역시 결과의 신뢰도에 영향을 미치므로 교사는 검사실시 도중에 나타나는 자신의 행동을 파악하여 그 영향을 통제할 수 있어야 한다.

2) 검사실시의 일반적 절차

교사는 검사실시에 앞서 학생의 진로문제를 탐색하고 목적에 적합한 검사도구를 잘 선정하는 것이 매우 중요하다. 이러한 일련의 과정을 통해서 학생이 검사실시 목적에 대해 충분히 공감하고 검사결과가 자신에게 어떠한 측면에서 도움을 줄 수 있을 것인지에 대한 올바른 기대를 하도록 하는 것이 효과적인 검사결과를 유도할 수 있다.

(1) 1단계: 진로문제 탐색

교사는 먼저 학생이 진로상담을 통해 해결하고 싶어 하는 문제를 탐색해야 한다. 학생과 면접을 하거나 희망진로, 학교성적, 진로고민 등을 고려하여 해결해야 할 진로문제가 무엇인지를 알아낼 수 있다. 이러한 과정은 학생을 상담과정에 적극 참여시키려는 목적을 갖는 것으로 자신의 문제를 인식한 학생은 적극적이고 열정적으로 참여할 수 있게 된다.

(2) 2단계: 검사실시 목적 수립

교사와 학생은 어떤 목적으로 검사를 실시할 것인지를 결정해야 한다. 교사와 학생 모두 검사가 학생의 모든 욕구에 대한 답을 주지는 못할 것을 인식해야 하며 검사결과는 직업선택을 위한 심층적인 탐색을 자극하는 역할을 한다는 것을 기억해야 한다.

이러한 과정을 통해 교사는 학생의 욕구를 만족시키기 위해 어떠한 종류의 검사를 실시해야 하는지를 논의를 통해 결정해야 한다. 이를 위해 각 검사도구의 목적에 대해 학생이 이해할 수 있도록 설명하고 교사는 검사결과를 학생의 진로문제와 관련시켜 해석할 수 있도록 해야 한다. 또한 진로의사결정 과정에서 검사결과를 어떻게 활용할지에 대해 인식할 수 있도록 해야 한다.

(3) 3단계: 검사도구 선정 및 실시

학생의 욕구를 분석하고 이를 충족할 수 있는 검사의 종류를 선택하였다면 이제 좋은 검사를 선정하여야 한다. 좋은 검사도구를 선택하기 위해서는 신뢰도, 타당도와 같은 검사의 질적 측면뿐 아니라 검사의 실용도 측면까지 고려하여야 한다.

또한 선택한 검사는 실시요람 등을 참조하여 표준화된 지침에 의해 실시하도록 한다. 개별검사를 실시할 때 피검자가 검사에 성실히 반응할 수 있도록 적절한 설명을 제시해야 하며, 지나친 설명으로 검사결과에 오차를 가져오지 않도록 주의한다.

(4) 4단계: 검사결과의 활용

개인이 진로를 선택하는 방식은 개인특성에 따라 독특하며 경제적인 조건이나 경험 등 여러 가지 요인에 의해 영향을 받는다. 따라서 진로상담과정에서 개인의 검사결과도 다양한 개인정보를 고려하여 활용되어야 한다. 진로상담에서 검사결과를 활용할 때에는 다양한 검사결과들을 통합적으로 해석할 뿐 아니라, 개인의 배경정보를 함께 고려하여 검사결과를 활용해야 한다.

3) 검사실시의 실제적 고려사항

(1) 검사실시 환경

효율적인 검사의 실시를 위해서는 적절한 검사실시 환경이 갖추어져야 한다. 검사실시를 방해하지 않는 공간과 분위기가 연출되어야 하며 이는 검사결과에 영향을 줄 수 있으므로 제대로 된 검사장소의 확보와 정돈된 분위기를 유지하는 것이 매우 중요하다. 일반적으로 개별검사 및 소규모 집단 검사실시가 가능한 검사실이 별도로 마련되는 것이 가장 바람직하다. 검사실시에 좋은 환경조건은 가능하면 외부자극이 없는 안정된 분위기로 학생의 주의를 산만하게 하지 않는 별도의 독립적인 공간이 확보되어야 하며 검사실시를 위한 각종 자료들이 편리하게 사용될 수 있도록 갖추어져야 한다.

학교나 학급에서 단체로 검사를 실시할 때에도 검사실시환경이 제대로 갖추어져 있는지 확인하여야 한다. 검사의 효율적인 실시를 위해서는 외부소음, 자리배치 등 다음과 같은 검사실시 환경을 확인하여야 한다.

첫째, 검사실시에 방해되지 않도록 외부소음이 없어야 한다.

둘째, 검사의 실시는 오후보다 비교적 스트레스가 적은 오전이 적당하다.

셋째, 한 명의 검사자가 한 공간에서 실시할 수 있는 적정 인원을 고려하여 검사장소는 너무 크거나 작지 않은 공간이 좋다.

넷째, 책상은 칸막이가 반드시 필요하지는 않으나 검사를 실시하는 동안 옆 사람에게 방해가 되지 않도록 책상을 적절하게 띄워 배치하는 것이 좋다.

다섯째, 녹음자료를 사용할 경우 플레이어의 성능을 미리 확인하고, 방송시설을 이용할 경우는 각 검사실에서 방송을 듣는 데 문제가 없는지 확인하여야 한다.

(2) 표준화된 지침에 따른 검사실시

개별 검사실시 시에도 각 검사별 표준화된 지침에 따라 검사를 실시하도록 한다. 학생이 검사를 받는 동안 지나치게 간섭하거나 불필요한 설명을 제시해서는 안 되며, 검사에 대한 적극적인 동기가 부여될 수 있도록 격려하도록 한다. 특히, 검사실시과정에서 예제에 제시된 설명이외의 추가적인 설명을 제시하면 검사결과가 달라질 수 있으므로 주의해야 한다.

(3) 온라인 검사실시

최근 컴퓨터를 사용한 온라인 검사를 실시하는 경우가 증가하고 있다. 온라인 검사를 실시하고자 할 때에는 컴퓨터 검사실시를 위한 장비가 구비되어야 하며, 컴퓨터에 익숙하지 못한 학생에게는 사전 교육프로그램을 충분히 학습하도록 하거나 지필검사를 받도록 유도하는 등의 주의를 기울여야 한다.

청소년 진로상담장면에서 검사도구를 사용하는 것은 학생의 진로특성에 대한 정보를 얻을 수 있을 뿐 아니라, 학생을 보다 잘 이해할 수 있게 되어 진로문제해결에 도움을 받을 수 있다. 그러나 심리검사를 통해 교사가 학생 개인특성에 대한 상세한 정보를 얻게 되므로 학생의 개인정보 보호 및 결과사용에 대한 권리가 무엇보다 존중되어야 한다. 진로상담에서 검사실시 및 검사결과 활용은 학생의 동의하에 이루어져야 하며, 교사의 주도적인 검사사용이 이루어지지 않도록 주의하여야 한다.

1) 검사사용 관련 학생의 권리

진로검사를 선택하고 실시하는 과정에서 학생은 자신이 어떤 검사를 받는지에 대해 알 권리가 있다. 교사는 진로상담과정에서 검사를 사용할 때 다음과 같은 점들을 고려하여 학생의 권리를 보호하여야 한다.

첫째, 교사는 진로검사를 활용할 때 학생의 동의를 미리 받아야 한다. 상담과정에서 검사를 실시할 필요성과 검사결과로 얻을 수 있는 이점이 무엇인지에 대한 설명이 제시되어야 한다. 학생이 검사실시에 대해 스스로 동의할 수 있어야 하며, 이러한 과정은 학생들의 검사실시에 대한 동기를 높일 수 있다.

둘째, 만약 동의를 미리 얻지 않았다면 검사를 실시하기 전에 해당 검사의 특성과 목적, 그리고 구체적인 검사결과 활용 방법 등에 대해 학생이 이해할 수 있는 수준으로 설명해야 한다. 교사가 직접 검사를 실시하지 않고 검사시행기관이나 다른 검사진행자들에 의해 검사를 실시할 경우라도, 학생들에게 검사의 목적과 실시방법, 측정내용 등에 대한 상세한 설명을 제공하여야 한다.

셋째, 학교나 학급에서 단체로 검사를 실시하는 경우에도 어떤 검사를 실시하게 될 것인지에 대한 사전 정보가 학생들에게 제공되어야 한다. 검사를 통해 개인의 심리적 정보가 측정되는 것이므로 학생들은 충분한 설명을 들어야 할 권리를 갖고 있다. 검사 실시에 대한 어떤 설명도 듣지 못하고 검사를 받게 되는 경우, 검사실시에 성실하게 임하지 않거나 검사결과에 대한 긍정적 기대를 갖지 못할 수 있으므로 검사에 대한 사전 정보를 제공하는 것이 바람직하다.

넷째, 교사는 학생의 이해 능력 그리고 사전 동의에 따라 검사 결과의 수령인을 결정하여야 한다. 또한 교사가 개인 혹은 집단에게 검사결과를 제공할 때 정확하고 적절한 해석을 함께 제공하여 학생이 받은 검사에 대해 정확한 정보를 얻을 수 있도록 한다.

2) 개인정보 보호

진로상담에서 검사를 사용할 때에는 무엇보다 학생의 사생활을 철저히 보호하는 것이 중요하다. 특히 검사실시 및 결과에 나타나는 개인특성에 관한 정보들과 상담과정에서 알게 되는 학생의 사적인 정보들이 공공연하게 노출되지 않도록 주의하여야 한다. 또한 자신의 사생활이 보호받고 있다고 믿을 수 있도록 학생을 안심시키는 것이 필요하다. 이를 위해 다음과 같은 점들을 유념하여야 한다.

첫째, 개인의 사생활권의 문제를 적절히 다루기 위해서는 검사의 적절성에 대해 피검자에게 충분하게 설명을 한 후 학생의 동의를 얻는 것이 요구된다.

둘째, 교사는 검사실시 및 해석과정에서 학생에게 얻은 정보에 대한 비밀을 보장할 의무가 있다.

셋째, 교사는 검사지 및 응답표, 결과표 등의 검사기록을 보관하고 파기할 때 비밀보장을 유지하도록 노력해야 한다. 특히 검사지 및 응답표에 있는 학생의 개인정보가 노출되지 않도록 보관에 주의하여야 한다.

넷째, 검사결과 상담과정에서 구체적인 진로상담을 위해 학생의 개인정보(가족관계, 성적, 친구관계 등)가 필요할 경우 사적인 정보는 전혀 공개되지 않음을 주지시키도록 하며, 학생이 꺼릴 경우에는 사적인 정보를 질문하지 않도록 주의한다.

다섯째, 교사는 특별한 경우를 제외하고는 학생이나 학생이 위임한 법적 대리인의 동의가 있을 경우에만 검사결과를 공개하여야 한다. 또한 검사자료는 그 자료를 해석할 만한 능력이 있다고 인정하는 전문가에게만 공개되어야 한다.

3) 자문

진로상담장면에서 때로는 학생의 임상적인 문제나 기타 다른 문제들로 인해 검사결과의 해석 및 적용이 불가능한 경우가 있다. 이럴 때에는 무리하게 진로상담을 진행하지 말고 반드시 관련 전문가에게 의뢰하여 학생의 문제를 우선적으로 해결하여야 한다. 예를 들어, 성격에서 정서적 불안정성이 비정상적으로 높게 나오고 상담과정 중에서 정신적인 문제가 있다고 판단되면 진로상담에 앞서 임상전문가에게 의뢰하여 임상적 진단과 치료를 먼저 받는 것이 더 효율적이라고 판단할 수 있다.

검사결과로 학습적인 문제나 정서적인 문제, 학교생활 적응 문제 등이 있다고 판단될 경우 진로상담문제가 아니라 하더라도, 교사는 이를 적절히 다루어야 하며 필요할 경우 전문가의 상담을 받을 수 있도록 의뢰하는 것이 바람직하다.

또한 교사의 능력을 넘어서는 특별한 유형일 경우 교사의 주관적인 잣대로 평가하거나 설명을 제시해서는 안 되며, 적합한 전문가에게 자문을 구하여야 한다. 전문가 자문과 관련된 윤리는 다음과 같이 요약할 수 있다.

첫째, 교사는 자신이 다루기 곤란한 분명한 어려움이 있을 때에는 학생을 적절한 전문가에게 의뢰해야 한다.

둘째, 교사는 자신이 받은 학문적인 훈련이나 지도받은 경험의 범위를 넘는 이들을 평가해서는 안 된다. 즉, 나이, 장애의 유형 또는 언어적, 출생적, 문화적 배경 등과 같은 특성들을 고려하여 검사실시 및 해석이 가능한 대상의 범위가 달라져야 한다.

4) 검사양식 관리 및 사용

검사를 사용하는 검사자는 출판된 검사들을 사용할 때에도 검사사용의 올바른 윤리를 준수하여야 한다.

첫째, 공인된 검사 또는 일부를 발행자의 허가 없이 사용, 재발행, 수정하지 않아야 한다. 출판사나 개발자의 허락 없이 문항의 일부를 임의로 사용하는 것은 판권상의 윤리적 문제가 발생할 뿐 아니라, 검사결과의 효용성에도 문제가 생길 수 있음을 기억하여야 한다.

둘째, 시대에 뒤떨어진 검사를 사용하거나 혹은 불필요하게 검사를 남용하여 사용하지 않도록 한다. 개발시기가 오래 경과된 검사는 규준집단 특성의 변화가 잘 반영되지 못하여 제대로 검사결과를 예측하기가 어렵다. 또한 필요 이상으로 많은 검사를 실시할 경우 검사실시의 피로도가 증가할 수 있으므로 진로문제해결에 도움이 될 검사들을 판단하여 효율적으로 사용하는 것이 바람직하다.

셋째, 검사양식들을 주기적으로 점검하여 검사지, 응답표 등의 각종 검사양식이 훼손되거나 더 이상 사용이 불가능할 경우는 검사양식을 폐기하도록 한다. 이때에는 개인정보가 누출되지 않도록 각별히 주의하여야 한다.

검사사용을 위한 윤리 조항
- 심리검사 제작 및 사용 지침서(한국심리학회, 2002) -

고려사항 4-1. 검사 사용자는 사용하려는 검사의 타당도와 신뢰도에 관해 수집된 자료를 가능한 한 충분히 평가해야 한다.

고려사항 4-3. 검사자는 검사에 임하는 피검자의 정서상태를 잘 이해하고, 검사가 어떤 목

적으로 실시되며 검사가 실시되어 어떤 이득이 있는지를 충분하게 설명하여야 한다.

고려사항 4-4. 검사자는 중립적이고 과학적인 태도로 검사를 실시하며 검사실시 절차에 익숙하여야 한다.

고려사항 4-9. 표준화된 절차에 따라서 검사를 실시하고 채점했을 때, 검사결과의 해석은 가장 신뢰로울 수 있다.

고려사항 4-12. 검사를 실시하는 검사자는 일정 기준 이상의 전문성을 유지해야 한다. 그들은 자신이 실시한 검사결과에 대해 책임을 져야하며, 자신이 적절하게 검사를 실시한다는 것을 보증하기 위해 노력해야 한다.

고려사항 4-16. 개인의 사생활권의 문제를 적절히 다루기 위해서는 검사의 적절성에 대해 피검자에게 충분하게 설명을 한 후 피검자의 동의를 얻는 것이 요구된다.

고려사항 4-17. 검사자는 검사과정에서 피검자에게서 얻은 정보에 대한 비밀을 보장할 의무가 있다.

고려사항 4-18. 검사자는 기록을 보관하고 파기할 때 비밀보장을 유지하도록 노력해야 한다.

고려사항 4-19. 검사자는 자신이 다루기 곤란한 분명한 어려움이 있을 때에는 피검자를 적절한 전문가에게 의뢰해야 한다.

고려사항 4-22. 검사사용에 대한 책임은 검사를 전문적이고 기술적으로 다루는 데 필요한 훈련 경험을 갖춘 사람들에게만 부여해야 한다.

10장

진로특성 진단도구의 해석

이효남

학생의 진로검사결과를 해석하기 위해서는 교사의 전문성이 우선적으로 갖추어져야 한다. 검사결과는 각 검사의 특성과 측정내용에 따라 다르게 해석되어야 하지만 결과해석의 일반적인 단계와 기법은 동일하게 적용할 수 있다. 따라서 각 검사별 해석에 앞서 검사해석을 위한 교사의 태도와 준비, 검사해석 기법, 검사해석 단계, 검사 해석 시 주의사항 등이 고려되어야 한다.

1 진로특성 진단도구 해석을 위한 준비

1) 결과해석을 위한 상담교사의 태도

검사결과의 해석은 실시나 채점의 경우보다 전문성이 더 요구된다. 검사결과에 대한 해석은 전문자격과 경험을 갖춘 사람에 의해서만 이루어져야 하므로 교사는 반드시 검사결과해석에 관한 전문교육을 받고 검사결과해석을 진행하여야 한다. 이를 위해 먼저 교사는 검사결과에 대해 충분히 이해하여야 하며, 검사점수의 의미를 해석할 때는 신중하게 판단할 수 있어야 한다(Tinsley & Bradley, 1988).

검사결과의 해석을 위한 준비로 교사는 먼저 결과표를 대략 읽어보고 스스로 질문을 하도록 한다. '이 점수들이 의미하는 것이 무엇인가?' 이러한 질문들을 통해 비록 상담자가 결과점수가 의미하는 정확한 해석을 제시할 수 없을지라도 실제 상담회기에서 학생의 특성에 관한 다양한 가정은 제기할 수 있다.

또한 이러한 검사점수가 학생들이 검사문항의 질문에 대해 자신의 특성을 응답한 진술들이며 문항에서 요구하는 과제 수행의 요약된 통계치에 지나지 않음을 기억하여야 한다. 따라서 교사가 검사결과의 각 점수가 나타내고 있는 수치 이상의 의미에 관심을 갖는 것이 학생을 이해하는 데 종종 도움이 될 수 있다. 교사는 학생의 결과를 보면서 특히 중요하다고 생각되는 부분에 대해 함께 질문하고 재해석하는 노력을 게을리해서는 안 된다. 때때로 검사결과로 나타나는 다양한 정보들 간 불일치하는 사례들이 있을 수 있으므로 이러한 경우 자료가 나타내고 있는 의미를 이해하는 데 신중을 기하여야 한다.

나아가 교사는 검사결과 해석 시 자신이 점수의 의미를 기억하지 못하거나 애매하게 기억하고 있을 경우, 검사보고서나 매뉴얼 등을 참조하여 제대로 된 결과해석을 제공하여야 한다. 검사사용에 익숙한 교사라 할지라도 주기적으로 검사매뉴얼을 검토하거나 전문가에게 결과해석 사례의 수퍼비전을 받음으로써 결과해석 전문역량을 높이도록 노력하여야 한다.

2) 학생의 결과해석 참여

검사결과 해석 시 주의할 것은 교사의 일방적인 해석이 아니라 학생의 적극적인 참여를 통한 결과해석이 이루어져야 한다는 점이다. 이를 위해 검사해석에 앞서 학생과의 라포를 형성하도록 해야 한다. 검사를 받은 경험을 떠올려 보거나, 검사결과에 대해 갖고 있는 기대를 함께 얘기해보는 방법 등은 라포 형성에 도움이 될 수 있다.

대부분의 학생들은 그들의 검사결과에 대해 자세히 알고자 하는 욕구로 상담회기에 참여하게 된다. 교사는 학생이 검사결과해석에 대한 준비가 되었다고 생각될 때 먼저 검사도구에 관한 논의로 상담을 이끌어 갈 수 있다. 즉, 실제 검사결과해석에 앞서 학생들에게 그들이 받은 검사에 대해 어떻게 생각하는지 말하도록 하여 해석을 위한 준비를 시작할 수 있다(Tinsley & Bradley, 1988).

【내담자의 참여를 유도하는 초기질문】
　(a) 지난 번에 받은 검사를 기억하시나요?
　(b) 그 검사에 대해 어떻게 생각하셨습니까?

ⓒ 그 검사에 대한 당신의 인상은 어떠했습니까?

ⓓ 검사결과에 대해 어떤 기대가 있나요?

이런 질문을 통해 검사의 형태와 문항들을 기억해낼 수 있고 내담자는 자신이 받은 검사도구와 그 결과를 함께 연결시켜 생각할 수 있다. 특히 이러한 과정은 하나 이상의 검사도구를 실시하여 검사들 간의 혼동이 예상되거나 혹은 검사를 받았던 시기와 결과해석 단계에 시간적 격차가 클 경우에 검사결과 해석에 도움을 줄 수 있다.

검사해석에 있어서 교사는 검사가 제공하는 정보의 형태들을 학생과 함께 미리 검토해 보는 것이 도움이 될 수 있다. 예를 들면 흥미검사 결과는 당신이 무엇을 좋아하고 어떤 유형의 사람인지를 나타내 주는 것이지 이 결과가 무엇을 잘하는지 어떤 분야에 능력을 발휘할 수 있는지를 의미하는 것은 아님을 설명할 수 있다. 또한 검사해석을 시작하기에 앞서 검사점수의 부정확한 속성을 설명하여야 하고 검사해석을 진행하면서 이러한 측면을 종종 반복 설명하는 것이 더 유용할 수 있다.

3) 결과해석 실습 및 평가

검사해석에 앞서 먼저 검사와 친숙해지는 과정이 필요하다. 이러한 과정은 스스로 검사를 실시해보고 채점하고 동료들과 함께 결과를 해석해봄으로써 경험할 수 있으며 이를 통해 교사들은 검사에 대해 보다 더 잘 알 수 있도록 동기화될 수 있다.

검사결과 해석을 위한 준비로 다음과 같은 단계들이 포함될 수 있다.

첫째, 스스로 검사를 받아본다.

검사에 대해 잘 알 수 있는 가장 좋은 방법은 검사를 스스로 받아보는 경험이다. 검사를 받아봄으로써 검사의 구성과 내용에 익숙해질 수 있으며, 이후 결과해석 시 검사문항과 구성을 참조하여 결과해석에 도움이 될 수 있다. 또한 자신의 검사결과를 이해하는 경험을 함으로써 학생들의 검사결과내용을 이해하는 데 도움을 받을 수 있다.

둘째, 주변의 다른 사람들이나 동료들에게 검사를 해석해 보는 연습을 한다.

검사도구의 목적에 대해 설명하고 검사의 각 요인의 의미와 점수수준을 동료에게 설명하는 연습이 도움이 될 수 있다. 또한 검사결과표를 해석해 봄으로써 검사점수의 의미를 학생의 진로특성과 연계하여 어떻게 효율적으로 설명할 수 있는지를 알게 되는 효과가 있다.

셋째, 검사결과 해석실습에 대해 동료 교사들의 평가를 받아본다.

이 과정을 통해 검사결과를 이해하기 쉽게 설명하고 있는지, 학생의 진로상황과 연계하여 검사결과를 해석하고 있는지, 검사점수의 의미를 제대로 잘 전달하고 있는지 등을 점검할 수 있다. 또한 검사결과로 학생의 진로문제를 어떻게 진단하고 해결할 수 있는지에 대한 동료 교사들의 조언을 통해 검사결과 해석의 적절성에 대한 평가를 받는 것이 필요하다.

2 결과해석 과정

진로도구 결과해석은 검사의 종류에 따라 차이가 있으나, 일반적으로 다음과 같은 단계를 거쳐 진행될 수 있다.

단계 1	검사에 대한 전반적인 이해	→	• 학생 참여유도 • 검사에 대한 소개
단계 2	검사점수 의미 해석	→	• 측정 요인 의미 설명 • 요인별 점수 해석
단계 3	검사태도 지수 해석	→	• 검사태도 지수의 의미 해석
단계 4	진로 및 직업 분야 탐색	→	• 추천 진로 및 직업 분야 해석 • 특성에 적합한 진로탐색
단계 5	진로문제의 적용	→	• 검사결과의 진로문제 적용 해석
단계 6	상담 마무리	→	• 검사결과 정리 및 요약 • 추후 진로과제 도출 및 지지

1) 1단계: 검사에 대한 전반적인 이해

검사결과 해석의 첫 번째 단계는 학생들이 검사에 대해 이해하고 결과해석에 적극 참여할 수 있도록 하는 도입단계이다. 이 과정은 검사결과를 편안한 마음으로 이해할 수 있도록 검사에 대해 소개하고 학생들도 결과해석에 능동적으로 참여할 수 있도록 독려하는 것을 주요 내용으로 한다.

검사해석에 들어가기에 앞서, 학생이 검사해석에 수동적인 자세가 아니라, 능동적으로 검사결과를 이해하고 자신의 진로문제해결에 적용할 수 있도록 적극 참여를 유도하여야 한다. 이를 위해 다음과 같은 검사결과 해석 과정에 대한 도입 설명으로 학생의 관심을 유도하여야 한다.

첫째, 학생으로 하여금 검사를 받았던 기억을 상기할 수 있도록 한다.

어떤 검사를 받았는지, 검사를 받는 동안 어떤 느낌이었는지 등을 질문하여 검사에 대한 기억을 떠올릴 수 있도록 한다.

둘째, 검사결과 해석은 교사에 의한 일방적인 과정이 아닌, 학생과의 양방향적인 과정임을 상기시킨다. 때로 학생들은 교사가 검사결과를 해석해 주기만을 기다리고 수동적인 자세로 자신에 대한 얘기를 듣고 싶어 할 수도 있다. 그러나 학생의 다른 특성이나 정보들이 공유되어야만 검사결과를 더 깊이 해석하고 적용할 수 있음을 주지하고, 검사결과 해석에 함께 참여하도록 지지하여야 한다.

셋째, 학생이 자신의 결과해석에 관심을 가질 수 있도록 유도한다. 이를 위해 교사는 결과해석의 도입부분에서 다양한 질문으로 결과에 대한 기대를 갖도록 유도하여야 하며, 결과해석의 중간단계에서도 학생의 관심을 적극 독려하도록 질문하여야 한다.

넷째, 결과해석에 앞서 본 검사로 제시되는 결과의 한계를 분명히 설명하고 직업선택을 위해서는 다른 다양한 영역의 정보들이 통합되어 해석되어야 함을 알려준다. 이를 위해 해석하고자 하는 검사에 대해 검사의 목적과 측정내용 등을 정확히 설명하여, 검사결과를 지나치게 확대해석하지 않도록 한다.

2) 2단계: 검사점수 의미 해석

결과해석의 두 번째 단계는 각 검사에서 측정하는 측정요인들의 점수의 의미를 설명하는 것이다. 이는 결과해석의 핵심 내용으로, 요인의 의미를 잘 전달하고 각 요인에서 내담자의 수준을 설명하는 것이다.

이때 중요한 것은 각 측정요인의 의미를 정확하게 전달하는 것이며 전문적인 용어보다는 이해하기 쉬운 용어로 설명하여야 한다.

검사점수는 원점수와 표준점수, 백분위점수 등의 의미를 이해하도록 하고 학생의 점수가 어떤 집단과 비교하여 어느 정도의 수준으로 나타나고 있는지의 규준 개념이 설명되어야 한다. 또한 검사점수는 통계의 요약된 수치이므로 어느 정도의 오차범위를 갖고 있음을 이해하도록 하여야 한다. 절단점수로 구간에 따라 요인의 수준이 다르게 평가되는 경우라면, 지나치게 기준점수에 얽매이지 않고 오차범위 내에서 해석할 수 있어야 한다. 예를 들어 성격검사의 '외향성' 점수가 65점부터 '상'수준으로 구분될 경우, 64점과 65점의 차이가 1점밖에 안 되더라도 특성의 수준은 '중'과 '상'수준으로 구분될 수 있다. 이때에 개인의 점수구간에 지나치게 한정되어 해석하지 않도록 유념하여야 한다.

검사점수의 의미는 결과로 요약된 정보나 학생의 다른 특성들과 관련하여 설명되어야 한다. 예를 들어 성격검사의 '외향성' 점수를 해석할 때 평소의 성향이나 주위로부터 들어 온 성향특성과 유사한지 혹은 다른지를 물어보는 것도 특성을 이해하는 데 도움이 될 수 있다. 또는 적성검사의 '수리력' 점수를 해석할 때 평소 수학 교과목 성적이나 자신이 생각하는 수리능력 수준 등에 대해 질문하여 검사점수가 평소 관찰되는 특성과 유사한지 다른지를 생각해 보아 해당 특성을 보다 잘 이해하도록 하는 것이 중요하다.

3) 3단계: 검사태도지수 해석

검사태도지수는 학생이 검사를 성실하게 받았는지를 측정하는 신뢰성 지수로, 성격검사 등 자기보고식 검사에서 포함하여 측정하는 경우가 많다. 이는 '사회적 바람직성' 점수나 '부주의성' 점수, '긍정반응률' 등 다양한 특성으로 측정된다. '사회적 바람직성'은 자신의 성향이나 태도를 좋게 보이려는 경향으로 성격검사 등에서 왜곡된 반응을 하고 있는지를 측정하는 점수이다. '부주의성' 점수는 정답이 없는 문항에서 문항에 불성실하게 응답하는 것을 측정하기 위해 정답이 있는 문항을 포함하거나 혹은 반대의 의미를 묻는 문항을 포함하여 각 문항에 성실하게 응답하고 있는지를 측정한다. '긍정반응률'은 리커트척도에서 긍정 혹은 부정 쪽 척도에 치우쳐서 응답하고 있는지를 측정하는 것으로 검사의 각 문항에 대한 응답패턴을 측정한다.

이러한 척도들은 검사에서 측정하는 각 문항들에 피검자가 얼마나 솔직하고 성실하게 응답하였는지를 나타내는 것으로, 결과점수를 통해 내담자의 응답자료가 얼마나 신뢰로운지를 판단할 수 있으며 응답태도를 확인하는 데 도움이 될 수 있다. 교사는 검사결과를 해석할 때에 검사태도지수를 확인하여 현재의 신뢰성점수에 근거할 때 본 검사결과가 어느 정도 신뢰로운지를 설명하여야 한다. 기준 점수 이상으로 높거나 낮은 검사태도지수는 결과의 신뢰성을 재고해 볼 필요가 있으며 검사응답 태도가 편중되었음을 보여주기 때문에 검사실시 시 어떻게 응답하였는지를 확인해 볼 필요가 있다.

이때 유념할 것은 검사태도지수 점수로 검사결과를 무시하거나 부정적인 피드백을 주어서는 안되며, 검사받을 당시의 상황에 대해 다시 이야기를 나누거나 혹은 결과점수 해석 시 이러한 태도점수들을 감안하여 해석하는 것임을 주의 깊게 설명하는 것이 바람직하다.

4) 4단계: 진로 및 직업 분야 탐색

진로검사들의 대부분은 흥미나 적성, 가치관과 같은 진로특성들을 측정하여 적합한 진로분야를 예측하고 있다. 이는 흥미특성에 적합한 만족도가 높은 진로분야, 적성능력에 적합한 잘할 가능성이 높은 진로분야, 가치관 특성에 적합한 직업적응도가 높은 분야 등을 예측하여 적합한 전공, 직업 등의 진로분야를 추천하는 것이다. 검사결과표의 추천분야는 학생들이 가장 궁금해 하는 결과라고도 보여진다.

이때 중요한 것은 추천된 진로분야나 직업이 학생의 모든 특성이 분석된 추천결과가 아니며, 검사에서 측정한 특성만을 고려한 진로분야라는 점이다. 검사결과표에 제시되는 진로분야나 직업이 최선의 진로대안이라고 생각할 수 있으나, 이는 적성 혹은 흥미, 가치관 등 하나의 특성에 적합한 진로분야로 해석하는 것이 바람직하다.

또한 추천분야의 해석은 검사가 측정하는 요인의 특성에 적합한 방향으로 해석되어야 한다. 예를 들어 흥미검사 결과로 '과학자'라는 직업이 추천되었다면, 이는 학생이 과학자가 되기에 적합한 능력을 갖고 있고 잘할 수 있다는 의미가 아닌, 과학자의 흥미 특성과 유사한 관심을 갖고 있다는 의미로 볼 수 있으며 과학자가 하는 활동이나 직무들에 만족도가 높을 가능성이 있다는 의미로 해석되어야 한다.

검사결과로 추천되는 진로나 직업 분야의 해석은 학생의 다른 심리특성이나 배경적인 정보들과 통합하여 해석하여야 하며, 이를 위해 흥미, 적성, 가치관 같은 심리특성들과 연령, 학과목 성적, 특기, 희망진로와 같은 배경적 정보들을 함께 고려하여야 한다.

5) 5단계: 진로문제의 적용

교사가 결과표의 검사점수와 특성에 적합한 진로분야를 설명하였다 할지라도 검사결과를 학생의 진로문제에 적용하여 해석하려는 노력이 필요하다. 이는 검사결과의 해석이 상담목적을 고려하여 이루어져야 한다는 것을 의미한다.

학생이 진로결정 문제로 부모와 갈등을 겪고 있는지, 자신의 특성을 더 잘 알고 싶은지, 희망하는 진로에 대한 확신이 부족한지 등의 진로문제에 따라 검사결과의 해석과 적용이 달라져야 한다는 것이다. 교사는 가능한 한 학생의 진로문제에 도움이 되는 방향으로 검사결과 정보를 적용하도록 노력하여야 한다. 검사를 받는 것(taking) 자체가 목적이 아니라 진로탐색에서 자기이해(understanding)를 높이는 것에 목적이 있음을 기억하고, 검사결과로 자신의 특성을 이해하고 이를 진로문제해결에 적용할 수 있도록 조언하여야 한다.

진로를 결정하는 과정에서 검사결과를 활용하는 것은 개인으로 하여금 구체적인 진로탐색을 가능하게 하며 진로의사결정과 관련된 매우 유용한 정보를 제공하게 된다.

진로탐색과정은 개인의 필요에 의해 결정되므로 진로상담에서 검사의 활용방법은 매우 다양하며 특별한 목적에 따라 다르게 활용될 수 있다. 일반적으로 검사결과의 해석방법은 진단적, 예언적, 비교적 측면에서 활용될 수 있으며 어떤 경우 검사의 활용방법이 중복되기도 한다. 그러나 진단적 검사결과를 가지고 진로분야를 예측하거나, 수행수준을 예측하는 검사로 준거집단과의 비교를 통한 결과해석을 하는 것이 유용하지 않다. 따라서 교사는 학생의 상황과 목적에 적합한 검사를 선택하여 실시하고 적절한 결과해석을 하도록 고려하여야 한다. 검사결과 해석을 위한 주요기법은 다음과 같다 (Zunker & Osborn, 2002).

1) 검사결과 해석 기법

(1) 진단적 결과해석(diagnostic uses of assessment)

심리검사는 개인의 속성을 진단하여 정상범위에서 벗어나는 경우 이에 대한 적절한 처치를 할 수 있도록 하는 기능을 갖고 있다. 진로검사도 때로 개인의 진로관련 특성을 진단하여 문제를 찾아내고 이를 해결할 수 있는 적절한 처치방법을 제공하기 위해 활용될 수 있다.

진로성숙도검사나 진로발달검사는 독립성, 계획성 등 개인의 진로성숙 수준을 진단하여 연령발달 수준에 적합한 진로준비가 가능하도록 처치하는 방향으로 해석된다. 이 경우 독립적 진로의사결정이 부족하거나 실제 진로를 준비하는 행동이 부족하다고 진단되면, 이를 높일 수 있는 프로그램이나 개별 상담으로의 처치가 필요할 것이다. 이와 같이 진로검사는 개인의 심리특성을 진단하는 방향으로 해석될 수 있다.

진로성숙도검사는 검사의 목적이 '진단용 검사'로 결과의 해석도 진단적 해석으로 진행되는 반면, 적성검사와 같은 수행가능성을 예측하는 검사도 진단적 기법으로 해석될 수 있다. 예를 들어 적성검사결과는 종종 개인이 특정한 직무를 담당하거나 훈련을 받을 수 있는 준비성과 가능성을 결정하기 위해 개인의 강점과 약점을 평가하는 데 활용된다. 개인의 능력과 적성을 규명하는 것은 직업과 교육장면에서 개인의 선택을 더 넓게 해준다. 이러한 의미에서 학업적인 성취나 직무능력을 측정하는 것은 개인에게 필요한 훈련, 능력개발 영역 등을 규명하는 데 도움을 준다.

적성뿐 아니라 흥미, 가치관, 성격 그리고 경력발달 검사들 또한 진단적인 목적으로 활용될 수 있다. 이러한 측정은 개인의 자기의식수준을 높이는 데 도움을 줄 뿐 아니라 상담자로 하여금 자기의식이 부족한 학생을 규명하는 데도 도움을 줄 수 있다.

(2) 예언적 결과해석(predictive uses of assessment)

검사결과는 미래 학업수행이나 직무수행을 예측하는 데 활용될 수 있다. 능력에 적합한 학업이나 직업 분야가 어디인지, 어떤 직업에서 어떤 능력을 요구하는지 등을 아는 것은 진로방향을 결정할 때 매우 필요하다. 따라서 검사결과를 통해 어떤 직업이나 학업 분야에서 높은 수행을 보일 가능성을 아는 것은 향후 진로의 탐색에 중요한 정보가 된다. 실제 특정직업에서 성공적인 수행을 보이려면 어떤 능력을 가져야 하는지를 아는 것이며 검사는 현재 학생의 능력을 측정하여 향후 성공가능성을 예측해주는 역할을 한다는 점에서 의미가 있다.

검사결과를 가지고 향후 수행수준을 예측하고자 할 때, 교사는 해당검사가 적절한 예측타당도를 가지고 있음을 확신하고 있어야 한다. 예를 들면 직무수행을 예측하는 검사는 그 직무에서의 수행수준과 높은 상관을 가지고 있음이 미리 검증되어야 한다. 이를 위해서는 해당직업에 종사하는 사람들의 적성능력점수와 직무수행능력 평가점수와의 관련성이 검증되어, 적성검사가 직업별 수행수준을 잘 예측하고 있다는 타당성이 확보되어야 한다. 이 경우의 결과해석은 학생의 적성능력에 따라 관련 능력을 요구하는 직업 혹은 직무 분야에서 높은 수행을 보일 가능성이 있다는 예언적 결과해석이 가능하게 된다. 예언적 결과해석은 '지금, 당장' 잘할 수 있느냐가 아니라, 검사로 측정된 내담자의 잠재적 능력을 근거로 적절한 교육과 훈련이 더해질 때 향후 특정 학업이나 직업 분야에서의 수행가능성을 예측하는 것이 바람직하다.

(3) 비교적 결과해석(comparative uses of assessment)

개인의 특성(능력, 흥미, 가치관 등)을 준거집단의 다른 사람들과 비교하는 것은 진로탐색의 중요한 부분이다. 특히 개인의 흥미나 성향을 어떤 직업에 속한 사람들의 흥미와 비교하는 것은 매우 의미 있는 일이 될 수 있다. 이러한 비교과정에서 발견되는 유사점과 차이점은 진로탐색에서 흥미의 적절성에 대한 논의를 더 가중시킬 수 있다. 즉, '비교적 결과해석'은 개인의 선호활동, 가치관, 성향, 관심분야 등이 어떤 직업의 사람들과 유사한지 다른지를 비교하여 개인의 직업만족도가 유사하게 나타날 직업을 탐색하는 해석방법이다. 스트롱검사와 같은 경우는 개인의 흥미를 넓은 범위의 직업에 종사하는 사람들과 비교하여 해석적인 결과를 보여주는 좋은 예가 된다.

2) 검사결과의 통합적 해석

교사가 검사결과의 의미에 대해 총체적인 이해를 한 후에는 이러한 정보들을 다른 유용한 정보들과 통합하여 해석할 수 있어야 한다. 청소년 진로상담에 있어 교사는 학생의 다른 검사점수들, 과목별 성적, 교사의 주관적인 평가, 학생의 과거성적과 관련된 정보 등 다양한 정보들을 갖고 있을 수 있다. 따라서 검사결과의 해석은 단지 검사결과로 보고되고 있는 통계적인 자료나 결과점수 이외에 이러한 다양한 정보들을 통합하여 해석되어야 한다.

검사결과의 통합은 학생의 다양한 특성들을 통합하는 해석과 학생의 심리적 특성을 배경적 정보와 통합하는 해석을 의미한다. 즉, 적성, 흥미, 성격, 가치관 등 다양한 심리적 특성을 함께 고려하여 해석하는 것이며, 이를 희망진로, 교과목 흥미, 성적 등의 개인 정보들을 고려하여 학생의 진로문제해결에 적용하는 해석이 이루어져야 한다.

(1) 검사결과 통합해석의 의미

학생의 검사결과를 통합하여 해석하는 것은 다음과 같은 점에서 의미가 있다.

첫째, 학생을 제대로 이해하고 상담하기 위해서는 하나의 심리특성이 아닌, 흥미, 성격, 가치관, 적성, 지능 등 다양한 특성에 대한 정보가 필요하다. 이는 개인의 진로선택 및 직업적응문제를 조언하기 위해서는 다양한 특성들을 종합하여 진로선택 방향과 직업적응의 문제를 해결하는 것이 효과적이기 때문이다.

둘째, 동일한 문제를 가진 경우라도 학생 개개인의 특성과 상황에 따라 문제해결 전략이 달라질 수 있으므로 다양한 특성과 함께 배경적인 정보를 정확하게 이해하는 것이 중요하다.

셋째, 각 심리적 특성에 따라 진로예측의 방향이 달라질 수 있으므로 다양한 심리특성이 통합적으로 고려되어야 한다. 흥미, 성격, 가치관 등은 직업에 대한 만족도를 예측하며, 적성이나 지능은 직업에서의 수행 가능성을 예측하고, 진로성숙도는 성공적인 진로설정을 예측하므로 특성에 따라 다양한 진로예측이 가능하다. 따라서 효율적인 진로선택을 위해서는 전공이나 직업에서의 만족도와 성공가능성 등이 모두 충족되어야 하므로 하나의 특성이 아닌 여러 특성들이 함께 고려되어야 한다.

(2) 자료 간 일관성 확인

때로 유사한 검사결과들 간에 불일치되는 결과가 나타나거나, 평소 특성과 다른 검사결과가 나타날 수도 있다. 이러한 경우 검사점수의 의미를 해석하는데 있어 먼저 확인해야 할 것은 검사자료의 일관성을 확인하는 것이다. 검사가 제대로 채점되었는가? 올바른 답안지가 채점되었는가? 다른 피검자의 답안시로 잘못 채점되지 않았는가? 올바른 규준집단과 비교되었는가? 원점수로부터 표준점수로의 변환이 제대로 되었는가와 같은 질문들로 검사자료에 문제가 없는지를 먼저 확인하는 것이 좋다.

한 가지 생각할 것은 만약 검사점수들이 다른 타당한 결과들과 모순된 결과를 보이고 있다면 점수들이 무조건 옳다고 믿어서는 안 되며, 동시에 검사점수가 우리의 기대와 어긋난다고 해서 검사결과들을 무시해서도 안 된다. 만약 검사자료에 문제가 없다면 이러한 결과는 오히려 개인의 독특한 특성들을 보여 주는 것이며 이것이 개인특성을 이해하여 진로문제를 탐색하는 데 유용한 정보가 될 수도 있음을 기억하여야 한다.

(3) 다양한 검사들의 요인 간 관계

여러 검사결과의 통합해석을 위해서는 여러 특성들 간의 이론적 관련성을 먼저 이해하여야 한다. 흥미와 성격, 흥미와 가치관, 적성과 흥미 등 다양한 특성 들 간의 상호관련성이 이해되어야 통합적인 해석이 가능하다. 탐구형이 높은 개인이 성격의 어떤특성이 높은지, 적성능력의 강점이 흥미특성과 관련을 갖고 있는지, 예술형의 흥미가높은 개인의 직업가치관은 흥미와 관련성을 갖는지 등에 대한 이해가 필요하다. 검사결과의 통합해석은 단순한 결과의 조합이 아니라, 특성 간 상호보완적인 해석이 되어야 하므로 먼저 각 검사에서 측정하는 요인에 대한 충분한 이해가 전제되어야 한다.

또한 이론적으로 관련 있는 구인이라 하더라도 검사결과에서 요인 간 점수차이가적거나 유형특성이 불분명하거나 하는 등의 제한을 갖는다면, 검사 간 요인 관련성의해석에도 주의를 기울여야 한다.

(4) 추천 직업목록을 고려한 검사결과 통합

다양한 검사 결과의 통합해석에서 또 한 가지 고려해 볼 수 있는 방법은 검사결과로 추천되는 직업들을 비교하여 보는 것이다. 흥미, 적성, 가치관 검사 등의 결과로 제시되는 직업들은 각 특성에 적합한 직업들을 추천하고 있으므로 공통적으로 나타나는직업목록을 비교하여 여러 특성에 모두 적합한 직업을 탐색하는 방법이 가능할 수도있다. 그러나 각 검사마다 동일한 직업목록을 추천하고 있지 않으므로(직업 수, 직업수준의 다양성) 단순히 직업목록을 비교하는 것은 바람직하지 않을 수 있다. 또한 각 검사별로 하나의 특성을 고려하여 추천하는 직업과 여러 특성이 고려되어 추천되는 직업은차이가 있을 수 있으며, 하나의 검사가 모든 직업을 추천하는 것은 아니므로(각 검사는해당 요인에 적절한 직업만을 추천), 특정 직업은 직업목록에서 아예 고려되지 않을 수도있음을 유념하여야 한다.

그럼에도 직업에서 요구하는 흥미, 적성, 가치관 등을 개인의 특성과 비교하는 것은 진로선택에서 매우 중요한 정보를 줄 수 있으므로 다양한 검사결과의 직업들을 비교하는 것은 진로결정을 위한 유용한 과정이 될 수 있다. 탁진국(2003)은 커리어 안내를 위한 흥미, 적성, 성격 및 가치 통합을 위한 방법으로 다음과 같은 해석 단계를 제시하였다.

---

① 1단계: Holland 흥미유형 코드확인 및 코드별 직업목록 탐색

② 2단계: 흥미검사와 적성검사 결과 통합하기

   - 1단계 직업목록 중 적성검사 결과 낮게 나타난 적성요인과 관련된 직업 제외하기

③ 3단계: 위의 결과와 성격검사 간의 관계 살펴보기

   - 흥미유형과 성격 하위유형의 관계가 유사한 경우: 2차 직업목록 유지

   - 흥미유형과 성격 하위유형의 관계가 유사하지 않을 경우: 2차 직업목록 재고

④ 4단계: 직업가치결과와의 통합

   - 3단계에서 얻은 직업목록 정보를 직업가치에서 높게 나타난 가치요인과 비교

   - 해당가치가 충족되기 어려운 직업목록 삭제

출처: 커리어 안내를 위한 흥미, 적성, 성격 및 가치의 통합(탁진국, 2003)

이러한 단계는 각 검사의 직업추천 목록에서 흥미와 성격, 적성, 가치관의 관련성을 고려하여 개인특성에 적합한 직업을 추려가는 합리적인 과정으로 참조할 수 있다. 단, 최종 진로의사결정을 위해서는 검사결과들의 직업목록만을 통합하여 고려하는 것이 아니라 개인사 배경, 부모 및 친척의 기대, 환경적 요인 등이 함께 참조되어야 한다.

(5) 검사결과와 개인 환경정보와의 통합해석

살펴본 바와 같이, 검사결과 간 통합에 있어 중요한 것은 개인의 배경 및 환경에 대한 정보가 함께 고려되어야 한다. 특히, 특정 직업에서 요구되는 흥미와 능력, 가치와 같은 개인의 심리적 변인들이 일관되게 나타난다 할지라도, 환경적인 제약으로 인해 진로 및 직업 선택에 어려움이 있을 수 있으므로 개인의 환경 정보를 고려한 진로의사

결정이 보다 합리적일 수 있다. 따라서 검사결과 해석을 위해 다양한 배경적 정보를 이해하는 것이 필요하다. 즉, 검사결과로 나타나는 요인별 점수는 자체로의 의미를 갖기보다는 학생의 다양한 배경적 정보와 함께 해석되는 것이 이해의 폭을 넓힐 수 있다.

예를 들어 흥미검사 결과 탐구형이 가장 높아 과학자, 교수 등의 직업이 추천된 청소년 내담자라 할지라도 학교 성적이 높은지 낮은지, 학업이나 연구분야에 대한 관심이 높은지 낮은지 등의 특성에 따라 흥미검사 결과를 진로의사결정에 어떻게 적용할지 해석은 달라져야 한다. 또한 적성검사 결과 기계기술자가 추천되었다 하더라도 만약 학생이 고등학교 문과 계열에 재학 중이라고 한다면, 이 추천 직업을 학생의 진로방향으로 고려하는 것은 한계가 있을 수 있다.

따라서 합리적인 진로의사결정을 위해서는 학생의 심리적 특성에 대한 검사결과를 개인의 배경적, 환경적 정보와 함께 고려하여 해석하는 것이 바람직하다. 검사결과를 해석하는 과정에서 고려해야 할 환경적인 정보는 표 10-1과 같다. 즉, 현재 혹은 과거 학교성적, 학업 관련 특이사항, 가정환경, 진로 및 취업 고민, 성장과정에서의 특이사항 등에 대한 정보가 고려되어야 한다. 이러한 정보들은 상담과정에서 습득될 수도 있으며, 검사결과를 해석하는 과정에서 추가적인 질문들을 통해 확인될 수도 있다.

이러한 정보들을 참조하여 검사결과를 보다 잘 해석하기 위해서는 다음과 같은 질문들이 도움이 될 수 있다.

첫째, 학생의 심리적 특성(흥미, 적성, 가치관 등)은 개인의 희망진로, 좋아하는 분야, 학과목 성적, 학과목 선호 등과 비교할 때 유사하게 나타나고 있는가?

둘째, 학생의 심리적 특성에 따른 진로선택 시 걸림돌이 될 수 있는 환경적인 제약은 무엇인가?

셋째, 현재 나타나는 학생의 심리적 특성에 영향을 미친 유전적 혹은 성장과정에서의 환경적 요소는 무엇이라고 생각하는가?

넷째, 학생의 심리적 특성에 따른 진로방향과 환경정보가 불일치할 경우, 어떻게 진로대안을 탐색해야 하는가?

다섯째, 학생의 심리적 특성을 이해하는 데 추가적으로 고려해야 할 개인 환경정보는 어떤 것들이 있는가?

즉, 개인의 심리특성에 대한 검사결과를 배경, 환경 등의 정보를 함께 해석하여 합리적인 진로대안을 탐색함으로써 보다 현실적인 진로선택이 가능할 것으로 기대할 수 있다.

표 10-1 청소년 검사결과 해석 시 고려해야 할 개인 환경정보

구분	내용
학교성적	• 현재 학업성적은? • 과거 학업성적은? • 특별히 잘하는 학과목은? • 특별히 어려운 학과목은?
학업 특이사항	• 가장 좋아하는 학과목은? • 가장 싫어하는 학과목은? • 특기가 있다면? • 상을 받았거나 자격증을 갖고 있는 분야가 있는가?
가정환경	• 현재 가족구성원은? • 부모님이 하시는 일은? • 일상생활에서 부모가 중요하게 강조하는 부분이 있다면? • 가족 간의 전반적인 분위기는?
진로/취업 고민	• 현재 본인의 진로와 관련한 가장 큰 관심사는? • 진로선택과정에서 예상되는 어려움은? • 하고 싶은 직업은? 관심 있는 분야는? • 그 분야로의 희망진로를 선택한 이유는? • 아직 진로를 결정하지 못했다면, 그 이유는? • 나의 진로에 대한 가족의 희망은? • 진로와 관련하여 누구와 가장 많이 논의를 하는가?
성장과정	• 지금까지 특별히 잘했거나 관심을 보인 분야는? • 친구들이나 선생님에게 특별히 인정받는 성격, 능력적인 특징이 있다면? • 지금까지 해온 일 중에 가장 기억에 남는 일은?

검사의 해석은 상담자의 일방적인 설명으로 진행되기보다는 상담목적을 고려하여 상호협력적인 관계 속에서 이루어져야 한다. 검사결과 해석을 위해 교사는 검사결과에 대한 정확한 전달과 함께 학생의 진로문제를 해결하기 위해 검사결과를 적용하려는 노력을 게을리해서는 안 된다. 효율적인 검사결과 해석을 위해서는 다음과 같은 점들이 고려되어야 한다(Tinsley & Bradley, 1988).

1) 학생 중심 결과해석

(1) 상담목적을 고려한 결과해석

검사결과를 해석하는 동안 교사는 검사결과로 제시되는 다양한 정보들을 학생이 알고 싶어 하는 것과 연결하여 해석하여야 한다. 하나의 검사에 대한 동일한 결과라도 학생이 어떤 목적으로 검사를 받았는지, 어떤 진로문제를 해결하고 싶은지에 따라 여러 가지 방법으로 해석될 수 있다.

원하는 진로분야에 대해 부모와 갈등을 겪고 있는 학생이라면, 검사결과로 나타나는 특성이 학생 혹은 부모가 원하는 진로분야와 어떤 관련성을 갖고 있는지로 해석되는 것이 바람직할 것이다. 또한 적성검사 결과로 나타나는 점수의 해석에 있어서도 대학전공 선택과 관련하여 고민하는 중인지, 혹은 학업성적과 관련된 고민을 갖고 있는지 등의 진로상담 목적에 따라 검사결과의 해석과 적용이 달라져야 한다.

이와 같이 교사는 학생의 검사실시에 대한 목적을 고려하여 적합한 해석을 제공해야 하며 학생 스스로 검사결과를 참고하여 의사결정할 수 있도록 도와야 한다.

(2) 결과해석 참여 독려

검사결과 해석 과정에서 종종 학생들은 자신의 검사결과를 궁금해하며 교사의 해석을 수동적으로 들고자 하는 경우가 많다. 그러나 교사들은 학생들을 격려하고 함께 적극적으로 참여하도록 하는 방향으로 결과를 해석하여야 한다. 이는 앞서 살펴본 바와 같이, 동일한 검사결과라 하더라도 학생의 진로문제, 배경적인 상황 등에 따라 검사결과의 해석과 적용이 달라지므로 학생이 적극 참여하는 것이 검사결과의 활용을 극대화할 수 있는 효율적인 방법이 된다.

학생의 결과해석 참여를 독려하는 것은 여러 가지 측면에서 중요하다. 먼저 학생이 검사결과를 제대로 이해하고 있는지 확인할 필요가 있으며 또한 이러한 결과정보들에 대해 어떻게 느끼는지를 알아야 한다. 검사결과에 대해 어떻게 생각하는지, 기대했던 결과와 유사하게 느껴지는지, 지금까지의 결과해석에 대해 어떤 생각이 드는지 등을 검사결과 해석의 단계마다 질문하고 확인하는 것이 필요하다.

학생의 결과해석 참여를 독려하는 방법으로 학생에게 검사해석 결과를 요약하도록 요청하는 방법을 생각해 볼 수 있다. 이 점수가 의미하는 것이 무엇이라고 생각하는지, 지금까지의 검사결과로 본인의 흥미특성에 대해 어떻게 말할 수 있는지 등의 방법으로 자신의 특성을 요약하도록 하는 것이다. 이러한 과정은 학생이 결과를 제대로 이해하고 있는지 확인할 수 있는 기회를 주며 또한 향후 진행되는 해석과정을 보다 적절하게 이끌어갈 수 있도록 도울 수 있다.

학생의 반응을 유도할 수 있는 또 다른 방법은 학생으로 하여금 검사결과를 어떻게 적용할 것인지에 대해 말하도록 하여 유용한 정보들을 축적하는 것이다. 이렇게 함으로써 검사결과 정보를 자신의 다른 정보들과 함께 적용하여 조직화할 수 있으며 이는 향후 진로설정에 유용한 방향성을 제시할 수 있게 된다.

마지막으로 학생이 응답한 검사지를 검토하여 그 중 특이한 응답들을 질문하여 학생의 반응을 유도할 수 있다. 예를 들어 "때때로 나는 매우 불안하다"라는 문항에 "자주 그렇다"라는 응답을 하였다면 교사는 학생에게 왜 이렇게 응답하였는지 보다 자세히 설명하도록 요청할 수 있다. 이러한 질문들은 잇달아 좀 더 자세한 질문들로 연결되어 학생의 적극적인 반응과 자신에 대한 구체적인 정보를 제시할 수 있으므로 결과해석에 보다 유용할 수 있다.

2) 결과점수 해석의 공정성

(1) 검사의 오차 설명

검사결과 해석에서는 검사의 정확성을 항상 염두에 두어야 한다. 학생들은 검사결과가 매우 정확할 것이라고 생각하기 쉽다. 물론 신뢰도와 타당도가 높은 검사의 결과점수는 학생의 특성에 대해 정확한 정보를 주고 있지만, 검사점수의 해석은 단일한 점수보다는 측정오차를 고려한 범위로 해석되는 것이 바람직하다. 특히 단일점수로 절단점수를 제시하는 결과에서 기준점수에 의해 결과해석이 다르게 적용될 수 있으나 지나치게 엄격한 해석보다는 구간 내에서의 의미에 중점을 두는 것이 바람직하다. 예를 들어 사회적 바람직성 65점 이상 점수는 '상' 수준으로 검사결과의 신뢰성에 문제가 있다고 보여지는 경우 66점 점수의 학생과 64점 점수의 학생에게 엄격한 기준을 적용하여 다른 해석을 적용하는 것이 바람직한가는 고려해야 할 문제이다. 따라서 검사점수는 어느 정도의 오차범위를 감안하여 해석되어야 하며 구간별 해석설명도 특성에 대한 참조적인 해석으로 고려할 수 있도록 하여야 한다.

(2) 시각적 결과자료 활용

검사결과에 제시되는 다양한 시각적 결과자료는 학생이 검사결과를 이해하는 데 도움이 된다. 검사점수가 단순하게 요약되고 분류되어 시각적인 그래프 형태로 제시되어 설명될 때 학생들은 검사결과를 더 잘 이해하게 된다. 특히 결과점수의 의미를 이해하기 어려워하는 청소년에게는 그래프, 도표, 프로파일 등으로 제시하는 것이 보다 이해하기 쉽다. 따라서 교사는 결과해석 시에 다양한 시각적 결과자료를 설명하는 것에 중점을 두어야 하며, 결과표에 다른 시각자료가 없을 때라도 검사결과를 이해하기 쉬운 자료들로 설명하려는 노력이 필요하다.

(3) 낮은 점수의 결과해석

낮은 점수를 받은 학생에게 검사결과를 설명해주는 것은 쉬운 상황이 아닐 수 있다. 많은 교사들은 그러한 결과를 해석하여야 하는 상황에서 당황하거나 과장된 태도를 보이기 쉽다. 그러나 낮은 점수나 부정적인 의미를 가진 점수를 해석할 때 교사가 당황하는 것은 매우 큰 문제가 된다. 특히 이러한 결과를 해석할 때 학생을 꾸짖거나 불만을 나타내거나 유감을 표시해서는 안 되며, 낮은 수행수준을 보이는 학생에게라도 경멸적인 낙인을 찍는 것은 삼가해야 한다. 특히 학생들이 적성검사의 낮은 점수를 학교성적이나 다른 수행과 유사하게 생각하여 과도하게 부정적으로 받아들이도록 해서는 안 된다.

오히려 교사는 학생의 낮은 점수가 현재의 진로문제와 관련하여 향상을 위한 해석이 될 수 있도록 방향을 수립하여야 한다. 교사는 낮은 점수를 피하거나 이러한 점수들의 중요성을 간과해서는 안 된다. 학생들은 그들의 강점만큼이나 자신의 약점에 대해서도 알 필요가 있으며 이를 위해 상담이 도움을 주어야 한다. 교사는 검사결과가 학생의 상태를 부적절하게 반영했을 가능성도 배제해서는 안 되나 중요한 것은 그것이 의미하는 것을 깨닫도록 해야 한다는 것이다. 즉, 낮은 점수가 의미하는 바를 정확히 알도록 정보를 주는 것이 중요하며, 동시에 자신의 점수를 부끄러워하지 않도록 학생의 감정을 고려하고 적절하게 그들의 감정에 대처하여야 한다.

또한 교사는 그러한 학생의 점수를 결과해석의 중심에 두어서는 안 되며 학생의 목표가 중심이 되어야 한다. 예를 들어, 만약 자신의 진로의사결정 능력을 향상시키기를 원하고 현재 검사결과 '독립성'척도에서 낮은 점수를 받았다면, 이제 교사는 학생의 독립적인 의사결정능력을 향상시킬 수 있는 방안을 탐색하는 데 상담의 초점을 맞추어야 한다. 낮은 점수는 다만 현재 학생의 상태를 나타낼 뿐이며, 향후 상담의 방향성을 설정하는 데 도움을 줄 수 있다.

(4) 검사용어 선택

교사는 특정한 용어들이 검사결과를 받아들이고 이해하도록 하는데 오히려 방해가 될 수 있다는 사실을 염두에 두어야 한다. 그러한 용어들(예, 신경질적인, 신경과민의, 정서적으로 불안정한 등)은 학생에게 좋지 않은 감정을 일으키거나 결과해석을 어렵거나 모호하게 느끼도록 할 수 있다.

또한 검사결과의 해석에 있어서 보다 쉽게 이해할 수 있는 표현을 사용하여야 한다. 예를 들어 "당신은 현실형 척도에서 상 수준의 흥미를 보이고 있습니다"라는 표현보다는 "당신은 기계나 도구 다루는 것을 좋아하고 혼자 일하는 것을 선호하며 현실적이고 단순한 특성을 갖는 사람들과 비슷한 흥미를 가지고 있습니다"라는 표현이 훨씬더 쉽게 이해될 수 있다. 따라서 보다 쉽고 부담스럽지 않게 받아들일 수 있는 용어를사용하여 결과를 전달하려고 노력하는 것이 중요하다.

5 검사결과의 한계 및 유용성

진로상담에서 심리검사를 사용하는 것은 자기이해를 높이고 심리특성에 적합한진로분야를 선택하는 데 유용할 수 있다. 그러나 심리검사는 측정학적 한계와 함께 검사해석 및 적용의 문제점들을 갖고 있으므로 이를 적절히 고려하여 활용하여야 한다.

1) 검사의 한계

심리검사의 가정에서 볼 수 있듯이 심리검사는 인간의 내적인 정신기능 내지 행동을 대상으로 하고 있기에 기본적으로 정확한 측정이 어렵다. 심리검사가 지닌 주요 한계점은 다음과 같이 설명될 수 있다(여광응 외, 1992).

첫째, 심리검사는 눈에 보이지 않는 심리적 특성을 가시적인 행동특성들로 측정하는 도구이다. 그러나 인간의 태도 가운데 사고력, 응용력, 비판력, 감상력, 창작력 등은 파악하기가 어려우며 측정할 수 없는 불분명한 대상에 해당한다. 따라서 심리검사의 측정은 간접적일 수밖에 없다는 한계를 지닌다. 즉, 사람이 얼마만큼 우수한 사고력을 가지고 있으며, 어디에 흥미가 있는가에 대한 측정은 우리들의 눈에 직접 보이지 않으며, 다만 이를 관찰·측정하여 간접적으로 미루어 짐작할 수밖에 없다는 점이다.

둘째, 심리적인 문제를 측정하는 것은 신장이나 체중을 측정하는 것처럼 측정방법상의 문제가 간단하지 않다는 점이다. 즉 여러 가지 심리적인 특성들을 측정하기 위해서는 어떤 측정도구를 사용할 것인지가 매우 중요한 문제가 된다. 심리측정은 본질적으로 인간행동의 증거를 수량화하는 방법에 해당하지만, 이와 같이 불분명한 대상에 대한 간접적인 측정의 결과에 대해 수치화하는 일은 한계를 지닐 수밖에 없다.

셋째, 검사결과가 제시하는 프로파일은 과학적인 것처럼 보이지만 검사결과가 피검자가 어떤 특정 직업에 매우 적합하다고 제시할 때 그 의미는 "피검자는 이 직업영역에서 향후 성공할 가능성이 높다"는 것을 의미한다. 이러한 이유로 피검자는 자신의 미래에 관한 정보를 얻기 위해 검사결과를 최우선으로 고려하기도 하지만, 어떤 검사들을 종종 검사매뉴얼에서 의미 있는 예언 타당도를 보이지 못할 수도 있다.

넷째, 검사는 진로결정을 할 때 도움을 주는 다른 여러 가지 도구 중의 하나에 불과하며 검사 하나로 개인의 가능성을 정확하게 잴 수 없다는 한계를 갖고 있다. 즉, 진로검사의 경우 한 검사에서 다양한 심리특성을 모두 측정하지 못하므로 진로나 직업의 예측에서 제한성을 갖는다. 예를 들어 흥미검사 결과로 추천되는 '의사'라는 직업과 적성검사 결과로 추천되는 '의사'라는 직업은 예측의 방향이 전혀 다른 의미를 갖는다. 전자는 직업에서의 만족도와 관련되며 후자는 직업에서의 수행가능성과 관련된 결과이므로 하나의 검사로 진로방향이나 직업을 예측하는 것은 합리적이지 못하다. 따라서 검사는 확정적인 답이 아니라 특성에 대한 단서만 제공할 수 있음을 강조해야 한다. 검사에 대한 '환상'을 감소하기 위해 다양한 검사의 결과를 보여 주는 것도 고려할 수 있다.

진로상담자가 알아야 할 검사활용의 문제점(Figer & Bolles, 2007)

1. 많은 사람들은 검사의 미래예언기능에 대해 그릇된 신념을 갖고 있다.

사람들은 누군가가 자신의 미래를 명확히 알려주기를 원하고, 자신의 잠재된 능력을 마법처럼 알게 되기를 바란다. 심리검사 결과를 이해하는 데 있어 대부분의 오해는 검사가 모든 것을 알려준다고 믿는 데 있다. 검사결과가 피검자의 진로를 결정해주고 미래를 알려줄 것이라고 생각하는 신념을 갖지 않도록 올바른 설명이 제시되어야 한다.

2. 검사는 피검자를 의존적으로 만든다.

진로상담의 원칙은 내담자가 보다 주도적으로 자신의 진로를 결정할 수 있도록 하는 데 있다. 그러나 검사는 내담자의 의존성을 오히려 증가시킬 수도 있다. 즉, 내담자들은 상담자가 검사결과의 의미를 설명하는 것에 무조건 의지하게 되고 상담자가 자신의 할 일을 알려줄 것을 기대한다. 상담자가 검사의 한계를 설명한다고 해도 많은 내담자들은 검사결과를 무조건적으로 의지하게 되며 실제 현장경험을 통해 자신의 흥미를 찾는 직접적인 활동들을 꺼려하게 되는 결과를 초래할 수도 있다. 따라서 상담자는 내담자가 검사결과에 수동적인 태도를 갖지 않도록 결과해석과정에 내담자를 적극적으로 참여시키고 자발적으로 자신의 진로를 설계하도록 유도하여야 한다.

3. 검사를 해석하는 상담자는 잘못된 권위로 자신을 포장할 수 있다.

상담자가 점수, 차트, 프로파일 등으로 구성된 검사결과표를 제시하면서 결과에 대한 설명을 할 때 내담자는 상담자가 많은 것을 알고 있다고 생각할 수 있다. 이때 상담자는 검사가 의미하는 객관적이고 정확한 정보만을 제공해야 한다. 그러나 상담자와 내담자 모두 검사가 의미하는 것과 의미하지 않는 것을 분명하게 언급하려 하지 않는다. 왜냐하면 상담자는 자신이 많이 알고 있는 것처럼 보이기를 원하고 내담자는 상담자가 가진 권위를 좋아하기 때문에 검사결과의 객관적인 정보가 오해될 소지가 매우 많다. 때때로 내담자들은 상담자들에게 자신에게 적합한 소수의 직업들을 꼭집어 알려줄 것을 요구하기도 한다. 이러한 내담자의 요구에 응하는 것이 잘못된 것은 아니나 상담자의 주요 역할은 내담자로 하여금 검사결과를 바탕으로 자신의 내면의 욕구와 흥미, 기질을 스스로 통찰할 수 있도록 도와주는 것이다. 상담자가 모든 것을 다 알고 있다고 착각하지 않도록 하는 것이 매우 중요하다.

4. 상담자가 검사의 한계를 설명한다 해도 내담자는 별로 귀를 기울이지 않는다.

상담자가 "나는 검사의 모든 한계를 다 설명하였다"고 안위할지라도 내담자는 상담자가 설명하는 검사의 한계에는 별로 귀를 기울이지 않을 수 있다. 그들은 검사결과가 나타내는 복잡한 통계 자료를 세밀하게 분석하는 것보다는 간단하고 명료한 해석만("이 검사결과는 당신이 변호사에 적합할 것임을 보여줍니다")을 원하기 때문에 검사의 한계에 관한 상담자의 설명에는 주의를 기울이지 않는다.

2) 검사의 유용성

심리검사가 갖는 한계에도 불구하고 검사는 여전히 학생의 자기이해를 돕는 데 객관적이고 유용한 정보를 제공한다. 특히 진로상담장면에서 검사를 활용하는 것은 자신의 특성을 고려한 진로결정 방향을 수립하는 데 도움을 주고 있으며 구체적으로 다음과 같은 유용성을 갖는다.

첫째, 심리검사는 개인의 직업적 특성에 대해 객관적으로 판단할 수 있는 정보를 제공한다.

진로심리검사의 결과는 학생의 특성을 직업에서 요구하는 특성과 비교하여 과학적인 측정을 함으로써 피검자가 자신의 직업적 특성에 대해 보다 객관적으로 판단할 수 있도록 유용한 정보를 제공하고 있다. 또한, 진로심리검사의 결과는 교사로 하여금 학생을 이해하도록 하고 진로미결정 등 진로선택과 관련된 문제들을 해결하는 데 매우 유용하게 활용할 수 있다.

둘째, 검사결과뿐 아니라 검사를 받는 경험은 학생에게 진로에 대해 생각해 볼 수 있는 동기를 부여하는 효과가 있다. 즉, 검사 수검과정에서 검사지의 다양한 질문들에 응답함으로써 자신의 진로에 대한 생각을 정리할 수 있고 직업이나 학과에 대한 정보를 검사를 통해 간접적으로 경험할 수 있어 진로탐색 및 진로선택에 도움을 받을 수 있는 교육적 효과가 있다.

셋째, 심리검사 결과는 교사와 학생이 보다 자연스럽게 진로에 대해 고민해 볼 수 있는 매개체로서의 역할을 할 수 있다. 즉, 상담과정에서 검사결과표를 통해 학생의 진로문제가 구체적으로 논의될 수 있으며, 검사결과와는 다른 방향으로 진로설계가 이루어진다 하더라도 검사결과를 가지고 이야기하는 것 자체가 학생의 다양한 특성을 종합해 볼 수 있는 단서를 제공한다는 점에서 매우 유용하다.

넷째, 진로심리검사는 짧은 시간에 학생에 대한 체계화된 정보를 다양하게 수집할 수 있다는 점에서 시간과 비용의 효율성을 갖고 있다. 교사가 오랜 관찰과 면담으로 학생의 특성을 이해하여야 하는 것과 달리 짧은 시간 내에 실시되는 검사결과는 학생을 이해하는 데 훨씬 효율적일 수 있다.

4부

청소년 진로특성
진단결과
활용

11장

진로특성 진단결과를 활용한 개인상담

황매향

전통적으로 진로상담은 진로검사를 하는 것으로 간주될 만큼 진로상담에서는 진로검사의 사용이 빈번하다. 진로검사를 통해 개인의 특성(흥미, 적성, 가치관 등)을 파악하고 그에 맞는 직업을 찾는 것이 진로상담으로 여겨지던 때에는 진로상담에서 진로검사는 진로대안 선택을 위한 수단으로 주로 사용되었다. 그러나 진로상담의 실제는 '자기이해 → 직업세계 탐색 → 의사결정'이라는 단선적인 과정을 거치는 경우보다 더 복잡하고 다양한 문제를 다루어야 하는 경우가 많다. 따라서 진로상담의 과정에서 진로검사의 결과활용도 진로대안의 선택을 넘어 상담의 전체 단계에서 고려해야 한다. 이 장에서는 상담의 각 단계―접수면접, 관계형성, 목표설정, 개입, 상담성과 평가―에서 상담자가 해야 할 과제와 관련해 진로검사가 어떻게 활용될 수 있는지 알아보려고 한다.

1 접수면접에서의 결과활용

일반적으로 상담의 시작은 접수면접이듯이 진로상담에서도 접수면접이 출발점이 된다. 많은 학교에서 실시되고 있는 집단 진로검사의 결과는 상담이 필요한 학생을 발견하는 도구가 될 수 있다. 또한 내담자가 호소하는 문제에 대한 탐색을 통해 추가로 실시해야 할 검사도구를 선정하고 진로문제와 함께 다루어야 할 다른 심리적 문제를 파악하는 것도 접수면접 단계에서 교사가 수행할 중요한 과제이다.

1) 진로상담이 필요한 학생 발견하기

상담을 받기 위해 학생 스스로 상담실을 방문하기도 하지만, 상담을 통해 자신의 어려움을 해결하는 데 도움을 받을 수 있다는 것을 모르고 있는 학생도 적지 않다. 교사는 이렇게 잠재된 내담자인 학생을 발견하고 이들을 상담으로 이끄는 일을 해야 하는데, 여기에 진로검사 결과가 활용될 수 있다.

첫째, 학교에서 실시한 집단검사결과를 통해 상담이 필요한 학생을 발견할 수 있다. 거의 대부분의 학교에서 학기초가 되면 전체 학생들을 대상으로 심리검사를 실시하고 있다. 진로검사는 초·중·고 현장에서 가장 많이 실시되고 있는 심리검사에 속한다. 학교에서 실시하는 진로검사는 대부분 집단으로 실시가 가능한 표준화 검사로 전체 학생들의 진로와 관련된 다양한 특성을 동시에 파악할 수 있다. 또한 교사들에게 전체 학생들의 검사결과가 요약되어 제공되는데, 여기에서 상담이 필요한 학생들을 확인할 수 있다. 검사에 임한 태도 면에서 성실하게 반응하지 않았거나 특이한 반응을 한 경우, 진로발달 지표(진로정체감, 진로성숙도, 진로효능감 등)에서 낮은 점수를 보이는 경우, 개인 특성 점수(흥미, 가치, 적성 등)에서 전체적으로 낮은 점수를 보이거나 전체적으로 높은 점수를 보이는 경우 등이 대표적이다. 비록 검사결과에서 어떤 어려움이 있는지 구체적인 정보를 제공받지 못하더라도 진로와 관련된 문제로 곤란에 빠져 있을 가능성이 높기 때문에 개인상담으로 이끄는 것이 필요하다.

둘째, 수업이나 행사로 실시되는 온라인 검사결과에서도 상담이 필요한 학생들을 발견할 수 있다. 최근에는 오프라인 검사만이 아니라 온라인 검사도 다양하게 개발되어 있는데, 학교 현장에서는 주로 학급단위 활동으로 온라인 검사를 실시하는 경우가 많다. 온라인으로 제공되는 진로검사들은 대부분 개인별로 결과가 제공되고, 전체 학생들의 검사결과가 요약되어 교사에게 전달되지 않는 경우가 많다. 따라서 학급단위 활동으로 온라인 검사를 실시할 때는 그 결과를 기록하는 활동지를 따로 마련해 전체 학생들의 검사결과를 살펴보는 것이 좋다. 이때도 오프라인 검사결과에서 적용했던 것과 같은 과정을 통해 상담이 필요한 학생을 발견하고 개인상담을 제공하는 것이 필요하다.

마지막으로 검사결과에 대한 해석과정에서 개인상담이 필요한 학생을 확인할 수 있다. 진로검사만을 받기 위해 상담실을 방문한 학생의 요구에 따라 검사를 실시하고 해석을 해 나가는 과정에서 개인상담을 통해 해결할 문제가 발견되는 경우가 종종 있다. 진로검사를 개인적으로 실시하기 위한 접수면접에서부터 개인상담의 필요성이 파악되기도 하지만, 좀 더 깊이 있는 해석 단계로 이어지면서 학생의 문제가 드러나는 경우도 있다. 따라서 앞선 장에서 다룬 검사해석의 과정을 학생의 필요에 맞게 잘 이끌어 나가면서 더 제공해야 할 서비스가 없는지 파악하는 것이 교사의 중요한 과제이다.

이렇게 발견된 학생들의 경우 비자발적 내담자일 가능성이 높지만, 검사에서 나타난 특성이 어떤 어려움을 나타내고 있는지 설명해 주면서 호소문제를 이끌어 낼 수 있다. 예를 들면, 진로정체감 수준이 매우 낮을 경우('진로정체감검사'의 경우 5점 이하), 자신이 어떤 사람인지에 대해 혼란스럽고 나머지 검사결과도 자신과 맞는지 여부를 판단하기 어려운 상황에 있을 것이다. 이 부분을 교사가 검사결과와 연결해 설명하고, 조금 더 구체적으로 어려움을 탐색하는 과정으로 나아갈 수 있다.

2) 검사의 선정

상담에서는 일반적으로 내담자가 겪고 있는 문제의 원인이나 정도를 객관적으로 점검하기 위해 접수면접을 바탕으로 심리검사를 실시하게 된다. 진로상담에서도 마찬가지로 접수면접 단계에서 필요한 진로검사가 무엇인지 판단하고 학생에게 실시해야 한다. 최근 학생들은 진로상담과 상관없이 진로검사를 받는 경우가 많아 이미 여러 검사결과를 접수면접에 가지고 오는 경우도 많다. 따라서 교사는 학생이 이미 가지고 있는 진로검사와 학생이 호소하는 문제를 함께 고려해 추가로 실시할 검사를 선정해야 한다.

이때 가장 먼저 고려해야 할 사항은 이미 실시한 검사와 유사한 검사를 중복 실시하지 않도록 유의해야 한다는 점이다. 예를 들면, 홀랜드의 6가지 직업유형을 알아보는 진로검사의 경우 여러 종류가 있고 서로 조금씩 다른 특성을 갖는다는 이유로 중복 실시하는 경우가 많다. 다른 특성을 갖는 검사라고 해도 홀랜드 6가지 직업유형을 결과로 제시한다는 점에서 공통점을 갖는 검사라면 가능한 다시 실시하지 않는 것이 바람직하다. 따라서 보다 구체적으로 학생이 호소한 문제를 파악할 수 있는 검사의 선정이 필요하다. 앞서 학습한 '청소년 진로특성 진단'의 장에서 다룬 내용을 참고해 실시할 검사를 선정할 것을 추천한다.

진로상담의 접수면접 단계에서 교사가 해야 할 중요한 일 중 하나는 진로문제와 공존하는 성격문제를 파악하는 것이다. 진로상담은 성격상담과는 구분되는 것으로 정의되는 경우가 많고, 학교현장에서도 성격상담은 전문상담교사가 진로상담은 진로진학상담교사가 담당하는 일로 구분되기도 한다. 그러나 실제로 학생들은 진로상담과 성격상담의 두 가지 영역의 상담을 동시에 필요로 하는 경우가 많다. 미국에서는 1993년 말 미국진로발달학회(National Career Development Association)에서 발행하는 진로발달계간지(Career Development Quarterly)에서 연간 연구 동향을 정리한 논문을 제외한 모든 논문을 진로상담과 성격상담을 따로 분리할 수 없다는 주장을 담은 논문으로 게재했다. 그중 한 논문(Lucas, 1993)은 3가지 대학생 사례를 통해 진로상담에서 성격의 문제를 다룰 수밖에 없음을 설명하는데, 그중 한 사례의 내용을 요약하면 다음과 같다.

의과대학을 준비하는 생물학과 3학년의 앤은 최근 전공에 대한 관심도 떨어지고 성적도 하락하면서 앞으로의 진로를 점검하기 위해 상담실을 찾았다. 접수면접에서 앤은 불안하고 잠을 잘 못 잔다고 했고, 특히 자신이 전공을 바꿀 경우 아버지가 어떤 반응을 보일지 걱정이 많이 된다고 했다. 앤의 아버지는 퇴역 군인으로 앤에 대한 기대가 높다. 부모가 모두 우등생이었고 앤의 표현으로는 지지적이지만 앤이 이룬 성취에 대해 만족하는 것은 아니라고 한다. 오빠가 더 주목을 많이 받고 있는 것도 불편하지만, 상담을 통해 빨리 자신의 미래에 대한 계획을 확립하고 싶다고 말했다. 앤과의 진로상담은 부모와의 관계에 초점을 맞출 필요가 있다. 부모로부터 정서적 지지를 받기를 원하는 마음이 크고 부모의 기대에 부응하지 못하게 되는 것에 대한 불안이 높다. 부모가 정한 의사라는 진로에는 점점 관심이 없어지고 있는 상태이기 때문에 더욱 예민해지고 불면증에 시달리고 있다.

출처: *Personal aspects of career counseling: Three examples*(Lucas, 1993)에 제시된 사례 중 한 사례의 내용을 요약한 것임.

이 사례의 주인공인 앤은 미국의 대학교 3학년이지만 부모의 기대에 부응하려고 애쓰면서 경험하는 앤의 스트레스와 불안은 우리나라 중고등학생들이 진로상담에서 호소하는 문제와 유사하다. 이와 같은 진로상담과 성격상담의 밀접한 관련성은 우리나라에서도 최근 관심을 가지는 영역으로, 정서 및 성격적 진로문제에 대한 연구가 2012년 이후 급증하고 있는 것(선혜연 외, 2016)으로 나타났다. 학생의 진로와 관련된 호소문제를 들으면서 성격상담이 병행되어야 한다고 판단되는 경우, 추가적인 심리검사를 실시해야 할 것이다. 문장완성검사와 같은 투사적 검사를 실시하거나 진로와 관련된 정서나 성격을 함께 측정할 수 있는 검사를 활용할 수 있다. 예를 들면, 고등학생들을 대상으로 사용된 '진로결정의 어려움 관련 정서 및 성격 척도'(EPCD, 정지원, 2015)는 비관적 관점(pessimistic view) 요인, 불안(anxiety) 요인, 자기개념 및 정체성(self-concept and identity) 요인으로 구성되어 있고, 문항도 공개되어 있어 활용이 가능하다.

2 관계형성에서의 결과활용

내담자와의 촉진적 관계형성은 모든 상담의 첫 출발점으로 가장 중요한 단계로 여겨지고 있다. 학교에서 진행되는 진로상담에서도 마찬가지로 교사는 상담초기에 학생과의 촉진적 관계형성에 초점을 두어야 한다. 다른 상담과 달리 진로상담에서는 검사결과를 매개로 교사와 학생의 신뢰관계가 돈독해질 수 있는데, 이를 최대한 활용해야 한다.

1) 검사결과에 드러난 내담자 특성에 대한 이해

학교에서는 상담과 상관없이 전체 학생들에게 진로검사를 실시하는 경우가 대부분이고 접수면접을 마치면 곧바로 호소문제와 관련된 검사를 실시하는 경우가 많아, 1회기 상담이 시작되기 전에 교사는 학생의 검사결과를 확보하게 된다. 진로검사를 비롯해 상담이 시작되기 전에 실시되는 심리검사의 결과를 통해 학생의 성격적 특성을 예상할 수 있는데, 이 점을 촉진적 관계형성을 위해 활용할 수 있다. 즉, 검사결과를 통해 학생의 성격적 특성을 파악하고, 어떤 접근으로 탐색할 때 관계형성이 순조로울 것인지 예상하여 그 방향으로 상담을 이끈다.

　　예를 들면, 직업흥미검사에서 사회형(Social)이 높은 학생은 교사와 쉽게 대화를 이어가고 교사와 이야기하는 것 자체를 좋아하겠지만, 그 반대형인 현실형(Realistic)은 언어로 자신의 상황을 표현하는 것에 서툴고 교사의 탐색적 질문을 불편해 할 수 있다. 즉, 현실형과의 상담에서는 보다 구체적이고 실제적인 소재를 중심으로 탐색해 나갈 필요가 있다는 점을 미리 예상할 수 있다. 또는 의사결정유형검사에서 합리적인 유형의 학생은 개인의 특성에 맞는 진로대안을 찾아가는 논리적인 과정을 잘 따를 수 있지만, 직관적인 유형의 학생은 스스로의 체험 없이는 판단을 내리기 힘들어할 것이다. 나아가 의존적인 유형의 학생은 교사가 결정해 주기를 기대하거나 주변의 압력에 이끌려 다닐 수 있다. 상담은 교사가 해결책을 제시하는 것이 아니라 학생 스스로 적극적으로 참여해 해답을 찾아야 한다. 따라서 의존적인 유형의 학생을 만나게 된다면, 학생이 상담에서 수행할 역할에 대한 상담구조화 과정에 대한 준비를 철저히 해야 할 것이다.

　　물론 이러한 교사의 예상은 가설로 설정되어야 하고, 학생이 상담에서 보여주는 모습에 더 집중해야 한다. 그러나 검사에서 드러난 학생의 특성은 교사가 보다 효율적인 상담을 위해 학생의 특성에 맞고 학생이 선호하는 방식으로 상담을 이끌어 나가는 하나의 정보로 활용될 수 있다.

2) 호소문제와 검사결과의 연결

　　상담에서의 촉진적 관계형성의 주요 요소가 친밀감(bond), 목표(goal), 과제(task)인 것으로 알려져 있는데, '같은 목표를 가지고 함께 일을 하고 있다'는 것을 학생이 상담과정에서 느낄 수 있어야 한다는 것이다. 이를 위해 교사는 학생이 힘들어 하고 있는 문제를 빨리 파악하고, 교사가 이해한다는 것을 학생이 느낄 수 있게 해야 한다. 검사결과를 해석하면서 학생이 힘들어하고 있는 문제와 연결해 준다면, 학생은 교사와 함께 자신의 문제를 해결할 수 있을 것이라는 희망과 믿음을 갖게 될 것이다.

검사결과는 그 자체로 많은 정보를 제공하지 못하고, 학생의 특성과 결합될 때 의미를 가진다는 점을 앞서 '진로특성 진단도구의 해석'의 장에서 학습하였다. 단, 개인상담을 받기 위해 방문한 학생들의 경우 검사결과만을 궁금해 하는 학생들과 달리 자신이 가진 문제의 원인이 무엇인지 검사결과를 통해 확인하고 싶어 한다는 점에 유의해야 한다. 예를 들어 직업흥미영역이 다양해서 하고 싶은 것을 정하지 못한 학생과 다음과 같은 대화를 나눌 수 있을 것이다.

학생: 전 아마 '결정장애'인가봐요.

교사: 그렇게 생각하는 이유가 있니?

학생: 친구들은 앞으로 뭐가 되고 싶다고 하는데, 저는 어떤 걸 해야 할지 잘 모르겠어요.

교사: 그렇구나. 지난번에 실시한 검사결과를 보면서 그 이유를 한번 찾아볼까?

학생: 정말 궁금해요. 제가 이상한 건 아니겠죠?

교사: 자, 한번 보자. 이 검사는 ○○가 어떤 분야에 더 많은 흥미를 가지는지 알아보는 검사였는데, ○○는 좋아하는 일이 아주 많구나. 여길 좀 보렴.

학생: 점수가 모두 높네요.

교사: 이렇게 다양한 분야에 흥미가 있는 사람은 한 가지를 뚜렷하게 좋아하는 사람보다 조금 더 혼란스러울 수 있단다.

학생: 맞아요. 하고 싶은 게 많아요, 전.

교사: 그래도 하고 싶은 게 없는 것보다 얼마나 좋아.

학생: 그렇죠?

상담을 통해 어떤 문제를 해결하고 어떤 상태로 나아갈 것인가를 정하는 목표설정의 단계에서도 진로검사에 나타난 결과를 활용하게 된다. 상담의 목표는 상담자와 내담자가 공유해야 하는 중요한 이정표로 서로 합의하여 명료화하는 것이 중요하다. '상담을 통해 무엇을 변화시킬 것인가'라는 목표설정의 과제는 내담자의 호소문제 파악과 그 호소문제의 원인에 대한 사례개념화에서 출발해 내담자와의 합의를 통해 마무리된다. 따라서 진로상담에서 교사는 학생의 호소문제와 검사결과를 토대로 핵심문제와 그 원인에 대한 가설을 세우고, 이 내용을 학생과 공유하면서 상담목표를 설정해야 한다.

진로상담은 "자기이해를 도와서 보다 건설적인 진로계획을 세울 수 있도록 돕는 과정"(Holland, 1997: 199)으로 정의될 수 있다. 따라서 진로상담에서는 자기이해를 그 출발점 목표로 삼게 되는데, 자기이해를 위해 진로검사를 비롯한 다양한 심리검사의 결과를 활용하게 된다. 그리고 이를 위해 어떤 측면의 자기이해가 필요한가를 파악하고 구체적인 목표를 세울 수 있다. 어떤 측면의 자기이해에 집중할 것인가는 학생의 호소문제와 검사결과를 토대로 교사가 설정한 사례개념화에서 출발할 수 있다. 사례개념화는 상담자가 어떤 이론적 접근을 적용하는가에 따라 다를 수 있는데, 교사의 전문성과 학생의 호소문제에 따라 여러 이론이 적용될 수 있다. 그리고 다음 단계로 각 이론에서 제시한 검사결과의 활용 방안을 적용해 목표설정의 과정을 학생과 함께 이끌어 나간다.

예를 들면, "심리검사는 미래의 학습에 대한 가능성을 찾는 도구로 보는 것이 바람직하다(Krumboltz & Jackson, 1993: 394)"는 주장에서 나타나듯이, 자신이 원하는 진로를 추구하기 위해 부족한 부분을 검사를 통해 발견하고 그 부분의 향상을 목표로 설정할 수 있다. 사회인지진로이론(Lent & Brown, 1996)에서는 학생이 가진 낮은 자기효능감과 잘못된 결과기대를 점검하고 수정하는 것을 진로상담의 중요한 목표로 삼는데, 진로관련 자기효능감검사의 결과가 활용될 것이다. 진로정보처리이론(Peterson, Sampson, & Reardon, 1991)에서는 정보처리영역의 피라미드와 CASVE 과정을 활용하여 문제를 파악하고 내담자의 현재 상태를 이해해 문제를 해결하기 위한 목표를 설정하는데, 이 과정에서 진로사고검사(이재창·최인화·박미진, 2003)의 결과가 활용된다. 마지막으로 진로발달이론에 입각한 상담모델인 C-DAC(Career Development, Assessment and Counseling, Super et al., 1996)에서는 진로검사를 활용한 평가의 과정이 중심이 된다. 진로발달검사(진로성숙도검사), 진로정체감검사, 직업흥미검사, 직업가치관검사를 모두 실시하고 이를 종합하여 상담목표와 개입전략을 구상하는 과정을 거친다.

4   개입단계에서의 결과활용

진로검사의 결과는 개입단계에서 가장 빈번히 활용된다고 할 수 있다. 가장 일반적으로 진로검사를 통해 자기이해를 하고 진로대안을 선택하는 것이라고 할 수 있다. 초기 진로상담은 진로검사를 통해 내담자의 특성을 파악하고, 이 특성에 맞는 진로의 대안들을 탐색한 다음, 이 두 가지가 가장 잘 어울리는 하나의 대안을 선택하는 과정으로 개념화되기도 했다. 최근에 와서는 이러한 진로의사결정의 과정은 대부분의 사람들에게 필요한 과정으로 여겨지면서, 1대1로 진행되는 개인상담보다는 진로교육이나 진로지도를 통해 제공되고 있다. 따라서 학교에서 진행되는 진로상담에서도 '진로검사의 실시 → 진로정보 탐색 → 합리적 의사결정'이라는 단선적인 과정을 거치는 경우는 드물다. 대신 이러한 과정만으로 자신의 진로문제를 해결하기 어려운 학생들이 상담실을 찾게 된다. 여기에서는 진로검사의 결과를 활용해 개입할 수 있는 대표적인 문제를 중심으로 그 과정을 살펴보고자 한다.

1) 제외된 진로대안의 탐색

학생들이 일상생활에서 진로(또는 꿈)와 관련해 가장 많이 듣는 질문은 "너 커서 뭘 하고 싶니?"이다. 여기에 "간호사", "요리사", "영화평론가" 등으로 명확하게 답을 할 수 있는 학생들은 스스로 꿈을 가지고 있다고 생각하는 반면, 어떤 일을 할 것인지 아직 정하지 못한 학생들은 "아직 잘 모르겠어요", "그런 거 없어요", "하고 싶은 게 없어요"라고 답하면서 결정에 대한 압박을 받는다. 최근 대학 입시제도에서 학생생활기록부 중심의 전형(학생부 종합전형)의 비율이 높아지고 특목고를 비롯한 고등학교 입시전형도 내신 위주 전형으로 바뀌면서, 조금이라도 빨리 자신의 진로를 결정하는 것이 유리한 상황이 되었다. 이에 따라 직업흥미검사를 비롯한 여러 가지 진로검사가 전체 학생을 대상으로 실시되고, 중학교에서는 자유학기제를 통해 다양한 직업에서의 체험 기회를 제공하고 있다. 이러한 진로교육 및 진로지도의 노력을 통해 잠정적인 꿈을 정하는 학생들도 늘어나고 있다. 그러나 뚜렷하게 하고 싶은 것이 없는 학생들은 진로검사나 직업체험에서도 여전히 답을 찾지 못하고 방황하게 된다. 이런 학생들이 개인상담을 찾는 경우가 많은데, 진로검사를 활용해 꿈 찾기를 촉진하는 것이 한 가지 개입전략이 될 수 있다.

아무것도 하고 싶은 것이 없는 상태에 있는 학생들은 환상적 꿈의 단계에서 현실적 꿈의 단계로 넘어오면서 자신이 원하는 것을 포기한 후 학업의 압박감에 시달리며 탐색을 제대로 하지 못한 경우가 많다. 예를 들면, "어릴 때부터 우주선을 타고 우주로 나가는 게 꿈이었는데 저처럼 수학을 못하는 사람은 안 된다는 걸 알았어요. 그리고는 학교 공부 따라가기에 바빠서 별로 뭐가 되고 싶다고 생각해 볼 겨를도 없었고, 지금은 뭘 해야 할지 모르니 답답하네요"라고 호소하는 식이다. 이런 학생들이 꿈을 찾을 수 있도록 돕기 위해 투사적 진로검사 중 하나인 직업카드 분류법을 활용할 수 있다. 사회인지 진로이론(Lent & Brown, 1996)과 진로발달이론(Gottfredson, 2003)에서 모두 제외된 진로대안의 확장을 위해 직업카드를 활용할 것을 제안하고 있다. 직업카드 분류법에서는 '좋아하는 직업'으로 분류한 직업을 중심으로 탐색을 하지만 진로대안을 확장하기 위해서는 '싫어하는 직업'과 '잘 모르는 직업'을 중심으로 탐색할 것을 제안하고 있는데,

그 공통된 과정을 요약해 보면 다음과 같다.

- 일반적인 직업카드 분류법에서처럼 직업을 '좋아하는 직업', '싫어하는 직업', '잘 모르는 직업'으로 분류한다.
- '잘 모르는 직업'으로 분류한 직업들에 대해 해당 직업에 대한 정보가 필요한 것인지, 선호를 결정하지 못하는 것인지 확인한다.
- 정보가 부족할 경우, 그 직업에 관한 구체적 정보를 제공하거나 정보를 직접 함께 찾아본다.
- 선호를 결정하지 못할 경우, 어떤 측면이 마음에 들고, 어떤 측면이 마음에 들지 않는지 구체적으로 생각해 보게 함으로써 선호를 명료화시킨다.
- '싫어하는 직업'으로 분류한 직업들을 가지고 '만약 그 일을 잘할 수 있는 능력이 있다면 선택할 직업(자기효능감 측면)', '내가 중요하다고 생각하는 것을 제공해 준다면 선택할 직업(결과기대 측면)', '어떤 경우에도 선택하지 않을 직업(흥미가 없는 직업)'으로 다시 분류한다.
- 실제 능력이나 기술이 부족하다면 기술을 더 향상시킬 수 있는 직업이나, 자신의 능력이나 기술에 대해 잘못된 판단을 가지고 있다면 자기효능감을 변화시킬 직업에 대해 탐색한다.
- 결과기대 측면에서 직업들의 전망이나 보상체제에 대해 잘 모르고 있거나 잘못 알고 있다면 더 탐색한다.

2) 능력-흥미 불일치

하고 싶은 것이 없어 고민인 학생들이 있는가하면 여러 진로대안 중 어떤 선택을 해야 할지 몰라 고민하는 학생들도 적지 않다. 이런 학생들이 상담에서 자주 호소하는 대표적인 문제는 자신의 능력과 흥미가 불일치해서 갈등하는 경우이다. 일반적으로 능력과 흥미는 서로 교호적 상호작용을 하며 발달하기 때문에 상관이 높다. 어떤 것을 했을 때 잘되면 더 하고 싶어지고, 좋아서 더 많이 하다 보니 더 잘하게 되는 선순환이 일어나기 때문이다. 그리고 이렇게 어떤 영역에서 능력과 흥미를 함께 발달시킨 학생들은 큰 갈등 없이 이 분야로 진로를 정하게 되고, 상담에도 찾아올 가능성이 적다. 상담을 찾는 학생들의 경우 '좋아는 하지만 잘하지 못하거나', '잘하지만 좋아하지는 않는' 상태에 있다.

능력과 흥미의 불일치로 인해 갈등하고 있는 학생과의 상담에서는 자신이 고민하고 있는 문제가 능력과 흥미의 불일치 때문이라는 점을 명확히 할 필요가 있다. 즉, 검사결과에 나타난 능력-흥미 불일치의 객관적인 정보를 제공함으로써 자신의 갈등의 원인을 명료화할 수 있다. 직업흥미검사 가운데 흥미와 능력의 하위척도를 동시에 제시하는 검사의 결과에서는 보다 명확하게 이 부분을 확인할 수 있다. 그렇지 않은 경우 직업흥미검사 결과와 함께 능력을 확인할 수 있는 적성검사의 결과나 학업성취도를 비롯한 성취도 지표를 확보하여 비교할 수 있다.

능력-흥미 불일치에 대한 인식과 수용의 다음 단계는 이런 능력-흥미 불일치에 대해 어떻게 대처할 것인가에 대한 탐색이다. 많은 사람들은 "잘하는 것은 일로 택하고, 좋아하는 것은 취미로 택하라"는 지침을 제공하곤 한다. 진로를 개척해 나가는 과정에서 능력은 진입장벽으로 작용하는 경우가 많아 아무리 좋아해도 잘하지 못하면 진입이 어렵기 때문이다. 그러나 이러한 지침은 실제 학생들과의 상담에서는 크게 도움이 되지 않는다. 어떤 지침이나 방향성을 가지고 학생과 상담을 이끌기보다는 학생이 능력과 흥미의 불일치에 대해 어떻게 생각하고 있는지 먼저 들어보는 것이 필요하다. 그리고 흥미와 능력의 측면 중 어떤 점을 더 자신의 진로에서 발휘하고 싶은지 스스로 탐색할 기회를 제공한다. 추상적으로 사고하기 어려워하는 학생이라면, 검사결과에 제시된 진로대안 중 흥미에 부합하는 진로와 능력에 부합하는 진로를 각각 하나씩 선택해 5년 후, 10년 후, 15년 후의 삶을 예상해 보는 방법으로 탐색을 이끌어 나갈 수 있다.

자신이 잘하는 것과 좋아하는 것이 불일치할 때 어느 한쪽으로 결정을 할 수도 있지만, 그 두 가지를 모두 활용하는 진로대안도 찾아볼 수 있다. 이때 보다 구체적으로 생각해 볼 수 있도록 검사결과에 제시된 진로대안을 활용할 수 있는데, 높은 흥미에 제시된 진로대안과 높은 능력에 제시된 진로대안을 비교하는 것이다. 서로 유사점을 가진 대안이 존재할 수 있고, 이 과정에서 자신의 능력과 흥미를 모두 발휘할 새로운 대안을 발견할 수 있다. 아무런 기초자료 없이 대안을 떠올리는 것보다 학과나 직업명 목록을 보면서 대안을 찾아보는 것이 효과적이다.

높은 능력을 보이는 영역과 높은 흥미를 보이는 영역이 불일치할 수도 있지만, 높은 능력을 보이는 영역은 있지만 특별히 높은 흥미를 보이는 영역이 없거나 높은 흥미를 보이는 영역은 있지만 높은 능력을 보이는 영역은 뚜렷하게 나타나지 않는 경우도 있다. 이 경우에는 검사결과를 해석하는 과정을 통해 부족한 능력 또는 부족한 흥미를 더 개발할 지점을 확인할 수도 있고, 부족한 능력 또는 부족한 흥미의 증진을 새로운 목표로 설정할 수도 있다. 특히, 능력의 부족을 보이는 경우 일찍부터 흥미를 가진 분야로의 진출을 포기한 상태의 학생들이 있다는 점에 주목해야 한다. 청소년들의 경우 아직 능력을 개발할 시간과 가능성이 얼마든지 있기 때문에 이러한 포기상태를 탐색하고 개입해야 한다. 우리나라 학생들의 경우 자신이 흥미를 가진 영역에서의 실력 향상이 너무 어려워 보여서 미리 포기한 학생들이 많은데, 대학입시를 앞둔 고등학생들은 더욱 그렇다. 이런 학생들은 대부분 "하고 싶은 직업이 없다", "뭘 해야 할지 모르겠다", "진로에 대해 생각해 본 적 없다" 등의 호소를 하는데, 원하는 진로가 있지만 현재 성적으로 해당 대학이나 학과 진학이 어렵다고 생각하고 포기한 상태인 경우가 적지 않다. 이런 학생들과의 상담에서는 능력이 발달되고 있는 중이라는 점을 잘 설명하고, 능력의 개발에 대한 계획을 함께 세워야 한다. 능력 개발의 출발만이 아니라 지속의 과정 역시 상담을 통해 도움을 줄 수 있는 영역이다. 특히, 능력은 짧은 기간에 향상을 이루기 어렵고 자기효능감이 낮은 경우 노력에 대한 동기도 떨어진다. 교사는 능력 자체에 대한 자기효능감만이 아니라 노력의 과정에 대한 자기효능감을 높여주어야 하고, 꾸준히 노력을 기울일 수 있도록 조력해야 한다. 즉, 능력 증진의 필요성을 발판으로 앞으로의 진로개발이 더 촉진되는 방향으로 상담을 이끌어야 한다.

3) 다재다능의 걸림돌

매사에 성취수준이 높고 무엇이든 열심히 하는 학생들은 진로와 관련해 도움이 필요하지 않은 것처럼 보이지만, 이들은 장기적인 진로미결정 상태에 놓여 있는 경우가 많다. 이런 학생들에 대한 논의는 오래전부터 전개되어 오고 있는데, 커(Kerr, 1981)는 그들이 겪는 문제를 다음의 세 가지로 제시하고 있다. ① 잠재력을 가진 분야가 많지만 하나의 선택을 해야 하는 문제, ② 정서적 성숙이 준비되기도 전에 장기적인 진로계획을 세워야 하는 문제, ③ 개인적 진로목표와 사회적 기대의 조화를 이루는 문제 등이다. 이렇게 다재다능한 학생들은 우수집단에 밀집되어 있는 경우가 많은데, 우리나라의 경우 입시제도로 인해 이들에게 더 빠른 진로선택을 요구한다. 실제 학업우수학생들은 또래 학생들에 비해 초등학교 저학년 또는 늦어도 중학교 초반에는 진로를 결정하는 것으로 나타났다(남경민 외, 2010; 하정·유성경, 2007). 고등학교가 이미 서열화된 우리나라의 교육현실을 반영하고 있다고 할 수 있다. 다른 학생들보다 빠른 시기에 진로를 결정하긴 하지만 충분히 자신의 특성을 고려하기보다는 부모의 기대와 현실적 여건 속에서 타협점을 찾은 경우나 과학고와 외국어고로 대별되는 문과 또는 이과를 정한 수준의 결정은 여전히 앞으로 자신이 헌신할 일이 무엇인가에 대한 고민을 남기게 될 것이다. 특히, 우수한 학생들의 경우 주변의 어른들로부터 자율성을 존중받게 되는데, 때로는 이것이 스스로의 결정에 대한 책임을 더 크게 느끼게 할 수도 있다.

이런 학생들이 상담실을 찾을 경우 교사는 앞서 살펴본 커가 제시한 세 가지 문제에 대한 점검부터 해야 한다. 잠정적으로 진로대안을 선택했고, 여기에 대한 의문을 가지고 상담을 찾는 경우가 많기 때문이다. 이 단계에서는 모든 흥미영역에서 높은 점수로 나타나는 직업흥미검사의 결과와 거의 대부분의 과목에서 고른 분포를 보이는 성취도수준을 통해 학생의 다재다능함을 확인시켜 주는 것이 좋다. 그리고 이러한 다재다능함은 의사결정의 어려움을 가져오는 핵심적 요인임도 함께 수용하면서 흥미나 능력이 아닌 다른 측면을 고려한 진로선택이 필요함을 인식하도록 돕는다.

일반적으로 우수한 학생들은 진로를 통한 자아실현의 욕구가 높기 때문에 이들에게 도움이 되는 개입전략으로 가치관에 따른 진로선택이 추천된다(Rysiew, Shore, &

Leeb, 1999). 이 단계에서 교사는 직업가치관검사 결과를 활용해 다재다능한 학생의 의사결정을 도울 수 있다. 직업가치관과 함께 생애가치관 검사도 함께 실시해 전반적인 삶의 지향점을 찾을 수 있다면 더 도움이 될 것이다. 가치관 검사에서 추천되는 학과나 직업적 대안에 초점을 두기보다는, 학생이 중요하게 여기는 가치의 실현이 어떤 의미를 갖는 것인지, 어떤 삶의 양식이 그 의미를 실현할 수 있다고 생각하는지, 여기에 부응할 수 있는 진로대안은 어떤 것인지 등을 심층적으로 다루는 것이 효과적이다.

4) 일관성이 낮은 흥미

어느 한 방향으로 흥미가 일관되게 나타날 경우 그 흥미를 충족시키는 쪽으로 진로를 정하기 때문에 많은 고민을 하지 않고 결정에 이르게 된다. 이런 학생들은 상담을 찾기보다는 진로교육이나 진로지도 프로그램을 통해 자신의 진로를 결정하게 된다. 즉, 상담실까지 찾아와 고민을 호소하는 학생들은 서로 특성이 다른 영역에서 흥미를 가진 학생들인 경우가 많다. 이렇게 일관성이 낮은 흥미를 가진 학생들은 자신이 무엇을 좋아하는지 혼란스러워 하고 미결정 상태에 놓이게 되는 경우가 많다. 홀랜드 육각형에서 가장 높은 점수를 보이는 2~3개의 대표 코드가 서로 반대되거나 인접하지 않은 코드일 때 일관성이 낮은 흥미를 가졌다고 한다. 예를 들면, 현실형(R)과 사회형(S)이 가장 높은 2개 코드로 나타나거나, 탐구형(I), 사회형(S), 관습형(C)이 가장 높은 3개 코드로 나타나는 경우이다.

일관성이 낮은 흥미를 가진 학생과의 진로상담은 무엇보다 지금까지 진로에서 경험하던 혼란의 원인이 일관성이 낮은 흥미 때문이라는 것부터 확인하는 작업에서 시작될 수 있을 것이다. 자신의 직업흥미검사결과를 보면서, 어려움의 원인이 무엇인가에 대해 명료해지면 문제를 해결하려는 동기도 높아질 것이다. 다음 단계는 이러한 일관성이 낮은 흥미와 진로선택을 어떻게 연결지을 것인가의 과제이다. 앞서 능력과 흥미의 불일치에서 살펴본 바와 같이 어느 한쪽을 선택하는 것이 하나의 방안이 될 수 있다. 보다 흥미가 높은 한쪽을 일의 영역으로 선택하고, 나머지 상반된 흥미는 취미생활

등을 통해 충족하는 방안을 고려할 수 있다. 그러나 이러한 방향의 제시를 교사가 먼저 하기보다는 학생이 생각해 볼 수 있도록 도와야 한다. 서로 특성이 다른 흥미를 함께 충족시킬 수 있는 방안이 어떤 것이 있을지에 대해 자유롭게 생각해 보게 하고, 그 방안의 장단점에 대해서도 충분히 생각하고 이야기할 시간을 갖는 것이 필요하다.

드물기는 하지만 서로 상반되거나 일관성이 낮은 흥미영역이 모두 발휘되는 진로 대안을 찾을 수도 있다. 예를 들어, 벤처기업의 CEO는 탐구형(I)과 진취형(E)의 정반대 특성을 가지고 있어야 한다. 실제 검사결과에도 일관성이 낮은 흥미를 충족하는 진로 대안이 제시된다. 이를 중심으로 자신이 가진 서로 다른 흥미를 충족시킬 수 있는 진로 대안을 찾는 방향으로 나아갈 수 있다. 단, 이때 주의해야 하는 것은 서로 다른 흥미영역이 조화를 잘 이루지 못할 수도 있다는 점이다. 다음은 탐구형(I)과 사회형(S)의 흥미를 모두 충족시킬 수 있는 수학교사라는 직업을 선택했지만, 잘 적응하지 못하고 상담을 찾은 사례이다.

레슬리는 35세의 수학교사로 현재의 직업을 그만둘지 말지, 만일 그만둔다면 다른 과목 또는 아예 다른 직업을 찾을지 불명확한 상태에서 상담실을 찾았다. 레슬리는 사회형과 탐구형의 성격을 변함없이 계속 유지해 오고 있다. 어린 시절에도 이 두 영역의 활동을 계속 추구했다. 사회형과 탐구형의 두 유형은 육각형 모형에서 인접한 코드가 아니기 때문에 완전히 일관성 있는 흥미라고 보기는 어렵다. 일관성이 적은 흥미를 가진 학생들이 흔히 미결정 상태에 놓이듯이, 레슬리도 사회형과 탐구형이 공존하기 어려운 것 때문에 진로의사결정에서 어려움을 겪었다. 이 문제를 해결하기 위해 두 영역을 모두 반영하는 수학교육이라는 영역을 선택했다. 그러나 레슬리의 특성이 고등학교라는 환경의 일반적 특성과는 어느 정도 일치하지만, 특히 가까이에서 일하는 수학교사들은 일치하는 환경이 아니었다. 레슬리는 수학교사들과 다른 교사들 사이의 어디엔가 있다고 느끼는데, 수학교사들보다는 사람들에 대한 관심이 많고 다른 교사들에 비해서는 연구하기를 좋아하기 때문에 어느 집단에도 맞지 않는다는 느낌으로 지냈다.

출처: **사례로 배우는 진로 및 직업상담**(황매향 역, 2005)에 소개된 내용을 요약한 것임.

이 사례에 소개된 레슬리는 실제 인물로 수학교사라는 선택을 할 때는 자신이 일관성이 낮은 흥미를 가진 사람이라는 것을 몰랐고, 수학교사가 탐구형과 사회형을 모두 만족시키는 타협점이라는 것도 모르고 있었다. 아마 이러한 자신의 특성에 대한 정보를 가지고 선택을 했다면, 좀 더 잘 적응할 수 있었을 것이다. 따라서 교사는 학생이 서로 특성이 다른 흥미영역을 모두 충족시키는 선택을 할 때, 진로대안의 어떤 특성들이 각각의 서로 다른 흥미영역을 충족시키는지 명료화할 수 있도록 도와야 한다. 검사결과 확인된 자신의 일관성이 낮은 흥미에 대해서도 이해하고, 여기에 맞는 진로대안의 환경에서는 이 두 가지가 어떤 상호작용을 하는지 예상하고, 잘 적응하기 위해 어떤 준비를 할 것인가에 대해서도 생각해 볼 수 있어야 한다.

5) 부모와의 갈등

우리나라 중·고등학생들이 경험하는 진로문제 가운데 다른 사람과의 갈등으로 인한 진로미결정은 주로 부모와의 갈등에서 출발하는 경우가 많다. 학생들이 진로를 결정하는 과정에서 부모와 갈등을 일으키는 것은 미국에서도 중요하게 다루어야 한다고 주장되는 문제인데, 그 원인을 다음과 같이 정리하고 있다.

> "어떤 부모들은 직업세계나 교육체제에 관한 정확한 정보가 없어 걱정을 한다. 자녀들에게 도움이 되고 싶지만 필요한 정보가 없기 때문에, 자녀의 진로지도를 위해 '최고의 교육과 경험을 갖추면 적절한 진로정보와 결정이 저절로 따라온다'는 일반적인 원칙을 적용한다." (Young, 1994: 201)

이와 같이 부모가 정확한 진로관련 정보를 가지고 있지 못한 것이 갈등의 출발점이 될 수 있다. 자녀의 진로와 관련된 구체적인 정보가 없는 상태에서 자신의 경험 속에서 습득한 원리들, 우리나라의 경우 "좋은 대학만 가면 이후는 보장된다"라거나 "공무원처럼 안정적인 직업이 최고다"와 같은 신념을 바탕으로 자녀의 진로에 관여하게 된다. 오히려 학생은 정확한 정보를 가지고 자신의 진로를 준비해 나가려고 하는데 이를 이해하지 못하는 부모의 반대에 부딪혀 고민하고 있는 사례가 있을 수 있다. 부모가 원하지 않는 진로를 선택하는 것에는 부담이 따르고 진로를 준비하는 과정에서 부모의 금전적·정서적 지원을 받지 못하면 그 진로를 추구하기가 어렵다. 그렇다고 무조건 부모가 원하는 일을 선택하는 것은 수용하기 어렵기 때문에 고민에 빠지게 되었을 것이다. 이런 경우 부모에게 정확한 정보를 제공해 학생이 선택하고자 하는 진로의 장점과 확신을 알리는 것이 필요하다. 이를 위해 학생이 자신의 진로검사결과를 활용하고 부모를 설득할 수 있는 직업세계 정보를 확보할 수 있도록 조력할 수 있다. 어떤 대학생은 휴학을 반대하는 부모님을 설득하기 위해 가족회의를 소집하고 휴학을 해야 하는 이유와 휴학 기간 동안 생활계획의 내용을 담은 PPT를 발표해 허락을 받았다고 한다. 반대하는 부모에 대해 불만을 품거나 어쩔 수 없이 포기하기보다는 자신의 의사를 펼칠 기회를 가져 볼 수 있도록 도와야 한다.

이러한 조력을 하기 위해서는 학생이 내린 결정이 여러 정보를 확보한 상태에서 내려진 성숙한 결정인지부터 확인해야 한다. 이를 확인하기 위해 진로검사의 결과를 활용할 수 있는데, 진로검사에 나타난 학생의 특성과 학생이 정한 진로대안이 잘 조화를 이루는지 확인하는 작업이 필요하다. 교사가 일방적으로 비교하기보다는 검사결과를 학생과 함께 보면서 자신의 결정과 어떤 관련이 있는지 탐색하는 과정을 거친다. 이 과정에서 학생의 이전 의사결정과정이 성숙하지 못했다는 점이 파악된다면, 부모와의 갈등을 다루기에 앞서 이전 의사결정의 과정을 뒤돌아보고 다시 합리적인 의사결정의 과정을 거치는 것이 바람직하다.

6) 검사의 한계 극복

진로상담의 개입단계에서 교사가 적용할 수 있는 상담의 기술과 기법은 매우 다양하다. 그 가운데 진로검사의 결과를 활용할 수 있는 대표적인 개입전략에 대해 살펴보았다. 지금까지 살펴본 문제 이외에도 진로검사의 결과를 적용할 수 있는 개입전략들이 많이 있다. 특히, 투사적 검사에 해당하는 진로가계도, 생애진로평가, 커리어-오-그램 등은 개입단계에서 활용도가 높다. 나아가 검사결과를 활용하지 않고 진행되는 개입전략은 더 다양하기 때문에 검사결과에만 한정하지 말고, 해당 학생을 조력하기 위해 가장 효과적인 개입전략을 선택해야 한다.

그러나 학생들이나 부모들이 검사결과를 통해서만 진로를 결정하고 싶어 하는 경우가 있다. 중요한 결정을 해야 하는 단계에서 검사를 통해 학생 자신이나 부모가 모르고 있던 특기나 흥미를 발견하기를 바라는 경우가 여기에 속한다. 이럴 때 교사는 검사에 대한 학생과 부모의 잘못된 기대에 개입하는 것에서 출발해야 한다. 특히, 예체능과 관련된 결정을 해야 할 경우 예체능 분야의 재능을 확인할 수 있는 진로검사는 존재하지 않기 때문에 이 부분에 대한 정확한 안내도 필요하다. 진로와 관련된 결정은 검사에만 의존해서는 안 되고, 검사결과를 활용하더라도 참고할 만한 하나의 정보에 지나지 않음을 충분히 이해시킨다. 이러한 잘못된 신념에 대한 변화에 개입한 후, 자신과 직업세계에 대한 탐색과정에 집중할 수 있도록 돕는다.

5 상담성과 평가를 위한 결과활용

상담은 목적이 있는 활동으로, 상담을 통해 도달하고자 한 목표를 얼마나 성취했는가를 평가하는 것은 매우 중요한 과정이다. 매 회기의 성과에 대해 평가함으로써 다음 회기의 계획을 수립할 수 있고, 중간평가를 통해 상담의 방향을 점검할 수 있으며, 종결 시기의 평가에서는 전반적인 성과의 평가와 남은 과제를 확인한다. 이러한 상담에서의 평가의 원리는 진로상담의 과정에도 그대로 적용된다는 점을 잊어서는 안 된다. 상담 성과의 평가를 어떻게 할 것인가의 지침은 교사가 개인적으로 구상하기보다는 학교상담이라는 체제 내에서 확립하는 것이 바람직하다. 교사는 개별 사례를 진행하면서 학교상담 체제에서 마련된 성과 지침을 따르는 것이 필요하다.

상담성과의 평가는 직접 상담에 대한 만족도를 질문하는 것과 더불어 여러 방식으로 이루어질 수 있는데, 대표적인 방법은 검사의 결과를 활용하는 것이다. 일반적으로 검사는 객관적인 지표를 제시하기 때문에 상담자의 주관에 따라 상담성과를 평가할 때 발생할 수 있는 왜곡을 보완한다. 또한 사례에 따라 상담의 목표가 다르고, 성과의 평가에서는 서로 다른 상담목표가 고려되어야 할 것이다. 따라서 교사는 상담목표를 설정할 때부터 성과의 평가를 위한 검사도구를 선정하는 것이 바람직하다. 진로상담의 성과를 평가하기 위해 어떤 검사도구를 사용할 것인지에 대해서는 '진로특성 진단도구의 선택'의 장에서 학습한 내용을 참고할 수 있을 것이다.

12장

진로특성 진단결과를 활용한 집단 프로그램

홍샛별 · 이동혁

청소년 진로특성검사는 개인의 전반적 특성을 이해할 수 있는 유용한 정보를 제공하여 청소년이 자신의 진로와 직업을 탐색하는 데 도움을 준다. 학교현장에서는 검사를 실시한 후 개인에게 검사결과를 제시하는 데 그치는 경우가 많다. 하지만 검사결과를 활용하여 개인의 특성에 맞는 진로 활동이 이루어질 때 진로특성검사는 청소년의 진로발달에 효과적일 것이다. 다수의 학생을 대상으로 진로교육이 이루어지는 학교에서는 집단 프로그램을 통한 진로지도가 효율적이다. 따라서 이 장에서는 집단 프로그램에 청소년 진로특성 진단결과를 활용하는 방안에 대해서 알아보고자 한다.

1 집단 프로그램 개발

집단 프로그램 개발은 목적에 적합한 프로그램을 계획하고 설계하여 실행하는 일련의 체계적 과정이다. 집단 프로그램은 누구나 쉽게 이해할 수 있는 구체적인 목적과 목표가 제시되고, 프로그램의 내용과 활동이 목표에 적합해야 하며, 실시방법과 절차가 체계적으로 조직되어 있어야 한다. 이는 프로그램을 실시하기 전 충분한 계획과 준비과정이 뒷받침되어야 함을 의미한다. 그렇지 않은 경우 프로그램의 목표나 목적이 불분명하거나 목표와 내용 간의 일치성, 내용 간의 체계성이 결여되는 경우가 발생하기 때문이다.

집단 프로그램을 개발할 때 고려해야 할 요인이 있다. 먼저 프로그램의 목적과 목표에 따라 집단의 범위와 활동 내용, 방법 및 평가의 방향을 결정해야 한다. 프로그램의 목적은 프로그램이 실시되는 이유와 관련된 일반적이고 추상적인 개념인 반면, 목표는 그 프로그램을 마쳤을 때 참여자들이 얻게 되는 능력 및 변화모습을 의미한다. 또한 참여자들의 요구나 기대, 학교여건과 대상을 고려했을 때 실제로 실시 가능한 내용으로 프로그램을 구성하여야 한다. 이때, 되도록 참신하고 학생의 요구나 교실환경에 따라 변화가 가능한 활동을 포함시키는 것이 좋다(이숙영, 2003).

집단 프로그램 개발 과정은 모형의 종류에 따라 차이가 있으나, 일반적으로 다음그림 12-1과 같은 단계를 거쳐 진행될 수 있다.

조사	• 문제 진술 • 대상자 범위 설정 • 문제에 대한 요구조사 실시

⬇

분석	• 프로그램의 목표 진술 • 하위목표 진술 • 과제 및 내용 분석

⬇

설계	• 프로그램 제시전략 수립 • 회기별 활동 단계 설정 • 평가문항 작성

⬇

개발	• 프로그램 및 프로그램 지침서 개발 • 프로그램에 대한 형성평가 실시

⬇

실행	• 프로그램 실행

⬇

평가	• 반응평가 실시 • 성취도 평가 실시

그림 12-1 체제적 상담 프로그램을 바탕으로 한 집단 프로그램 개발 과정

1) 조사 단계

조사 단계에서는 관련 선행연구를 분석하여 연구문제를 진술하고 연구 대상자의 범위를 설정한 후 문제에 대한 요구조사를 실시하여 프로그램 개발에 필요한 사전 정보를 수집한다.

예시: 초등학생의 진로인식 및 진로자기효능감 향상을 위한 자기주도적 진로교육 프로그램 개발 및 효과성 검증.

연구문제 진술	초등학생의 진로인식 및 진로자기효능감 향상을 위한 진로교육 프로그램은 어떻게 구성되어야 하는가?

대상자 범위 설정	초등학교 5학년

요구조사	초등학교 5학년 학생들을 대상으로 진로교육 프로그램에 대한 요구조사 실시. 요구조사에 사용된 도구는 비구조화된 설문지로 진로와 관련하여 가장 관심 있는 내용과 현재 진로발달 정도, 프로그램 운영에 관하여 묻는 8문항으로 구성하였음.

출처: 강지유(2010).

2) 분석 단계

분석 단계에서는 조사 단계에서 수집한 자료를 바탕으로 대상자의 발달 단계적 특성과 요구조사 결과를 분석한 후 프로그램을 통해 도달하고자 하는 목표와 하위요인별 목표를 진술한다. 또한 국내외에서 연구된 프로그램의 내용을 분석하여 중점적으로 다루어야 할 프로그램의 영역을 설정하고, 영역별 활동을 바탕으로 프로그램의 회기를 구성한다.

예시: 초등학생의 정서조절능력 향상을 위한 시치료 집단상담 프로그램 개발.

프로그램 목표 진술	초등학생의 정서조절능력을 향상시켜 문제행동을 예방하며 적응적인 생활과 바람직한 성장을 돕는 것에 목적을 둠.

하위목표 진술	정서조절능력의 하위요인인 인지적 수준, 행동적 수준, 체험적 수준에 따른 목표를 설정함. • 체험적 수준에서는 정서를 알아차리고 체험하고 표현하면서 정서조절방법을 익히는 것을 목표로 함. • 인지적 수준에서는 자동적 사고를 이해하고 비합리적인 사고를 합리적인 사고로 바꾸어 정서조절방법을 익히는 것을 목표로 함. • 행동적 수준에서는 정서에 대한 부적응적 행동을 적응적 행동으로 바꾸어 표현하는 연습을 통하여 정서조절방법을 익히는 것을 목표로 함.

과제 및 내용 분석	선행연구분석	⇨	순위	요구조사 결과	⇨	프로그램 기본회기	⇨	프로그램 추가회기	⇨	프로그램 회기구성
			1	체험적 수준		영역별 3회기씩 구성		체험적 수준 1회기		체험적 수준 4회기
			2	행동적 수준						행동적 수준 3회기
			3	인지적 수준						인지적 수준 3회기

출처: 전미래(2017).

3) 설계 단계

설계 단계에서는 분석 단계에서 결정된 프로그램 구성요소를 바탕으로 프로그램의 제시전략과 회기별 활동 단계를 설정한다. 또한 프로그램의 내용 및 진행과 관련된 프로그램 자체 평가지와 프로그램의 효과성 검증을 위한 사전 사후 검사지를 작성한다.

예시: 중도탈락 중학생의 진로성숙도 향상을 위한 집단상담 프로그램 개발.

프로그램 제시 전략 수립	• 중도탈락 학생들의 낮은 자아존중감과 사회적 위축감에서 오는 불안감을 다루는 내용을 제시하여 집단 내 공감대를 형성함. • 매 회기 끝날 때마다 배운 점과 느낀 점을 정리하도록 하며 프로그램에서 경험한 것을 실생활에 적용하도록 격려함.

회기별 활동 단계 설정	• 각 회기별로 들어가기, 활동하기, 정리하기 단계로 구성함.
	  - 들어가기 단계에서는 지난 회기 활동을 정리하고 한 주의 경험을 나눈 후 게임이나 신체활동 등으로 흥미를 유발함.
	  - 활동하기 단계에서는 각 회기별 목표달성에 효과적인 자료와 활동을 제시함.
	  - 정리하기 단계에서는 활동에 대한 느낌을 나누고 알게 된 것을 실생활에 적용할 수 있도록 격려함.

평가문항 작성	• 프로그램의 내용 및 진행과 관련된 프로그램 자체 평가지로 매 회기 끝날 때마다 배운 점과 느낀 점을 정리하는 경험보고서를 활용함. • 프로그램 효과성 검증을 위해 임인재, 김봉환(2008)의 진로성숙도 검사를 사전 사후 검사지로 활용함.

출처: 정은미(2012).

4) 개발 단계

개발 단계에서는 프로그램 목표에 적합한 활동을 수집 및 평가하여 선정하고 회기별 내용 및 활동지를 개발한다. 완성된 시안의 이론적 타당성과 현장 적용 및 일반화 가능성을 확인하기 위해 전문가에게 자문을 요청하거나 제3의 집단에 예비 적용을 실시한다. 전문가의 의견과 예비 적용 시 발생한 문제점을 파악하고 프로그램 시안을 수정·보완한 후 최종 프로그램을 확정한다.

예시: 감각인식형 고등학생의 진로성숙도 향상을 위한 집단상담 프로그램 개발.

회기	회기 목표	참고 프로그램	매력도	성취감	발달적합성	장면적합성	자원가용성	점수	채택여부	수정/보완 내용
			선택기준							
1	• 프로그램의 목적 및 과정을 이해할 수 있다. • 집단원 간의 친밀감과 신뢰감을 형성할 수 있다.	프로그램 안내 (이근춘, 2003)	3	3	4	3	4	17		• 친밀감과 신뢰감 형성을 위한 게임 추가 • 프로그램의 활동적 전개를 위한 모둠활동 추가
		프로그램 안내 (김영숙, 2004)	4	3	3	4	5	19		
		프로그램 안내 (서영옥, 2006)	4	4	4	5	5	22	◎	
2	• 자신의 성격과 장점을 구체적으로 파악할 수 있다. • 기질을 통해 자신의 모습을 이해할 수 있다.	나 자신 만나기 (서영옥, 2006)	4	3	4	3	5	19		• 일상생활 속에서 자신을 발견할 수 있는 활동 추가 • 동영상 자료 추가 • 기질 설명 자료 추가 • 흥미와 적극성 유발을 위한 게임 추가
		성격과 진로 (고용정보원, 2010)	4	4	4	4	3	18		
		성격과 진로선택 (서울교육청, 2012)	5	4	4	4	5	22	◎	
3	• 자신의 흥미와 적성을 발견할 수 있다.	성격과 선호직업 (서영옥, 2006)	4	3	4	3	5	19		• 활동지 수집 • 동영상 자료 추가 • 흥미와 적극성 유발을 위한 게임 추가 • 흥미, 적성과 기질 비교 활동 추가
		흥미, 적성과 진로 (고용정보원, 2010)	5	4	4	4	5	22	◎	
		흥미와 적성 파악 (서울교육청, 2012)	4	4	4	4	3	19		
4	• 자신이 소중하게 여기는 가치를 탐색할 수 있다. • 성격, 흥미, 적성, 가치 등을 통해 종합적인 자기이해를 할 수 있다.	가치관과 진로 (고용정보원, 2010)	4	4	4	3	4	19		• 직업적 가치관으로 항목 수정 • 성격, 흥미, 적성, 가치관 등 종합적 자기이해 활동 추가 • 가치관과 기질 비교 활동 추가
		완소가치 (천성문 외, 2011)	5	4	5	4	5	23	◎	
		가치관 경매 (황매향 외, 2013)	5	4	3	4	5	21		
5	• 의사결정유형을 확인할 수 있다. • 합리적인 진로의사결정을 할 수 있다.	합리적 의사결정 (성복연, 2004)	4	3	4	3	5	19		• 게임을 통한 합리적 의사결정능력 점검 추가 • 흥미와 적극성 유발을 위한 게임 추가
		의사결정유형 탐색 (정은미, 2012)	4	4	4	4	3	19		
		진로의사결정유형 (직능원, 2012)	5	4	4	4	5	22	◎	

출처: 이광열(2014).

5) 실행 단계

실행 단계에서는 집단구성원을 대상으로 확정된 프로그램을 실행한다. 프로그램의 개발 목적과 방향, 집단의 특성을 고려하여 효과적으로 운영한다. 필요에 따라서는 매 회기 끝날 때마다 집단원에게 경험보고서를 받아두거나 집단원의 활동을 관찰하고 기록하여 평가 단계에서 활용할 수 있도록 한다.

6) 평가 단계

평가 단계에서는 실험집단과 통제집단을 대상으로 사전·사후 검사를 비교하여 프로그램의 효과를 확인한다. 사전·사후 검사에 따른 통계적 검증의 한계를 보완하기 위하여 집단원의 경험보고서, 상담자의 관찰 내용, 인터뷰 등의 반응을 분석한다.

예시: 초등학생의 정서조절능력 향상을 위한 시치료 집단상담 프로그램 개발.

하위요인(회기)	관찰 내용
인지적 수준 (6,7,8회기)	• '화에 대한 생각 그물'을 그릴 때부터 마음이 후련해진다는 반응이었고, 가장 강한 인상을 주는 단어를 선택하는 데 가족이나 친구 이름을 택하는 경우가 많았다. • 친구들의 분노 상황을 시로 듣는 것에 집중도가 높았고 비슷한 경험이 나오면 적극적으로 공감하고, 집단원들과 생각을 비교해 보면서 사람마다 화가 나는 상황이 다름을 이해하였다. • 생각과 감정을 잘 구별하지 못하는 경우가 많아 상담자의 피드백을 통하여 함께 수정하고, 비합리적인 생각을 합리적인 생각으로 바꾸어보는 활동을 하면서 스스로의 발전된 생각에 뿌듯해 하였다. • 짝과 함께 대구시를 쓰는 활동에서 대부분의 학생들이 평소의 짝토의보다 더 활발하게 의사소통하는 모습을 보였다. • 번갈아가면서 상황을 제시할 때 자신의 경험이 드러나는 경우가 많았고, 친구가 이어서 쓰는 해결 방법을 보면서 자연스럽게 대화가 이루어졌다. • 문제 상황에 따라 정서의 억제와 표출이 해결방법으로 골고루 제시되었다.

출처: 전미래(2017).

2 진로특성 진단결과를 활용한 집단 프로그램 운영

　　진로집단 프로그램은 참여자에게 여러 가지 진로정보를 제공하고 다른 사람들과의 상호작용을 통해 자기이해와 진로상담이 이루어지는 활동이다. 이는 집단구성원들에게 동기를 부여하고 집단 내 경험을 통해 상담이 진행된다는 점에서 개인 진로상담과 차이를 보인다. 학생 수에 비해 상담교사 수가 매우 부족하고 대부분의 교육활동이 학급집단으로 이루어지는 학교현장에서는 개인상담보다 집단상담을 통한 진로상담이 더 유용할 수 있다.

　　진로발달을 목표로 하는 집단상담은 비구조화된 상담보다 구조화된 상담 프로그램을 통해서 이루어지는 경우가 많다. 진로문제는 개인적인 상담과 조언이 필요한 정서적인 문제보다 적절한 자료를 제공함으로써 해결할 수 있는 문제가 대부분이며 진로에 대해 공통적인 문제를 가진 많은 학생을 동시에 다루어야 하기 때문이다. 따라서 학교현장에서 진로상담을 효과적으로 추진하기 위해서는 목적에 적합한 프로그램을 개발하여 진로교육의 목표에 맞게 계획을 수립하고 연간계획을 세워 진행하는 것이 필요하다(배소정, 2004).

1) 성격검사를 활용한 집단 프로그램

　　체계적이고 효율적인 진로교육을 위해 개인의 특성이 고려되어야 한다. 다양한 개인의 특성 중 성격은 개인의 감정, 사고, 행동에 따라 어느 정도 일관성 있게 나타나는 개인을 구별하는 요소이다. 따라서 개인이 진로를 설계하는 데에 자신의 성격에 대한 이해가 고려되어야 할 것이다. 성격을 이해하는 다수의 이론이 존재하며 이론의 내용에 따라 이를 활용한 진로집단 프로그램도 다양해질 것이다. 여기서는 앞서 2장에서 제시한 긍정심리학과 Big Five 이론에 따른 성격검사를 진로집단 프로그램에서 어떻게 활용할 수 있는지 알아보겠다.

(1) 긍정심리학

기존의 심리학이 인간의 부정적인 측면을 해결하는 데 관심을 가진 것과는 달리 긍정심리학은 인간의 삶에 긍정적 영향을 주는 내면의 특성과 잠재력을 개발하여 개인의 성장과 행복을 지원하는 데 초점을 둔다. Seligman(2004)은 사람은 누구나 2~5개의 대표강점을 가지고 있으며 이를 일상생활에서 잘 발휘하며 살 때 행복도가 높아진다고 보았다. 개인이 자신의 성격강점을 인식하고 이를 최대로 활용할 수 있는 일을 직업으로 삼는 것은 직업만족도와 잠재력을 높이는 데 영향을 준다. 또한 자신의 성격강점을 아는 것은 긍정적인 자아개념을 형성하는 데 도움을 주며 자신감을 갖고 진로탐색을 할 수 있도록 기여한다.

긍정심리학에 기반한 성격검사는 CST-A 성격강점검사와 KICS 아동성격강점검사가 있다. 표 12-1은 성격강점검사를 활용한 진로집단 프로그램의 예이다.

표 12-1 성격검사를 활용한 집단 프로그램

회기	활동주제	활동목표	세부 활동 내용
1	행복한 시작	프로그램에 대한 충분한 이해 및 진로탐색 프로그램에 대한 자세한 소개	• 프로그램 소개
2	강점 알아봐~	성격강점의 의미와 24가지 강점에 대한 이해 및 자신 안의 긍정적인 자원을 탐색할 수 있다.	• 성격강점 카드 활용 • 성격강점 검사
3	나에게도 이런 강점이?	자신의 대표강점을 인식하며 타인에게 분명히 말할 수 있다.	• 강점 빙고 • 강점 소개 • 강점 피드백
4	내가 이루고 싶은 좋은 꿈!	자신이 가지고 있는 긍정적 자원을 바탕으로 꿈꾸는 직업 및 진로를 찾아볼 수 있나.	• 미래의 내 모습 그리기(모둠활동을 통한 자신이 바라는 미래의 모습, 직업 그려보기) • 모둠별 발표(긍정적 피드백 전달, 자신이 원하는 미래 모습에 대해서 모둠별, 집단별 발표)

5	강점을 알고 나를 알면 백전백승	대표강점과 관련된 진로를 탐색할 수 있다. 진로탐색을 위해 필요한 것이 무엇인지 알 수 있다.	
6	진로탐색을 위해 어디까지 해봤니?	자신의 진로탐색을 위해서 지금까지의 생각과 활동들을 평가해 봄으로써 자신 의 진로장벽을 파악하고 강점을 통해 극 복할 수 있다.	• 직업카드 활용(직업카드를 통해 다양한 직 업에 대해 이해) • 직업 과거, 현재, 미래표 작성 • 모둠발표
7	보물을 찾아 보아요!	대표강점을 활용한 진로탐색의 어려움 을 확인하고 새로운 방법을 찾아볼 수 있다.	• 진로탐색의 어려움은?(진로탐색을 이루지 못했던 내부요인과 외부요인 탐색) • 강점 활용 진로탐색 계획표 작성
8	강점으로 미래를 꿈꾸다	강점을 활용한 진로계획을 세울 수 있으 며 구체적인 실천계획을 세울 수 있다.	• 진로탐색 액션플랜 세우기 • 나만의 강점 활용 구체적 실천카드 만들기 • 피드백

출처: 유은호(2016).

이 프로그램의 목적은 중학생이 자신의 성격강점을 이해하고 이를 활용하여 자신에게 적합한 진로를 탐색하는 것이다. 회기별 45분, 총 8회기 프로그램이며 성격강점검사를 통해 자신의 성격강점을 인식하고 진로탐색, 진로계획 등 모든 과정에 성격강점을 활용하도록 구성되었다. 자기이해 단계에서는 학생이 자신의 성격강점을 발견하고 인식하도록 하였다. 직업세계이해 및 직업탐색에서는 성격강점을 바탕으로 진로를 탐색하고 탐색과정의 어려움과 진로장벽을 극복하는 데에 자신의 성격강점을 활용할 수 있는 방안을 찾도록 구성하였다. 진로계획을 세우는 단계에서는 성격강점을 기반으로 자신의 진로를 설계하도록 하였다(유은호, 2016).

(2) Big Five 성격이론

일의 성취에는 개인의 능력뿐만 아니라 일에 대한 끈기, 창의성, 열정 등 개인의 성격 특성도 영향을 미친다. 성격이 개인의 미래 행동을 예측하는 변인이 될 수 있기에 진로지도에 있어 성격을 고려할 필요가 있다(이길수, 2004).

Big Five 성격이론을 구성하는 다섯 가지 성격 요인은 외향성, 신경증, 성실성, 친화성, 개방성이다. 외향성은 다른 사람과의 상호작용을 즐기며 타인의 관심을 끌거나 주도하려는 정도를 의미한다. 외향성이 높은 사람들은 사교적이고 자극과 흥분을 좋아하며 열성적이다. 신경증은 정서적 안정성, 환경에 대한 민감성, 긴장의 정도를 나타내며 세상을 자신의 의지대로 얼마나 통제할 수 있다고 생각하는지와 관련된 요인이다. 신경증이 높은 사람은 정서적으로 안정되어 있지 못하고, 불안, 걱정, 긴장, 우울 등의 부정적 정서를 자주 경험한다. 성실성은 사회적 규범과 규칙을 지키려는 정도를 나타내며 끈기 있게 목표를 달성해 나가고 조직적이고 계획적으로 자신의 일을 추진해 나가는 것과 관련된 요인이다. 성실성이 높은 사람은 열심히 일하고, 신중하고, 분별력이 있고 타인에게 신뢰감을 준다. 친화성은 다른 사람과 편안하고 원만한 관계를 유지하는 정도를 나타낸다. 친화성이 높은 사람은 다른 사람을 신뢰하고, 존중하며, 관심을 가지며, 협조적이다. 개방성은 지적 자극이나 변화, 다양성을 좋아하는 정도와 관련이 있으며 개방성이 높은 사람은 상상력이 풍부하고, 호기심이 많으며, 창의적이고, 변화에 대한 수용도가 높다.

　여러 연구 결과 다섯 가지 성격 요인은 진로성숙도, 진로행동, 진로흥미 등 진로관련 변인과 밀접한 관련이 있는 것으로 나타났다. 따라서 NEO 성격검사, 워크넷 청소년 직업인성검사 등 Big Five 이론에 기반한 성격검사를 활용할 경우 개개인의 성격 특성을 고려하여 더욱 효과적으로 학생의 진로를 지도할 수 있다. 예를 들어 신경증이 높은 학생의 경우 부적응이나 부정적 정서를 다루는 경험을, 개방성이 높은 학생의 경우는 일의 중요성에 대한 인식을 높이는 경험을 제공하는 것이 가능하다.

2) 적성과 흥미검사를 활용한 집단 프로그램

　청소년들이 자신의 진로를 결정할 때 개인의 흥미와 적성에 대한 고려가 부족하며, 미디어의 영향으로 막연히 예체능 분야의 전공을 희망한다는 연구 결과가 있다(김나라·방재현, 2014). 실제로 대학을 진학할 때 흥미와 적성보다는 성적과 사회적 기대의 영향을 많이 받는 경우를 종종 볼 수 있다.

　직업흥미란 특정한 직업이나 직업군에 대하여 보이는 선호, 수용적 관심 및 태도를 의미한다. Sullivan & Hansen(2003)은 직업흥미를 직업결정과 그에 따른 행동을 예측하는 변인이며 자신의 흥미에 맞는 직업선택은 삶의 만족감과 직업만족감에 영향을 주는 요인으로 보았다. 직업선택, 직업만족감, 직업에서의 성공 등이 개인의 직업흥미와 밀접한 관련이 있다는 다수의 연구에 비추어 보았을 때 청소년 진로지도 시 개인의 흥미가 고려될 필요가 있다.

적성은 특정한 활동이나 작업을 수행하는 데 필요한 능력을 익히고 습득하여 발현시킬 수 있는 가능성을 의미한다. 이는 특정 활동분야와 직업분야에 대한 미래의 성공가능성을 예언하는 것으로 현재의 능력이 아닌 학습과 훈련을 통해 변화되고 신장될 수 있는 능력이다. 적성이 직무만족도, 직무성취도, 직무효율성 등과 관련이 있다는 다수의 연구결과, 적성은 직업에서의 성공가능성을 진단해주는 요인임을 알 수 있다. 따라서 자신의 적성을 정확히 이해하고 적합한 진로를 선택하는 것은 직업적 만족과 성취를 위하여 매우 중요한 일이다.

개인이 가지고 있는 능력과 직업에 대한 태도는 직업적 성취의 중요한 요인이다. 개인이 자신의 직업능력, 직업흥미와 일치하는 직업을 선택하면 직업수행에서 높은 생산성과 효율성을 보일 수 있을 것이다. 진로선택은 인간관계, 사회·경제적 지위, 가치관과 태도, 자아실현 등 삶의 모든 측면에서 영향을 주고받으며 한 개인의 인생을 결정하는 것임을 고려할 때, 개인이 자신의 특성을 제대로 발휘할 수 있는 진로를 선택하도록 지도하는 것이 중요하다. 여기서는 적성과 흥미를 측정하는 다수의 검사 중 현장에서 주로 사용되는 몇 가지 검사의 활용방안을 알아보겠다.

(1) 홀랜드검사

홀랜드의 직업적 성격유형론은 개인의 직업적 흥미는 자신의 성격을 표현한다는 가정에서 출발한다. 대부분의 사람은 6가지 유형으로 분류될 수 있고 직업환경이나 생활환경도 6가지 유형이 있다. 일반적으로 각 환경에는 비슷한 성격유형을 가진 사람들이 머물고 있으며 사람들은 자신의 능력, 가치, 태도를 표현할 수 있는 환경을 찾는다. 즉, 개인의 행동은 성격과 환경의 상호작용에 의해 결정되며 개인이 자신의 성격유형과 직업환경에 대한 이해를 통해 적합한 직업을 선택할 수 있을 것으로 본다.

홀랜드이론을 바탕으로 자신의 성격유형을 알아보고 관련 직업을 찾는 집단 프로그램을 구성할 수 있다. 표 12-2는 홀랜드검사를 활용한 집단 프로그램의 예시이다.

이 프로그램의 목적은 홀랜드이론에 기초한 진로교육 프로그램을 통해 초등학생의 진로성숙도를 향상시키는 것이다. 프로그램은 자기이해, 직업이해, 진로계획으로 나눌 수 있으며 홀랜드검사를 통한 성격유형을 바탕으로 자신의 진로를 계획하도록 구성하였다. 1회기는 프로그램을 안내하고 집단 내 촉진적인 관계를 형성하도록 하였다. 2~4회기는 자기이해영역으로 홀랜드 유형별 성격, 흥미, 적성을 파악하고 자신의 유형을 이해하는 활동이 진행된다. 5~9회기는 직업이해영역으로 유형별 직업 찾기, 유형별 직업인의 공통점 찾기, 자신의 직업적 흥미 탐색하기 활동으로 구성된다. 10~11회기는 진로계획영역으로 활동을 통해 이해한 자신의 성격유형을 바탕으로 구체적인 꿈을 그려보는 활동을 진행한다.

검사를 활용한 집단 프로그램을 진행할 때 주의할 점은 검사결과를 맹목적으로 신봉하거나 검사결과대로 자신의 성격 유형을 단정 짓기보다는 진로를 탐색하는 과정의 한 부분으로 이해하도록 지도하는 것이다. 특히 초등학생은 변화가능성이 많으므로 검사결과로 유형을 단정 짓기보다는 다양한 활동을 통해 자신의 유형을 찾는 것이 효과적이다.

표 12-2 홀랜드검사를 활용한 집단 프로그램 예시

회기	주제	활동내용	비고
1	소개	• 프로그램 안내 • 자신의 미래 명패 만들기	직업그림자료
2	나의 RIASEC 유형은?	• 홀랜드 직업흥미유형검사실시 • 나의 RIASEC 유형 파악하기	직업흥미검사지
3	RIASEC 유형별 특성 이해	• RIASEC의 특성과 유형 이해하기 • RIASEC 퀴즈 게임하기 • RIASEC으로 보는 나의 성격유형 파악	RIASEC유형목록 성격낱말카드 직업낱말카드
4	소중한 나, 소중한 너	• 나의 장점과 단점 생각해 보기 • 친구들이 보는 나의 장점 • 내 장점을 넣어 내 안의 보물 이름 짓기	동영상

5	직업정보 이렇게 찾아요	• 직업정보를 찾는 다양한 방법 알아보기 • RIASEC 유형별 직업 분류하기	직업백과사전 커리어넷 워크넷
6		• RIASEC 유형별 직업, 직업인 집중 탐색 　(R형, I형) • 나의 RIASEC 유형과 비교하기	RIASEC유형목록 성격낱말카드 직업낱말카드
7	RIASEC 유형별 직업, 직업인 집중탐구	• RIASEC 유형별 직업, 직업인 집중 탐색 　(A형, S형) • 나의 RIASEC 유형과 비교하기	RIASEC유형목록 성격낱말카드 직업낱말카드
8		• RIASEC 유형별 직업, 직업인 집중 탐색 　(E형, C형) • 나의 RIASEC 유형과 비교하기	RIASEC유형목록 성격낱말카드 직업낱말카드
9	관심 직업을 정해봐요	• 우리는 CEO! • 바람직한 진로의사결정 과정 알기 • 나의 RIASEC 유형과 관련된 관심직업 정하기 　(관심직업 집중탐구-과제제시)	홀랜드 직업적성 백과사전
10 11	도전, 꿈을 향하여!	• 좌우명 정하기 • 나이대별 인생설계도 구상하기(노력할 점 함께 생각) • 계단책으로 정리하기	계단책
12	마무리하기	• 프로그램 마무리 하기 • 평가지/소감문 작성 및 발표	

출처: 안정애 · 김재호(2014).

(2) 다중지능검사

　다중지능이론은 기존의 지능이론이 학교 밖의 현실세계에서 중요하게 여겨지는 능력은 무시하고 학교 내에서 특별한 가치가 부여된 능력만을 지나치게 강조한 것에 대해 비판하면서 등장하였다. Gardner(1998)는 지능을 문화적으로 가치 있는 산물을 창조하거나, 유용한 정보를 활용하여 문제를 해결하는 잠재력으로 정의하고 8가지의 지능을 선별하였다. 8가지 지능은 독립적으로 구분되는 지적 능력으로 각각의 지능은 서로 동등한 지위를 가지며, 한 영역의 지능이 높다고 다른 영역의 지능도 높아지는 것이 아니다.

　Gardner의 8가지 지능의 주요 능력과 발달 특성 및 대표 직업은 다음과 같다.

표 12-3 다중지능의 영역별 주요 능력과 발달 특성

지능 영역	주요능력	발달 특성	지능을 발휘하는 대표적인 직업
언어 지능	음운, 어문, 의미의 언어 상징체계를 빠르게 배우며, 그와 관련문제를 해결할 수 있고 상징체계들을 창조할 수 있는 능력. 구어와 문어에 대한 민감성, 언어 학습 능력, 특정한 목표를 달성하기 위한 언어 활용 능력 등이 포함	아동기 초기에 급속하게 발달하여 노년기까지 견고하게 유지	작가, 학자, 교육자, 정치가, 법률가
논리 수학 지능	숫자나 규칙, 명제 등의 상징체계들을 익히고 문제를 논리적으로 분석하고 수학적 조작을 수행하며 과학적인 방법으로 문제를 탐구하는 능력	아동기에 나타나서 청소년기와 성인 초기에 절정이 되고 40세 이후에는 퇴보	수학자, 논리학자, 과학자
음악 지능	가락, 리듬, 음정, 음색 등 음악적 상징체계를 익숙하게 받아들이고 연주를 하거나 음악적 양식을 이해하고 작곡하는 능력	조기에 나타나서 7~8세경 절정에 달하고 그 이후는 질적인 변화가 일어나지 않음	작곡가, 지휘자, 악기연주자, 음악비평가, 무용수, 연예인
신체 운동 지능	신체의 일부 혹은 전체를 사용하여 문제를 해결하거나 산물을 형성하기 위하여 자신의 몸 전체 또는 손이나 입과 같은 신체 일부를 사용하는 능력	단순한 반사운동에서 시작하여 점점 개인의 의도와 환경의 영향이 반영된 행동으로 발달	무용가, 배우, 운동선수, 기술자, 외과의사, 발명가
공간 지능	도형, 그림, 지도, 입체설계 등의 공간 세계에 대한 정신적 모형을 만들어 그것을 조절하고 사용하는 능력으로 넓은 공간을 인지하고 다루는 잠재력	평면적인 사고에서 기하학적인 사고로, 부분 지각에서 전체적 패턴지각으로 발달하며 연습을 통해 생애 전반에 걸쳐 발달	조각가, 외과의사, 체스선수, 바둑기사, 건축설계사
인간 친화 지능	다른 사람을 이해하는 능력으로 타인의 기분과 욕구, 동기, 의도를 파악하고 적절하게 반응하며 타인과 효과적으로 일을 할 수 있는 능력	엄마와의 이원체계에서 시작하여 2~5세경 자신과 타인의 관계를 인식하는 단계로 발달하고 학교에 들어가면서 자아 및 사회에 대한 이해로 분화되어 감	판매원, 교사, 상담원, 종교지도자, 정치가
자기 성찰 지능	자신을 이해하고 자신의 욕구, 두려움, 재능 등을 잘 다루어 효율적인 삶을 살게 하는 잠재력으로 모든 능력들을 활성화시키는 동인	자신이 원하는 분명한 자신만의 모델을 가지고 있으며, 자신을 정확하게 인식하고 행동함	심리학자, 정신 분석학자, 성직자, 예술가, 문학가, 사업가
자연 친화 지능	가장 최근에 추가된 지능으로 자신이 살아가고 있는 환경의 동·식물군을 비롯한 방대한 종들에 대한 인식과 분류에 탁월한 전문지식과 능력을 포함	자연친화지능에 강점을 보이는 아동들은 어려서부터 동·식물에 대해 많은 호기심과 분류충동을 보여줌	생물학자, 동·식물연구자, 환경학자, 수의사

출처: 김소영(2013).

다중지능이 진로행동, 진로능력, 진로태도 등과 관련이 있다는 다수의 연구를 살펴보면, 8가지 지능 중 특히 자기성찰지능이 진로관련 변인과 높은 상관을 보이는 것으로 나타났다. 이는 자기성찰지능이 발달한 사람은 자아성찰, 균형화를 통해 자신의 능력을 발전시키고 행동 및 태도를 개선하여 규칙적으로 진로를 계획하고 수정해 나가기 때문이다. 따라서 자기성찰지능의 개발을 돕는 집단 프로그램을 통해 청소년들이 자신에 대해 긍정적으로 이해하고 진로의식을 발달시키도록 도울 필요가 있다.

또한 자신이 어떤 영역의 직업을 선호하며 잘 수행할 수 있는지를 알고 미래를 위해 준비하는 것은 행복한 삶을 영위하는 데에 도움을 줄 것이다. 이를 위해 자신의 강점지능과 약점지능에 대해 알아보고 관련 진로를 찾는 기회를 제공할 필요가 있다. 예를 들어 다중지능 강점별 모둠활동을 통해 서로 어울리는 직업을 추천하거나 관련된 학과를 탐색하는 활동을 통해 진로에 대한 관심을 높여줄 수 있다. 표12-4는 다중지능검사를 활용한 진로집단 프로그램의 예이다.

표 12-4 다중지능검사를 활용한 집단 프로그램 예시

회기	프로그램 제목	회기별 목표	활동내용
1	나를 돌아봐	프로그램의 목적과 성격을 이해하고 나의 현재 모습을 성찰할 수 있다.	• 프로그램 목적안내 • 나의 현재 모습 성찰
2	내가 몰랐던 행복의 조건	직업에 대한 긍정적인 태도를 형성할 수 있다.	• 다중지능검사실시 • 일과 행복의 의미 이해하기
3	다중지능의 세계로	다중지능에 대해 이해하고 올바른 진로태도를 형성할 수 있다.	• 8가지 다중지능 이해하기 • 다중지능 영역별 인물 찾기
4	나의 다중지능을 알려줘	나의 다중지능검사 결과를 통해 강·약점을 발견할 수 있다.	• 나의 다중지능 결과 분석 • 나의 다중지능 종합 평가표 작성
5	다중지능 닮은 꼴 여기 붙어라	다중지능 강점별 모둠활동을 통해 나의 잠재능력을 파악할 수 있다.	• 다중지능 강점별 모둠 활동 • 강점을 발휘할 Best Job 10 선정
6	다중지능아 내 직업을 알려줘	나의 강점지능을 발휘할 수 있는 직업정보 탐색능력의 향상을 통해 스스로 직업을 선택하는 능력을 기를 수 있다.	• 10년 후 한국의 직업세계 전망 • 나의 희망 직업 Best 3 선정
7	다중지능으로 대학가기	나의 잠재능력을 극대화할 수 있도록 진학정보 탐색능력의 향상을 통해 스스로 대학이나 학과를 선택하는 능력을 기를 수 있다.	• 나의 희망 직업에 어울리는 전공 탐색 • 나의 희망 전공 Best 3 선정

8	다중지능 공부법이 궁금해!	다중지능을 활용한 학습전략 탐색을 통해 진로계획 실천능력을 신장시킬 수 있다.	• 학교 공부 속에서 다중지능 찾기 • 나의 학습 습관 점검 • 다중지능을 활용한 학습 방법 공유
9	이 다중지능 한번 개발해볼까?	나에게 필요한 다중지능 개발방법을 탐색할 수 있다.	• 에듀팟에 자기소개서 작성하기 • 다중지능 개발방법 살펴보기 • 창의적 체험활동으로 다중지능 개발하기
10	나에 대한 정보 검색 완료!	나의 다중지능 이해를 바탕으로 진로를 선택할 수 있다.	• 에듀팟에 자기소개서 작성하기 • 다중지능 개발방법 살펴보기 • 창의적 체험활동으로 다중지능 개발하기
11	꿈★은 이루어진다!	내 인생의 진로목표 진술을 통한 구체적 진로설계를 실현할 수 있다.	• 나의 인생목표 설정 • 나만의 다중지능 개발 계획서 작성 • 나의 미래 5대 뉴스 기사문 작성
12	다중지능아 고마워!	프로그램에 대한 느낌을 나누고 변화된 모습을 평가할 수 있다.	• 프로그램 평가 • 소감문 작성 • 사후검사실시

출처: 김소영(2013).

이 프로그램은 다중지능검사를 통해 자신의 강점과 약점을 파악하고 이를 직업 및 진학 정보 탐색에 활용하여 고등학생의 진로성숙도를 향상시키기 위한 진로탐색 프로그램이다. 자기이해 영역에서는 다중지능검사를 통해 자신의 강점과 약점을 파악하는 활동을 진행하고 잠재능력을 발휘할 수 있는 직업을 탐색해 보도록 하였다. 직업탐색 영역에서는 자신의 강점과 잠재력을 발휘할 수 있는 직업을 탐색하는 활동으로 구성하였다. 진로계획 영역에서는 자신의 잠재능력을 개발하고 약점을 보완할 수 있는 학습전략과 활동을 찾아보고 자신의 강점을 최대한 발휘할 수 있는 직업을 선택하는 과정을 연습하도록 하였다.

(3) 다면적 진로탐색검사

다면적 진로탐색검사(Multidimensional Career Inventory, MCI)는 홀랜드이론을 바탕으로, 효과적인 진로의사결정에 필요한 자기이해와 직업세계이해를 위한 정보를 제공한다. 이 검사는 홀랜드 진로유형을 기준으로 진로와 관련된 자신의 특성, 진로탐색에 필요한 흥미, 능력, 가치, 개인이 가지고 있는 생활양식, 진로발달 정도를 보여주는 진로성숙도로 구성되어 있다. 이렇듯 다면적 진로탐색검사는 개인이 가지고 있는 한 가지 특성에 대한 정보만 제공하는 것이 아니라 여러 영역의 특성을 보여주므로 보다 종합적인 진로탐색이 가능하도록 설계되었다.

각 검사의 구성요소는 다음과 같다.

표 12-5 다면적 진로탐색검사의 구성요소

검사 종류	세부내용	대상
진로코드	• 홀랜드 진로유형 중 가장 높은 점수를 받은 유형 두 개를 최종 진로코드로 제공 • 두 개의 진로코드와 가장 일치하는 직업 및 전공에 대한 정보 제공	공통
진로코드 세부유형	• 흥미, 능력, 가치 영역에서 피검자의 유형을 보여줌 • 종합 프로파일에서 피검자의 흥미, 능력, 가치 점수를 비교 제시 • 초등학생은 발달단계상 가치영역 정보를 제외하고 흥미와 능력코드만 제공	공통
생활양식	• 여가, 학습, 과제에서 피검자가 어떠한 특성을 갖는지 홀랜드 성격유형에 따라 제공	공통
진로성숙도	• 피검자의 진로발달 수준에 대한 정보를 제공 • 진로확신도, 진로효능감, 진로준비도 세 가지 영역을 측정	청소년용 및 성인용
진로적응도	• 현재 피검자가 자신의 진로와 미래에 대해서 얼마나 관심을 가지고 있으며 준비하고 있는지를 의미 • 미래지향성, 낙관성, 주도성, 호기심, 자신감 등 5 가지 영역을 측정	아동용
진로경험수준	• 피검자가 각 진로영역별로 얼마나 많은 진로경험을 했는지에 대한 정보를 제공	아동용

다면적 진로탐색검사는 기존의 흥미검사와 다른 특징을 갖고 있다. 먼저 흥미뿐만 아니라 다면적인 개인의 특성에 대한 정보를 제공한다. 진로를 결정하는 데 중요한 요인인 흥미, 능력, 가치를 함께 탐색하여 자신의 특성을 종합적으로 이해할 수 있다. 개인의 흥미, 능력, 가치가 늘 동일한 것은 아니다. 어떤 영역에 대해 흥미는 있으나 능력이 없는 경우, 능력은 있으나 그 영역이 인생에서 중요하지 않다고 생각하는 경우가 있다. 따라서 흥미, 능력, 가치를 비교해 보고 통합적으로 자신의 진로를 탐색할 필요가 있다.

또한 다면적 진로탐색검사는 다양한 삶의 영역과 관련된 개인의 특성을 알려준다. 학습, 여가의 영역에서 나타나는 개인의 특성을 통해 학습방식, 과제수행방식, 여가사용방식을 탐색한다. 일의 영역에 국한되지 않은 전반적인 삶의 영역에서 나타나는 특성을 통해 자신을 더욱 잘 이해할 수 있다.

마지막으로 다면적 진로탐색검사는 진로발달 수준에 대한 정보를 제공한다. 청소년용 및 성인용은 진로성숙도를, 아동용은 진로적응도와 진로경험수준을 측정하여 개인이 미래를 준비하는 데 있어서 갖추어야 할 부분들을 알려준다.

다면적 진로탐색검사는 개인의 흥미, 능력, 가치, 생활양식, 진로발달 수준 등 진로를 탐색하고 선택하는 데 필요한 정보를 제공해 준다. 교사는 검사결과를 통하여 학생이 자신의 진로탐색을 위해 개발해 나가야 할 영역이 무엇인지 파악하고 목적에 적합한 활동을 구성할 수 있다. 또한 검사결과를 함께 해석하며 학생 스스로 진로탐색을 위해 구체적인 행동계획을 세우도록 지도할 수 있다. 예를 들어 아동용 검사에서 진로경험수준 척도가 낮게 나온 유형별로 집단을 구성하여 관련 경험을 제공할 수 있다. R유형이 낮게 나온 집단은 식물 가꾸기, 조립하기와 같이 사물, 기계, 도구, 동물 등을 다루는 활동을 경험하도록 하고, A유형이 낮게 나온 집단은 악기 연주, 글짓기, 미술관 관람 등 새로운 것을 창작하는 활동을 지원한다. 이렇게 경험수준이 낮은 영역의 활동을 제공하여, 경험 부족으로 자신의 흥미와 적성을 파악하지 못하는 일이 없도록 도와줄 수 있다.

표 12-6 다면적 진로탐색검사를 활용한 집단 프로그램

회기	활동주제	활동목표	세부 활동 내용
1	새로운 시작	프로그램에 대한 충분한 이해 및 진로탐색 프로그램에 대한 자세한 소개	• 프로그램 소개
2	나의 유형은?	자신의 흥미, 능력, 가치를 분명히 말할 수 있다. 자신의 유형에 맞는 직업을 탐색할 수 있다.	• MCI 검사 결과에서 나타난 흥미, 능력, 가치 유형을 확인 • 흥미, 능력, 가치별로 유형 일치여부를 파악하고 각각을 만족시키는 직업을 탐색

3	나의 생활은?	자신의 여가생활·학습방식·과제수행 방식을 통해 자신의 특성을 이해할 수 있다.	• MCI 검사 결과에서 나타난 여가, 학습, 과제 유형을 확인 • 비슷한 유형끼리 모여 공통점을 찾아보기 • 자신의 유형에 맞는 학습·생활 계획 세우기
4	새로운 체험, 새로운 세상	다양한 경험을 통해 나의 흥미와 적성을 찾을 수 있다.	• MCI 검사에서 진로경험수준척도가 낮게 나온 유형별로 집단을 구성하여 관련 활동 체험하기
5	직업탐색	자신의 특성에 맞는 직업을 탐색할 수 있다.	• MCI 검사에서 추천한 직업 정보 탐색하기 • 내가 평소 관심 있었던 직업 탐색하기 • 친구들끼리 서로 직업 추천하기
6	내가 보는 나의 미래	자신의 진로를 설계할 수 있다.	• MCI 검사 결과에서 나타난 진로적응도를 살펴보고 부족한 부분을 보완하기 위한 계획 세우기 • 자신의 진로 계획하기

표 12-6은 MCI 다면적 진로탐색검사를 통해 자신의 적성과 흥미를 파악하고 이를 바탕으로 자신에게 적합한 직업을 탐색하는 프로그램이다. 1회기는 프로그램에 대한 참여자의 이해를 돕고, 2회기는 자신의 직업유형을 확인하고 유형에 적합한 직업을 탐색하는 활동으로 구성하였다. 3회기에는 비슷한 생활유형끼리 모둠을 구성하여 유형별 생활양식의 특징을 파악하고 그에 따른 학습 및 생활 계획을 세우는 활동이 진행된다. 4회기에는 진로경험수준 척도를 활용하여 경험수준이 낮은 홀랜드 유형끼리 모둠을 구성하고, 모둠별로 유형에 해당하는 활동을 함께 체험한다. 5회기는 검사결과에서 제시된 추천직업과 자신의 관심직업을 비교해 보고 직업에 대한 정보를 찾아보는 활동으로 구성되었다. 6회기는 자신의 진로적응도를 확인하고 부족한 부분을 보완하기 위한 계획 및 앞으로의 진로설계를 세우는 활동으로 진행된다.

13장

진로특성 진단결과를 활용한 수업

홍샛별 · 이동혁

최근 사회적으로 진로교육의 중요성이 대두되며 진로교육이 학교 교육과정의 전반을 아우르는 중요한 교육으로 자리매김하고 있다. 자유학기제가 운영되고 창의적 체험활동에 진로활동이 편성되며 진로수업에 대한 교사의 부담감도 커지고 있다. 한 시간 남짓의 짧은 수업을 통해 학생의 성격, 흥미, 적성, 가치관 등을 파악하고 그에 적합한 직업을 탐색하는 것은 어려운 일이다. 청소년 진로특성검사는 짧은 시간 안에 개인에 대한 많은 정보를 압축적으로 제공한다. 진로수업에 적절한 진로특성검사를 활용한다면 정해진 시간 내에 효과적으로 수업 목표를 달성하는 데 도움이 될 것이다. 따라서 이 장에서는 청소년 진로특성 진단결과를 활용한 수업 방안에 대해서 알아보고자 한다.

1 수업의 설계

수업설계는 수업목표를 효율적으로 달성하기 위한 활동과 요소를 계획하는 활동이다. 수업 전 충분히 계획한 수업은 목표를 달성할 수 있는 최적의 방법을 고안한다는 점에서 계획하지 않은 수업보다 수업의 효과를 높일 수 있다. 교사는 수업이 진행되기 전에 수업에 포함하거나 제외할 내용을 결정하여 수업목표를 정선할 필요가 있다. 정선된 목표를 바탕으로 교육내용, 교육방법, 수업매체, 평가 간의 통합을 통해 학습효과를 극대화한다. 또한 미리 수업을 설계하면 수업에서 일어날 수 있는 오류를 사전에 찾아 교정할 수 있고 학생에게 적합한 수업을 계획하여 학생의 적극적인 참여를 유도할 수도 있다.

Dick과 Reiser(1989)는 효과적인 수업을 설계하기 위한 체제적인 접근을 기반으로 수업설계모형을 제시하였다. Dick과 Reiser(1989)가 제안한 수업설계모형은 수업목표 진술, 수업활동 계획, 평가도구 개발, 학생의 수행과 태도에 비추어 수업을 수정하는 과정을 거친다. 그림13-1은 Dick과 Reiser의 수업설계모형을 도식으로 나타낸 것이다. 세부단계는 다음과 같이 이루어진다.

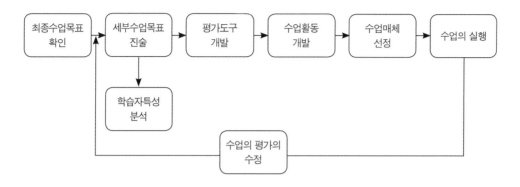

그림 13-1 Dick과 Reiser의 수업설계모형

출처: 윤관식(2013). **수업설계 교수-학습지도안 개발 방법론**.

1) 최종수업목표 확인

최종수업목표의 확인은 한 단위의 수업이 끝났을 때 학생이 할 수 있는 것을 진술하거나 분석하는 것이다. 목표를 확인하는 것은 수업의 결과 나타나는 학생의 성과를 확인하는 것으로 일련의 수업계획을 결정하는 수업설계의 출발점이다.

예시

- 최종수업목표
  다양한 직업에 대한 정보를 탐색할 수 있다.

2) 세부수업목표 진술

세부수업목표의 진술은 한 단위의 수업이 끝났을 때 학생이 할 수 있는 것을 아주 구체적으로 진술하는 것이다. 세부수업목표를 명확하게 진술하면 목표 달성을 위한 합리적인 수업계획을 세울 수 있고 효율적인 학습 활동을 전개할 수 있다. 세부수업목표는 최종수업목표보다 구체적인 것으로 세부수업목표를 단계적으로 학습하면 최종수업목표를 성취하게 된다. 따라서 세부수업목표는 학생이 수업의 결과로 할 수 있는 것을 매우 구체적으로 진술해야 하며, 구체적으로 진술된 세부수업목표는 학생의 수행을 관찰하는 기준이 된다.

예시

• 최종수업목표

다양한 직업에 대한 정보를 탐색할 수 있다.

• 세부수업목표

1. '커리어넷'을 통해 직업정보를 찾을 수 있다.
2. 자신의 적성유형별 추천직업의 정보를 찾을 수 있다.
3. 자신이 좋아하는 직업 분야의 직업인을 탐색할 수 있다.

---

3) 학생 특성 분석

학생 특성 분석은 특정 수업이 시작할 때 학생이 갖추고 있는 지적 특성, 개인적 특성 및 심리적 특성을 포함한 학생의 출발점 행동을 확인하는 작업이다. 좋은 수업을 위해서는 학생의 개인차를 확인하고 다양한 특성을 분석하여 수업을 설계하고 개발할 필요가 있다. 수업 시작 전 파악해야 할 학생의 출발점 행동으로는 지적, 개인적, 심리적 특성이 있다. 지적 특성은 학생이 수업 전 가지고 있는 지식과 기능이고, 개인적 특성은 학생의 나이, 학력, 지능, 동기 등과 같은 환경적, 물리적 특성이며, 심리적 특성은 학습양식, 정보처리 등과 같은 심리 내적 변인이다. 학생 특성이 미리 설정된 목표에 맞지 않으면 목표를 수정할 필요가 있다.

예시

- 최종수업목표

다양한 직업에 대한 정보를 탐색할 수 있다.

- 세부수업목표

1. '커리어넷'을 통해 직업정보를 찾을 수 있다.
2. 자신의 적성유형별 추천직업의 정보를 찾을 수 있다.
3. 자신이 좋아하는 직업 분야의 직업인을 탐색할 수 있다.

- 학생 특성 분석

창의적 체험활동 시간에 Holland검사를 실시하여 각자 자신의 직업흥미유형을 알고 있다. 따라서 직업정보를 찾는 활동을 진행할 때 자신의 Holland 유형에 해당되는 직업을 중심으로 탐색하도록 지도할 수 있다.

---

4) 평가도구 개발

평가도구 개발은 수업 후 학생의 성취도를 확인할 수 있는 평가도구를 선정하거나 개발하는 것이다. 평가는 몇 가지 기준에 의해 여러 종류로 나뉠 수 있다. 먼저 점수에 대한 가치 부여와 결과를 해석하는 방법에 따라 규준지향평가와 준거지향평가로 나뉜다. 규준지향평가는 절대적인 기준 없이 학생의 점수 가치가 상대적으로 결정되고 준거지향평가는 학생 간의 상대적 비교 없이 개별 학생의 목표달성도에 따라 평가가 이루어진다.

다음으로 평가가 이루어지는 시점에 따라 진단평가, 형성평가, 총괄평가로 나뉜다. 진단평가는 수업초기 학생의 출발점 행동을 진단하는 것이며 형성평가는 수업 진행 과정에서 학생이 정상적인 진도를 보이고 있는지 점검하는 것이고 총괄평가는 수업이 끝난 후 목표달성도를 확인하여 수업의 효과와 적합성을 확인하는 것이다.

이외에도 지필평가와 수행평가가 있다. 지필평가는 수업을 통해 향상된 지적능력을 확인하기 위한 것이며 선택형 문항과 서답형 문항으로 나눌 수 있다. 지필평가가 단순히 책에 있는 정보를 암기하는 데 치중하는 것과 달리, 수행평가는 비판력, 창의력, 문제해결력 등 고등사고력을 측정하는 데 초점을 둔다. 수행평가는 학습 결과뿐 아니라 과정도 중시하는 평가로 학생의 작품이나 활동을 관찰하여 평가하는 것이다. 평가목적이 교수-학습 과정 개선 및 개별 학생을 위한 지도라면 서답형, 논술형, 관찰, 토론 등 어떠한 방법의 평가로도 진행될 수 있다.

평가도구는 최종수업목표와 세부수업목표를 기초로 개발되어야 하며, 좋은 검사를 개발하기 위해서는 타당도, 신뢰도, 객관도, 실용도를 고려하여야 한다. 진로수업은 지식을 학습하는 수업이 아니기 때문에 지필평가보다는 관찰, 자기평가, 포트폴리오 등 과정을 중시하는 수행평가가 적합하다.

5) 수업활동 개발

수업활동 개발은 학생이 목표를 달성할 수 있도록 교수-학습활동 내용과 절차를 선정하거나 개발하는 것이다. 수업 시작 활동으로는 주의 집중, 목표 제시, 선수학습 확인이 진행되며, 수업 전개 활동으로는 학습내용 제시, 학습안내, 수행 유도, 연습활동과 피드백이 있다. 수업 마무리 단계에서는 수행행동 평가와 파지와 전이를 촉진하는 활동이 진행된다.

6) 수업매체 선정

수업매체 선정은 교사가 수업에서 사용할 매체를 결정하거나 제작하는 것이다. 교사는 특정 수업 매체가 학습 동기 향상 및 수업내용 전달에 적합한지를 판단하여 적절한 매체를 선택해야 한다. 수업매체를 선택할 때 고려할 사항은 학생 특성, 수업 활동, 실용성, 학습 목표와 내용, 매체의 속성과 기능, 수업장소의 시설 등이 있다.

7) 수업 실행

수업 실행은 개발된 교수-학습지도안으로 교사가 학생을 가르치는 것이다. 교수-학습은 교사와 학생이 다양한 기술과 방법으로 상호작용하여 기대하는 성과를 이끌어내는 계획적인 활동이다. 전통적인 교수-학습 방법에는 학생의 개인차를 고려하는 개별화 학습, 소규모 팀을 조직하여 학생 스스로 문제를 해결하는 소집단 학습, 한 명의 교사가 전체 학생을 가르치는 대집단 수업이 있다. 최근에는 교육현장의 문제점을 해결하기 위해 문제중심학습, 프로젝트법, 액션러닝, 플립러닝 등 새로운 교수-학습 방법이 도입되고 있다.

수업을 실행하는 단계는 다음과 같다. 먼저 목표를 제시하고 학생의 특성을 파악한다. 학생의 특성을 파악하기 위해 간단한 질문이나 퀴즈를 활용할 수 있다. 다음으로 효과적인 교수법을 선택하고 필요한 자료를 준비한다. 교수법에 따라 필요한 자료가 달라지므로 사전에 세심한 준비가 필요하다. 수업 중 학생이 적극적으로 참여할 수 있도록 학생의 동기를 유발하고 유지하며 적절한 질문과 피드백을 제공한다. 마지막으로 퀴즈나 질문을 통해 학생의 성취도를 확인한다.

8) 수업의 평가와 수정

수업의 평가와 수정은 자신이 수행한 수업을 검토하여 보완하거나 수정하는 것이다. 이는 잘못 수행된 교수-학습 활동이 반복되지 않도록 개선할 수 있는 중요한 단계이다. 수업개선을 위한 수정은 정보 수집, 정보 분석, 수업 평가, 교수-학습지도안 수정의 네 단계를 거친다. 먼저 정보 수집 단계에서는 학생 태도, 성취도 검사 등을 기록한다. 정보 분석 단계에서는 수업과정에서 발생한 학습문제, 부정적인 태도에 대한 자료, 교사의 메모 등을 통해 수집한 자료를 분석한다. 수업 평가 단계에서는 분석된 정보를 교수-학습지도안에 비추어 문제점이 있는지 확인한다. 마지막으로 교수-학습지도안의 수정 단계에서는 확인된 문제점을 바탕으로 이전 수업에서 사용한 교수-학습지도안을 수정한다.

2 진로특성 진단결과를 활용한 수업의 실제

사회적으로 진로에 대한 중요성이 대두되면서 학교현장에서 진로교육의 중요성이 강조되어 왔다. 7차 교육과정에서 '진로와 직업'을 교과로 포함시켰으며 '폭넓은 교양을 바탕으로 진로를 개척하는 사람'을 추구하는 인간상의 하나로 정하였다. 최근 몇 년 동안 창의적 체험활동의 진로활동 편성, 자유학기제 운영, 진로교육법 제정 등이 진행되며 진로교육의 역할과 위상은 급격히 확대되었다. 진로교육이 학교 교육과정의 전반을 아우르는 중요한 교육으로 자리매김하고 있는 것이다.

학교진로교육은 크게 4가지 영역으로 구성된다. 자아이해와 사회적 역량개발, 일과 직업세계 이해, 진로탐색, 진로 디자인과 준비가 그것이다. 각 영역의 세부목표와 성취기준은 학생의 발달단계에 따라 학교급별로 차이가 있다. 한 시간 남짓의 짧은 시간 내에 진로수업을 통해 영역별 성취기준을 달성하기 위해서는 진로특성검사를 활용하는 것이 효과적이다. 각 영역별로 진로특성검사를 수업에 활용하는 방법을 알아보자.

1) 자아이해와 사회적 역량개발 영역

자아이해와 사회적 역량개발은 학생이 흥미, 적성, 성격 등 자신의 특성을 이해하고 이를 바탕으로 긍정적인 자아개념을 형성하는 영역이다. 또한 이 영역에서 학생은 주위 사람들과 원만한 관계를 맺을 수 있도록 대인관계능력과 의사소통능력을 함양한다. 따라서 흥미/적성검사, 성격검사를 활용하여 자신의 특성을 파악하는 수업을 진행할 수 있고, 의사소통유형검사를 통해 효과적인 의사소통방법을 학습하도록 도와줄 수 있다.

(1) 성격강점검사

성격강점검사는 긍정심리학에 근거하여 개인의 성격강점을 측정하는 검사이다. 긍정심리학자들이 제시하는 6개 핵심덕목과 24개의 성격강점을 측정하여 프로파일을 제공한다. 성격강점검사를 통해 개인의 대표강점을 구체적으로 인식하고 이를 자기이해와 자기계발에 유용한 정보로 활용할 수 있다. 6개의 핵심덕목과 24개의 성격강점은 표 13-1에 제시되어 있다.

표 13-1 6개의 핵심덕목과 관련된 24가지 성격강점

핵심덕목		성격강점
지혜	창의성	어떤 일을 하면서 새롭고 생산적인 방식으로 생각하는 능력
	호기심	일어나는 모든 경험과 현상에 대해 흥미를 느끼는 능력
	개방성	사물이나 현상을 다양한 측면에서 생각하고 검토하는 능력
	학구열	새로운 기술, 주제, 지식을 배우고 숙달하려는 동기와 능력
	지혜	현상을 전체적 관점에서 생각하고 타인에게 현명한 조언을 제공하는 능력
인간애	사랑	다른 사람과의 친밀한 관계를 소중하게 여기고 실천하는 능력

	이타성	다른 사람을 위해서 호의를 보이고 선한 행동을 하려는 동기와 실천력
인간애	사회지능	자신과 타인의 감정을 파악하고 다양한 사회적 상황에서 어떻게 행동하는 것이 적절한지를 아는 능력
용기	용감성	위협, 도전, 난관, 고통으로부터 위축되지 않고 극복하는 능력
	끈기	시작한 일을 마무리하여 완성하는 능력
	진실성	진실을 말하고 자신을 진실한 방식으로 제시하는 능력
	활력	활기와 에너지를 가지고 삶과 일에 접근하는 태도
절제	관대성	나쁜 일을 한 사람들을 용서하는 능력
	겸손	자신이 이루어낸 성취에 대해서 과장된 허세를 부리지 않는 태도
	신중성	선택을 조심스럽게 함으로써 나중에 후회할 일을 하지 않는 능력
	자기조절	자신의 다양한 감정, 욕구, 행동을 적절하게 잘 조절하는 능력
정의	책임감	자신이 속한 집단의 이익을 추구하고자 하는 책임의식
	공정성	편향된 개인적 감정의 개입 없이 모든 사람을 동등하게 대하는 태도
	리더십	집단활동을 조직화하고 활동이 진행되는 것을 파악하여 관리하는 능력
초월	감상력	다양한 삶의 영역에서 나타나는 아름다움, 수월성, 뛰어난 수행을 인식하고 평가하는 능력
	감사	좋은 일을 알아차리고 그에 대해 감사하는 태도
	낙관성	최선을 예상하고 그것을 성취하기 위해 노력하는 태도
	유머감각	웃고 장난치는 일을 좋아하며 다른 사람에게 웃음을 선사하는 능력
	종교성	인생의 궁극적 목적과 의미에 대한 신념을 갖고 살아가는 태도

검사는 24개 성격강점 중 가장 높은 점수를 얻은 상위 5개 강점을 대표강점으로 제시하고 대표강점을 일상생활에서 활용하는 예시를 보여준다. 이를 수업에 활용하여 학생이 자신의 성격강점을 파악하고 일상생활에서 이러한 강점이 나타나는 예를 찾아보거나, 강점이 발휘될 수 있는 직업을 서로 추천하는 활동을 진행할 수 있다. 여기서 주의할 점은 점수가 낮은 것을 약점으로 오해하지 않는 것이다. 성격검사의 핵심은 강점에 주목하여 이를 일상생활과 진로탐색에 발휘하는 것이다.

표 13-2 성격강점검사를 활용한 수업

주요내용	강점 알아봐
목표	성격강점의 의미와 24가지 강점에 대한 이해 및 자신 안의 긍정적인 자원을 탐색할 수 있다.
준비물	성격강점검사, 성격강점 카드, L홀더(파일)
단계	내용
도입	지난 회기에 다짐했던 자신만의 목표 달성에 대해 이야기를 나눈다. (한 주 동안의 생활 및 다짐 나누기)
전개	1. 성격강점검사를 실시하고 해석한다. 　성격강점검사실시 후 자신의 대표강점 다섯 가지를 찾아본다. 2. 성격강점의 의미와 내용을 이해한다. 　집단별로 성격강점 카드를 하나씩 나눠주고 자신만의 대표강점 카드 다섯 개를 뽑는다. 내용의 의미를 파악한 후 집단별로 자신의 강점을 발표한다.
정리	1. 오늘 프로그램에 대한 느낌, 생각에 대해 이야기를 나눈다. 2. 다음 회기까지 시도해 볼 자신만의 목표를 세운다.

출처: 유은호(2016).

표 13-2는 성격강점을 이용하여 학생들의 자기이해를 돕는 수업이다. 성격강점검사를 통해 자신의 대표강점을 파악하고 친구들 앞에서 자신의 강점을 발표하며 긍정적인 자아상을 확립한다. 일상생활에서 강점이 발휘된 상황을 찾는 경험을 통해 학생이 자신의 강점을 내면화할 수 있을 것으로 본다.

(2) Holland검사

Holland검사는 자신의 직업흥미유형이 무엇인지 그리고 유형별 관련 직업에는 어떤 것들이 있는지를 알려준다. Holland 진로발달이론에서는 직업적 행동양식은 성격과 환경과의 상호작용에 의해 결정된다고 본다. 따라서 6가지 성격유형 중 같은 유형끼리 집단을 구성하여 공통적인 행동양식과 성격특성을 파악하거나 다른 유형끼리 집단을 구성하여 서로의 행동양식과 성격특성을 비교하는 활동을 진행할 수 있다.

표 13-3 Holland검사를 활용한 수업

주요내용	Holland 유형 내면화(동일 유형 모둠활동)
목표	일상생활에 관련된 일거리를 통해 자신의 유형을 내면화할 수 있다. 같은 유형별 집단 활동을 통해 구성원 간의 유사점을 발견할 수 있다.
준비물	활동지
단계	내용
도입	RIASEC 직업적 성격을 복습한다.
전개	1. 같은 유형끼리 모여서 활동지를 작성한다. 〈활동지 내용〉 • 좋아하는 과목과 싫어하는 과목 이야기하기 • 좋아하는 사람과 싫어하는 사람 유형 이야기하기 • 어떤 일을 할 때 가장 기분이 좋은지 찾기 • 낯선 사람들과 함께 있을 때 나의 행동에 대해 이야기하기 2. 같은 유형 친구들이 공통적으로 잘하는 것을 찾아본다. 3. 같은 유형 친구들에게 공통적으로 부족한 것을 찾아본다.
정리	각 집단의 분위기를 설명하고 유형 집단별 차이를 발표한다.

출처: 이미화(2008).

표 13-3은 Holland검사를 활용하여 학생들의 자기이해를 돕는 수업에 관한 것이다. 동일한 유형의 학생끼리 집단을 구성하여 좋아하는 것, 싫어하는 것, 잘하는 것, 못하는 것 등에 대해 함께 이야기를 나누며 자신에 대해 탐색한다. 공통점이 많은 또래와의 편안한 대화를 통해 자기이해수준이 낮은 학생도 평소 생각해 보지 못했던 자신의 모습을 돌아볼 수 있다. 또한 Holland 유형이 같다고 모든 면이 비슷하지 않기 때문에 친구와 자신을 비교하며 이야기를 나누는 과정에서 자신의 개성이나 특징에 대한 이해가 깊어질 수 있다. 후속수업으로 Holland 유형이 다른 학생끼리 집단을 구성하여 서로의 차이점에 대해 이야기해 보는 활동을 구성하면 학생의 자기이해 수준을 높이는 데 도움이 될 것으로 보인다.

(3) 직업카드검사

직업카드는 직업의 이름과 정보, 직업을 대표하는 그림이나 사진을 기입한 카드이다. 일반적으로 Holland 직업성격유형이론에 기초하고 있기 때문에 직업카드에는 RI-ASEC 유형에 대한 정보가 포함되어 있다. 자신이 선호하는 직업카드를 선택하고 분류하는 과정을 통해 자신의 성격과 특성을 스스로 파악할 수 있다.

표 13-4 직업카드를 활용한 수업

주요내용	성격에 따른 직업 찾아보기
목표	직업카드 활동을 통해 성격과 직업 간의 관계를 이해하고 직업선택 시 자신의 성격과 특성을 고려할 수 있다.
준비물	모둠별 직업카드 1세트
단계	내용
도입	사람들은 자신의 소질과 흥미에 따라 서로 다른 직업을 갖고 싶어 하는데 비슷한 소질과 흥미를 가진 사람들은 서로 비슷한 직업을 좋아함을 설명한다.
전개	1. 모둠 구성하기 　5명 이상으로 모둠을 구성하고 모둠별로 앉는다. 2. 활동하기 　- 각 모둠에 직업카드를 묶음 또는 세트로 나눠준다. 　- 가위바위보로 술래를 정한다. 　- 술래는 직업카드 중 자신이 하고 싶은 직업 4개(나머지 모둠원들 수만큼)를 골라 자신 앞에 직업명이 보이게 놓는다. 　- 술래는 눈을 감는다. 　- 나머지 모둠원들은 술래가 고른 직업을 보면서 자신도 하고 싶은 직업이 있으면 그 직업카드를 가지고 온다. 　- 한 명이 먼저 가지고 오면 다른 사람은 가지고 올 기회가 없다. 　- 술래는 눈을 뜨고 모둠원들 중 없어진 카드를 가져간 모둠원을 찾아낸다. 　- 찾으면 그 사람이 술래가 되고, 못 찾으면 찾을 때까지 이 과정을 반복한다. 　- 모든 카드가 없어질 때까지 술래가 카드를 가져간 모둠원을 찾지 못하면 술래는 벌로 모든 모둠원에게 안마 10회를 제공한다. 　- 다시 가위바위보로 술래를 정하고 이 게임을 계속해 나간다. 　- 카드를 가져간 모둠원이 술래가 되든, 가위바위보로 진 사람이 술래가 되든, 술래가 된 사람은 앞에서 고른 직업카드를 제외한 상태에서 원하는 직업을 고른다.
정리	활동을 통해 어떤 점을 다시 학습하게 되었는지를 자유롭게 이야기하면서 활동을 마무리한다.

출처: 한국가이던스 MCI 직업카드 매뉴얼.

　　표 13-4는 직업카드를 활용한 수업의 예이다. 직업카드 게임을 통해 성격에 따라 직업의 선택이 달라질 수 있음을 이해하도록 수업을 구성하였다. 특정 직업과 친구를

연결하는 활동은 타인이 보는 자신의 모습과 자신이 좋아하는 직업들의 공통점을 이해하는 데 도움을 준다. 직업카드는 학생에게 자칫 딱딱할 수 있는 수업내용을 편안하게 제시할 수 있게 도와주는 도구가 되며 재미있는 게임이나 활동 그 자체가 검사로 활용된다는 장점이 있다.

2) 일과 직업세계 이해 영역

일과 직업세계 이해는 직업의 역할과 기능을 이해하고 시간의 흐름에 따라 직업세계도 함께 변화함을 인식하는 영역이다. 또한 자신의 직업적 가치와 직업윤리를 파악하고 직업적 편견과 고정관념에 대한 이해를 바탕으로 직업에 대한 개방적인 사고를 갖는 데 도움을 주는 영역이다. 이 영역에서는 진로가치관검사를 통해 개인이 진로를 결정하는 데 중요하게 여기는 가치가 무엇인지 파악하고 자신이 추구하는 삶과 직업을 연결지어 볼 수 있다.

(1) 직업가치관검사

직업가치관검사는 직업과 관련된 다양한 가치 중에서 자신이 중요하게 여기는 가치와 자신의 가치관에 적합한 직업영역이 무엇인지 알려준다. 검사를 통해 학생이 자신의 직업 가치관을 확인하고 평소 관심을 보였던 직업과 일치하는지를 확인하거나 가치관에 부합하는 직업들을 찾아보는 활동을 진행할 수 있다.

표 13-5 직업가치관검사를 활용한 수업

주요내용	나의 가치관과 직업 파악하기
목표	직업가치관검사를 통하여 자신의 가치관과 직업을 알 수 있다. 검사결과로 제시된 가치 및 직업과 자신이 평소에 생각하고 있던 가치 및 직업을 관련지어 이해할 수 있다.
준비물	활동지, ARO · PLUS 가치관검사 결과표

단계	내용
도입	ARO · PLUS 가치관검사를 하면서 좋았던 점, 힘들었던 점을 이야기한다.
전개	1. 집단별로 자신의 검사결과에 대해 이야기한다. 2. 검사결과로 나온 직업과 평소 자신이 관심 있었던 직업을 작성해 보도록 안내하고 자신이 소중히 여기는 삶의 가치영역이 무엇인지 확인한다. – 일상적인 경험내용이나 미래의 가상적인 상황에서 자신의 행동을 예측하여 적어본다. 3. 작성한 내용을 중심으로 자신의 가치관을 정리하여 발표하고 집단구성원들끼리 서로 의견을 나눈다.
정리	자신의 가치관과 관련된 직업 선택을 잠정적으로 해본다.

출처: 김태훈(2007).

표 13-5는 직업가치관검사를 활용한 수업의 예이다. 이 수업은 가치관검사를 통해 자신이 소중히 여기는 직업가치와 이를 추구할 수 있는 직업이 무엇인지 찾아본 후 평소 관심 있었던 직업과의 일치여부를 확인하는 활동으로 구성되었다. 가치관검사를 통해 학생은 자신이 추구하는 삶의 모습을 명확히 그려볼 수 있으며 이에 적합한 직업을 탐색할 수 있을 것이다.

3) 진로탐색 영역

진로탐색은 학습동기와 자기주도적인 학습능력을 기르고 자신의 소질과 적성에 맞는 상급학교로 진학할 수 있도록 관련 정보를 탐색하는 영역이다. 또한 서적이나 인터넷, 다양한 체험활동을 통해 직업에 대한 구체적인 정보를 찾고 자신의 적성이나 특성에 적합한 직업분야에 대해 탐색하는 영역이다. 이 영역에서는 각종 성격검사를 통해 자신의 성격을 알아보고 그에 적합한 직업을 탐색하는 활동을 진행할 수 있다. Holland검사, 스트롱검사 등 각종 직업흥미검사를 실시한 후 자신의 흥미와 관련된 직업을 찾아보고 구체적인 정보를 탐색할 수도 있다. 또한 직업카드를 활용하여 자신이 선호하는 직업의 종류나 특성을 파악할 수 있다.

(1) MBTI

MBTI는 에너지 방향, 인식기능, 판단기능, 생활양식에 따라 16가지 유형으로 성격을 분류하며 검사결과 자신의 성격유형과 유형별 추천 직업이 제시된다. MBTI를 활용하여 같은 유형별로 집단을 구성하여 자신의 성격유형에 적합한 직업정보를 탐색하거나 다른 유형의 학생들로 집단을 구성하여 각 유형별 직업을 서로 소개하는 활동을 진행할 수 있다.

표 13-6 MBTI 검사를 활용한 수업

주요내용	다양한 직업을 찾아보고 나만의 직업사전 만들기
목표	다양한 직업세계를 알 수 있다. MBTI 검사 결과 추천된 직업에 대해 알아보고 나만의 직업사전을 만들 수 있다.
준비물	컴퓨터, 드리미의 여행 직업사전카드
단계	내용
도입	1. 드리미의 여행 직업사전카드 작성방법을 설명한다. 2. MBTI 검사 결과를 확인한다.
전개	1. 학생들은 커리어넷에 있는 다양한 직업을 살펴보고, MBTI 검사 결과 추천된 직업의 이름을 목록으로 만든다. 2. 나만의 직업사전을 만들어 본다. 3. 내가 만든 직업사전카드를 친구들에게 소개하고, 친구들과 서로 나눠본다.
정리	새롭게 알게 된 직업이나 더욱 관심이 가는 직업에 대해 발표한다.

출처: 이미화(2008).

표 13-6은 MBTI 검사를 활용하여 직업을 탐색하는 수업의 예이다. 학생이 자신의 MBTI 검사결과 추천된 직업에 대해 탐색하고 서로 소개하는 활동으로 진행되었다. 지나치게 광범위한 직업들 중 학생이 탐색할 직업의 유형을 안내하여 막막함을 줄여준다는 의미로 MBTI 검사를 활용할 수 있다. 또한 탐색한 직업을 서로 소개하는 활동을 통해 자신의 유형뿐만 아니라 다른 유형의 직업 정보도 얻을 수 있다.

(2) 직업카드

직업카드는 자신이 선호하는 직업을 탐색할 수 있는 자기이해의 도구이자 직업에 대한 정보를 습득할 수 있는 직업이해의 도구이며 다양한 활동을 하며 재미있게 직업을 탐색할 수 있는 직업탐색의 도구이다. 직업카드는 진로관련 양적 검사와 함께 사용할 수 있는 절적 평가 도구로 사용자의 적극적인 참여를 유도하고 흥미를 이끌어내며 정보를 수집하는 중요한 방법으로 활용된다. 직업카드를 활용하는 방법으로 직업카드 분류법이 있는데 자신이 선호하는 직업, 선호하지 않는 직업, 선호 정도가 중간인 직업으로 분류하고 그 이유와 의미를 탐색하는 활동이다. 직업카드 분류법은 여러 가지 카드 분류법 중 하나로 진로나 직업과 관련된 자신의 생각을 표출하는 도구로 사용된다.

표 13-7 직업카드를 활용한 수업

주요내용	직업카드를 활용한 진로탐색
목표	직업카드 분류활동을 통해 자신이 좋아하는 직업 분야를 찾을 수 있다. 자신이 흥미 있어 하는 직업 분야의 특징을 이해할 수 있다.
준비물	직업카드, 활동지, 사인펜, 동영상, PPT
단계	내용
도입	1. 진로를 선택할 때 흥미와 적성의 중요성을 이해하도록 한다. 2. 직업카드 사용 시 주의 사항을 알려준다.
전개	1. 각자에게 주어진 직업카드를 앞뒤로 살펴보면서 다양한 직업과 그 직업이 하는 일, 필요 능력, 자격, 학력 등 여러 정보들을 살펴본다. - 다 살펴본 후 직업퀴즈 게임 2. 카드를 좋아하는 직업, 좋지도 싫지도 않은 직업, 싫은 직업으로 분류해 본다. - 3가지로 나눠진 카드를 각각 6가지 색깔별로 다시 분류해서 주어진 채점판에 표기하고 계산한다. - 가장 높게 나온 색깔이 어떤 흥미분야의 직업인지 찾아보고, 그중 가장 좋아하는 직업 3가지를 골라본다. 가장 낮은 점수가 나온 흥미분야에서도 가장 싫은 3가지 직업을 적어본다. 3. 강의 자료에 있는 6가지 흥미유형의 특징들을 살펴본다. - 자신의 흥미분야의 특징들을 알고, 선택의 이유를 찾아낼 수 있도록 한다.
정리	직업카드 활용 활동을 통해 직업에 대한 구체적인 정보와 자신의 흥미분야를 찾을 수 있으며, 직업선택의 간접경험을 할 수 있다.

출처: 권윤경(2015).

표 13-7은 직업카드를 활용하여 직업을 탐색하는 수업의 예이다. 직업카드를 살펴보며 직업의 종류와 역할 등에 대해 알아보고 자신의 흥미에 따라 카드를 분류하는 활동을 진행하였다. 직업카드에 표시된 Holland 유형을 활용하여 학생이 자신의 흥미분야를 파악하고 직업카드에 제시되어 있지 않은 직업에 대해서도 탐색하도록 안내할 수 있다.

4) 진로 디자인과 준비 영역

진로 디자인과 준비는 진로의사결정의 과정과 절차를 이해하고 진로의사결정 능력을 향상시키며 진로장벽요인을 파악하고 대처능력을 키우는 영역이다. 또한 자신의 꿈을 이루기 위한 경로와 필요한 활동을 탐색하고 자신에게 맞는 진로계획을 수립하는 영역이다. 이 영역에서는 진로의사결정유형검사를 통해 자신의 진로의사결정유형을 파악하고 유형별 장단점을 학습하는 활동을 진행할 수 있다. 또한 진로결정 자기효능감검사, 진로장벽검사 등을 통해 진로계획 시 고려해야 할 점을 파악할 수도 있다.

(1) 진로의사결정유형검사

진로의사결정유형은 개인이 의사결정을 할 때 합리적 또는 정의적 전략을 사용하는 정도와 결정에 대해 책임을 지는 정도에 따라 합리적 유형, 직관적 유형, 의존적 유형으로 나뉜다.

합리적 유형은 정확한 정보를 바탕으로 현실적인 평가를 내리는 유형이다. 이용할 수 있는 모든 정보를 활용하여 합리적인 방식으로 의사결정을 하며 결정에 대한 책임을 진다. 따라서 개인의 심리적 독립에 도움을 주며 실패할 확률이 낮은 반면, 의사결정에 시간이 많이 걸리는 단점이 있다.

직관적 유형은 의사결정에 대한 책임을 받아들이지만 정보수집이나 논리적 평가 과정을 생략하고 감정적으로 평가하여 의사를 결정한다. 이 유형은 의사결정을 빨리할 수 있기 때문에 상황에 따라 적응이 쉬운 반면 결과가 안 좋을 가능성이 높다는 단점이 있다.

의존적 유형은 의사결정에 대한 책임을 회피하고 책임을 다른 사람에게 전가한다. 이 유형은 사회적 인정에 대한 욕구가 높으며 의사결정 과정에서 타인의 영향을 많이 받는다. 주관이 분명치 않고 소신이 부족하며 다른 사람의 눈치를 보기 때문에 의사결정을 해야 하는 상황에서 정서적 불안을 느낀다.

이렇듯 세 가지 의사결정유형이 있으나 개인이 의사결정을 할 때는 한 가지 전략만을 사용하는 경우는 드물다. 장점만 가지고 있는 전략은 없기에 대부분의 경우 주로 사용하는 한 가지 전략을 바탕으로 다른 전략을 함께 사용한다. 진로의사결정유형검사를 통해 자신의 주된 의사결정유형의 장단점을 이해하고 합리적 의사결정 방법을 익히는 활동을 진행할 수 있다.

표 13-8 진로의사결정유형검사를 활용한 수업

주요내용	합리적인 진로의사결정방법에 대한 이해
목표	자신의 의사결정방법에 대해 알고 의사결정유형의 장단점을 이해한다. 합리적인 의사결정방법 5단계를 이해할 수 있다.
준비물	활동지
단계	내용
도입	오늘 학습할 내용을 안내한다.
전개	1. 사전검사 결과 자신의 의사결정유형을 확인한다. - 각 유형의 특징에 대해 소개하고 장단점에 대해 찾아본다. - 생활 속 결정을 내렸던 경험을 소개하고 합리적인 결정이었는지 평가하여 발표한다. 2. 합리적인 의사결정과정에 대해 소개한 후, 합리적인 의사결정단계에 따라 연습을 한다. - 합리적인 의사결정단계를 확인한다. - 2팀으로 나누어 예문을 보고 합리적인 의사결정을 해본다. - 토론한 내용을 발표한다.
정리	다른 친구들의 결정방법을 듣고 새롭게 알게 된 점에 대해 느낀 점을 이야기한다.

출처: 이지혜(2009).

표 13-8은 진로의사결정유형검사를 활용한 수업의 예이다. 이 수업을 통해 학생은 의사결정유형의 종류와 각각의 장단점을 이해하고 자신의 유형을 파악하게 된다. 이때

특정 의사결정유형이 반드시 나쁜 것만은 아니며 상황에 따라서 각 유형을 적절히 활용할 수 있음을 설명할 필요가 있다. 수업의 또 다른 활동으로 교사가 합리적인 의사결정과정을 설명하고 학생은 주어진 상황에서 이를 연습하는 과정이 진행되었다. 활동을 통해 학생은 의사결정을 위해 고려해야 할 것이 무엇인지 알 수 있을 것이다.

참고문헌

강지유(2010). 초등학생의 진로인식 및 진로자기효능감 향상을 위한 자기주도적 진로교육프로그램 개발 및 효과성 검증. 서울교육대학교 교육대학원 석사학위논문.

고향자(1992). 한국 대학생의 의사결정유형과 진로결정수준의 분석 및 진로결정상담의 효과. 숙명여자대학교 박사학위논문.

권석만(2011). 인간의 긍정적 성품(긍정심리학의 관점). 서울: 학지사.

권윤경(2015). 진로교육 프로그램이 초등학생의 진로성숙에 미치는 영향. 광주교육대학교 교육대학원 석사학위논문.

김나라, 방재현(2014). 청소년의 직업흥미 유형과 희망전공, 진로결정, 학교만족도의 관계. 농업교육과 인적자원개발, 46(3), 107-123.

김민선, 연규진(2014). 진로결정의 어려움 관련 정서 및 성격 척도의 한국 축소판 개발 및 타당화 연구. 진로교육연구, 27(3), 65-94.

김봉환, 이제경, 유현실, 황매향, 공윤정, 손진희, 손은령(2010). 진로상담이론: 한국 내담자에 대한 적용. 서울: 학지사.

김성현(2010). 맞춤형 상담프로그램 개발 모형 구안. 상담평가연구, 3(1), 45-59.

김소연(2004). 합리적 진로의사결정 프로그램이 상업계 여고생의 진로준비행동과 진로의사결정수준에 미치는 효과. 한국교원대학교 교육대학원 석사학위논문.

김소영(2013). 고등학생의 진로성숙도 향상을 위한 다중지능 기반 집단상담 프로그램 개발. 한국교원대학교 교육대학원 석사학위논문.

김아영(2006). 청소년 진로발달검사 개발 연구보고서. 서울: 한국고용정보원.

김은영(2007). 대학생의 자율성, 유능감, 관계성이 진로미결정에 미치는 영향. 이화여자대학교 대학원. 박사학위논문.

김정택, 김명준, 심혜숙(2004). 한국 스트롱 직업흥미검사 표준화 연구. 한국심리학회지: 상담 및 심리치료, 16(3), 383-405.

김태훈(2007). 진로 집단상담이 일반계 고등학생의 진로의사결정 능력과 진로성숙도에 미치는 효과. 강원대학교 교육대학원 석사학위논문.

남경민, 유성경, 하정, 강혜원, 곽형선(2010). 학업우수 남자고등학생의 진로결정경험에 관한 질적 연구. 상담학연구, 11(2), 775-793.

배소정(2004). 진로집단상담프로그램의 효과에 대한 메타분석. 한국기술교육대학교 석사학위논문.

선혜연, 정솔뫼, 송효경, 오정희(2016). 진로상담에서 정서·성격적 진로문제에 대한 연구동향. 인간이해, 37(2), 5-27.

신윤정(2013). 대학생의 진로소명, 진로자기효능감 및 내적동기와 진로적응성의 관계. 상담학연구, 14(1), 209-226.

안정애, 김재호(2014). Holland 이론에 기초한 진로교육프로그램이 초등학생의 진로성숙도에 미치는 효과. 실과교육연구, 20(1), 55-79,

안창규, 안현의(2004). 홀랜드 직업선택이론. 서울: 한국가이던스.

양난미(2005). 한국대학생의 사회인지 진로선택모형 검증. 이화여자대학교 대학원. 박사학위논문.

여광응, 전영길, 정종진, 조인수(1992). 교사를 위한 교육심리학. 서울: 양서원.

오경숙, 김유미(2014). 아동의 정서지능과 사회적 기술 증진을 위한 모험 기반 집단상담 프로그램 개발과 효과성 검증. 초등상담연구, 13(1), 115-134.

오현정(2008). 성격 5요인과 진로태도성숙도와의 관계. 숙명여자대학교 교육대학원 석사학위논문.

유은호(2016). 성격강점과 현실치료 기법을 활용한 중학생 진로탐색 프로그램 개발 및 효과검증. 계명대학교 박사학위논문.

윤관식(2013). 수업설계 교수-학습지도안 개발 방법론. 서울: 양서원.

이경애(2003). Holland 진로집단상담 프로그램이 청소년의 진로정체감 향상 및 진로장애 요인 감소에 미치는 효과. 부산대학교 교육대학원 석사학위논문.

이광열(2014). 감각인식형 고등학생의 진로성숙도 향상을 위한 집단상담 프로그램 개발. 한국교원대학교 석사학위논문.

이기학, 이학주(2000). 대학생의 진로 태도 성숙 정도에 대한 예언 변인으로서의 자기-효능감 효과 검증에 대한 연구. 한국심리학회지: 상담 및 심리치료, 12(1), 127-136.

이길수(2004). 학업적 자기효능감 및 5요인 성격특성과 진로성숙도와의 관계. 부산대학교 교육대학원 석사학위논문.

이길환, 이덕로, 박상석(2012). 성격 5요인이 진로행동에 미치는 영향. 대한경영정보학회, 31(4), 397-432.

이명옥(2009). 저소득가정 중학생을 위한 진로자기효능감 향상 집단상담 프로그램 개발. 한국교원대학교 교육대학원 석사학위논문.

이미화(2008). Holland 진로탐색 프로그램이 중학생의 진로성숙도에 미치는 효과. 울산대학교 교육대학원 석사학위논문.

이숙영(2003). 국내 집단상담 프로그램 개발의 현황 및 효과적인 프로그램 개발 관련요인. 상담학연구, 4(1), 53-67.

이요행(2002). 개인과 환경의 상응이 직업만족, 수행 및 잠재적 이직에 미치는 영향. 중앙대학교 박사학위논문.

이은경(2001). 자기효능감이 진로발달에 미치는 영향. 이화여자대학교 대학원. 박사학위논문.

이재창, 최인화, 박미진(2003). 역기능적 진로사고와 성격특성과의 관계 연구. 진로교육연구, 16(2), 63-80.

이재창, 최인화, 박미진(2003). 진로사고검사의 한국 표준화 연구. 한국심리학회: 상담 및 심리치료, 15(3), 529-550.

이제경(2004). 한국대학생의 취업준비행동: 심리적 특성 및 개인적 배경을 중심으로. 서울대학교 대학원. 박사학위논문.

이지혜(2009). 진로탐색 집단상담 프로그램이 여중생의 진로장벽과 진로의사결정유형에 미치는 영향. 건양대학교 석사학위논문.

임인재, 김봉환(2008). 진로성숙도 검사실시요강. 서울: 마인드프레스.

전미래(2017). 초등학생의 정서조절능력 향상을 위한 시치료 집단상담 프로그램 개발. 한국교원대학교 교육대학원 석사학위논문.

정은미(2012). 중도탈락 중학생의 진로성숙도 향상을 위한 집단상담 프로그램 개발. 한국교원대학교 교육대학원 석사학위논문.

정지원(2015). 내면화된 수치심이 고등학생의 진로미결정에 미치는 영향. 서강대학교 석사학위논문.

조민정(2010). 대학생의 직장선택기준 유형별 일, 여가, 가족가치관 및 가족친화제도에 대한 요구도. 이화여자대학교 석사학위 청구논문.

최동선(2003). 대학생의 진로탐색행동과 동기요인 및 애착의 관계분석. 서울대학교 대학원. 박사학위논문.

최옥현, 김봉환(2006). 대학생의 진로낙관성과 진로적응성: Career Futures Inventory (CFI) 의 타당화 연구. 상담학연구, 7(3), 821-833.

최유림(2015). 초등학생의 진로자기효능감 향상을 위한 매스미디어 진로집단상담 프로그램의 개발과 효과 검증. 전주교육대학교 교육대학원 석사학위논문.

탁진국(2003). 직업안내를 위한 흥미와 성격의 통합. 한국심리학회지: 산업 및 조직, 16(3), 59-74.

하정, 유성경(2017). 학업우수 여자고등학생의 진로결정과정에 관한 연구. 상담학연구, 8(4), 1521-1540.

한국심리학회 편(2002). 심리검사 제작 및 사용지침서. 중앙적성출판사.

한주옥(2004). 여대생의 자기결정성 수준과 진로미결정과의 관계에서 진로결정효능감의 매개효과 검증. 이화여자대학교 대학원. 석사학위논문.

황매향, 이아라, 박은혜(2005). 청소년용 남성 진로장벽 척도의 타당도 검증 및 잠재평균 비교. 한국청소년연구, 16(2), 125-159.

황매향, 이은설, 유성경(2005). 청소년용 여성 진로장벽 척도의 개발 및 구인타당도 검증. 상담학연구, 6, 1204-1223.

Allport, G. W. (1954). *The nature of prejudice*. New York: Addison-Wesley.

American Counseling Association. (2005). *ACA code of ethics: As approved by the ACA Governing Council*. American Counseling Association.

Amundson, N. E. (2003a). *Active engagement: Enhancing the career counselling process*(2nd ed.). Richmond, BC: Ergon Communications.

Amundson, N. E. (2003b). *The physics of living*. Richmond, BC: Ergon Communications.

Assouline, M. & Meir, E. I. (1987). Meta-analysis of the relationship between congruence and well-being measures. *Journal of Vocational Behavior, 31*, 319-332.

Bandura, A. (1977). Self-efficacy: toward a unifying theory of behavioral change. *Psychological review, 84*(2), 191-215.

Bandura, A. (1986). *Social foundations of thoughts and action.* Englewood Cliffs, NJ: Prentice-Hall.

Bandura, A. (1997). S*elf-efficacy: The exercise of control.* New York: Freeman.

Betsworth, D. G., Bouchard Jr., T. J., Copper, C. R., Grotevant, H. D., Hansen, J. C., Scarr, S. et al. (1994). Genetic and environmental influences on vocational interests assessed using adoptive and biological families and twins reared apart and together. *Journal of Vocational Behavior, 44,* 263-278.

Betz, N. E. & Taylor, K. M. (1994). *Career Decision-Making Self-Efficacy Scale manual.* Columbus: Ohio State University, Department of Psychology.

Betz, N. E. & Voyten, K. K. (1997). Efficacy and outcome expectations influence career exploration and decidedness. *The Career Development Quarterly, 46*(2), 179-189.

Brown, D. (1996). Brown's values-based, holistic model of career and life-role choices and satisfaction. *Career choice and development, 3,* 337-372.

Brown, S. D. & Ryan Krane, N. E. R. (2000). Four (or five) sessions and a cloud of dust: Old assumption and new observations about career counseling. In S. D. Brown & R. W. Lent (Eds.), *Handbook of counseling psychology* (3rd ed., pp.740-766). New York: Wiley.

Campbell, V. L. (1987). Strong-Campbell Interest Inventory. *Journal of Counseling and Development, 66*(1), 53-56.

Carroll, J. B. (1993) *Human cognitive abilities: A survey of factor-analytic studies.* New York: Cambridge University Press.

Cervone, D. & Pervin, L. A. (2015). 민경환, 김민희, 황석현, 김명철 역. 성격심리학(*Personality: Theory and Research*)(12th eds). 서울: 시그마프레스(원전은 2013에 출간).

Chartrand, J., Martin, W., Robbins, S., McAuliffe, G., Pickering, J., & Calliotte, J. (1994). Testing a level versus an interactional view of career indecision. *Journal of Career Assessment, 2,* 55-69.

Cohen, C. R., Chartrand, J., & Jowdy, D. P. (1995). Relationship between career indecision subtypes and ego identity development. *Journal of Counseling Psychology, 42,* 440-447.

Crites, J. O. (1976). A comprehensive model of career development in early adulthood. *Journal of Vocational Behavior, 9,* 105-118.

Crities, J. O. (1981). *Career counseling: Model, method, and materials.* McGraw-Hill College.

Dawis, R. V. & Lofquist, L. H. (1984). *A psychological theory of work adjustment: An individual-differences model and its applications.* Minneapolis, MN: University of Minnesota Press.

Deci, E. L. & Ryan, R. M. (1985). The general causality orientations scale: Self-determination in personality. *Journal of research in personality, 19*(2), 109-134.

Dixon, R. A., Kramer, D. A., & Baltes, P. B. (1985). Intelligence: A life-span developmental perspective. In B. B. Wolman (Ed.), *Handbook of intelligence: Theories, measurements, and applications* (pp.301-305). New York: Wiley.

Eysenck, H. J. (1990). An improvement on personality inventory. *Current Contents: Social and Behavioral Sciences, 22*(18), 20.

Figler, H. E. & Bolles, R. N. (2007). *The career counselor's handbook.* Random House Digital, Inc.

Fouad, N. A. & Smith, P. L. (1996). A test of a social cognitive model for middle school students: Math and science. *Journal of Counseling Psychology, 43*(3), 338-346.

Gardner, H. (1998). A multiplicity of intelligences. *Scientific American, 9*(4), 19-23.

Garfield, N. J. & Prediger, D. J. (1994). Assessment competencies and responsibilities: A checklist for counselors. *A Counselor's Guide to Career Assessment Instruments*, 41-47.

Gati, I., Krausz, M. & Osipow, S. H. (1996) A taxonomy of difficulties in career decision-making. *Journal of Counseling Psychology, 43*, 510-526.

Gottfredson, L. S. (1996). Gottfredson's theory of circumscription and compromise. In Brown, L. Brooks, & Associates (Eds.), *Career choice and development*(3rd ed., pp.179-232). San Francisco, CA: Jossey-Bass.

Gottfredson, L. S. (2003). The challenge and promise of cognitive career assessment. *Journal of Career Assessment, 11*, 115-135.

Gordon, V. N. (1998). Career decidedness types: A literature review. *The Career Development Quarterly, 46*, 386-403.

Groundlund, N. E.(1981). Test Selection, Administration, and Use. In *Measurement and Evaluation in Teaching*, 275-302. New York: MacMillan.

Guay, F. (2005). Motivations underlying career decision-making activities: The career decision-making autonomy scale (CDMAS). *Journal of Career Assessment, 13*(1), 77-97.

Hansen, J. C. & Swanson, J. L. (1983). The effect of stability of interests on the predictive and concurrent validity of the SC II for college majors. *Journal of Counseling Psychology, 30*, 194-201.

Harmon, L. W, Hansen, J. C, Borgen, F. N, & Hammer, A. C. (1994). *Strong Interest Inventory: Applications and technical guide.* Palo Alto, CA: Consulting Psychologists Press.

Harren, V. A. (1979). A model of career decision making for college students. *Journal of Vocational Behavior, 14*, 119-133.

Holland, J. L. (1997). *Making vocational choices: A theory of vocational personalities and work environments*(3rd ed.). Odessa, FL: Psychological Assessment Resources.

Holland, J. L. & Holland, J. E. (1997). Vocational indecision: More evidence and speculation.

Journal of Counseling Psychology, 24, 404-414.

Holland, J. L. & Messer, M. A. (2013). *The Self-Directed Search professional user's guide*. Odessa, FL: Psychological Assessment Resources.

Holland, J. L., Powell, A. B., & Fitzsche, B. A. (1994). *The Self-Directed Search professional user's guide*. Odessa, FL: Psychological Assessment Resources.

Hood, A. B. & Johnson R. W.(2001). *Assessment in counseling : A guide to the use of psychological assessment procedures*(3rd ed.) Alexandria, VA: American Counseling Association.

Hough, L. M. (Ed.). (1988). *Literature review: Utility of temperament, biodata, and interest assessment for predicting job performance* (ARI Research Note 88-02). Alexandria, VA: U.S. Army Research Institute.

Hurtz, G. M. & Donovan, J. J. (2000). Personality and job performance: The big five revisited. *Journal of Applied Psychology, 85*, 869-879.

Jones, L. K. & Chenery, M. F. (1980). Multiple subtypes among vocationally undecided college students: A model and assessment instrument. *Journal of Counseling Psychology, 27*, 469-477.

Kelly, K. R. & Lee, W. C. (2002). Mapping the domain of career decision problems. *Journal of Vocational Behavior, 61*, 302-326.

Kerr, B. A. (1981). Career education strategies for the gifted. *Journal of Career Education, 7*(4), 318-324.

Kinner, R, T. & Krumboltz, J. D.(1984). "Procedures for Successful Career Counseling." In *Designing Careers : Counseling to Enhance Education, Work, and Leisure*. eds. N. C. Gysbers and associates. San Francisco: Jossey-Bass.

Krumboltz, J. D. & Jackson, M. A. (1993). Career assessment as a learning tool. *Journal of Career Assessment, 1*(4), 393-409.

Krumboltz, J. D. (1994). The career beliefs inventory. *Journal of Counseling and Development, 72*, 424-428.

Lent, R. W., Brown, S. D., & Hackett, G. (1994). Toward a unifying social cognitive theory of career and academic interest, choice, and performance. *Journal of Vocational Behavior, 45*(1), 79-122.

Lent, R. W. & Brown, S. D. (1996). Social cognitive approach to career development: An overview. *Career Development Quarterly, 44*, 310-321.

Lowman, R. L. (1991). *The clinical practice of career assessment: Interests, abilities, and personality*. Washington, DC: American Psychological Association.

Lubinski, D. & Dawis, R. V. (1992). Aptitudes, skills, and proficiencies. In M. D Dunnette & L. M. Hough (Eds.), *Handbook of industrial and organizational psychology* (2nd ed., Vol. 3, pp.1-59) Palo Alto, CA: Consulting Psychologists Press.

Lucas, M. S. (1993). Personal aspects of career counseling: Three examples. *Career Development Quarterly, 42*(2), 161-166.

Maslow, A. H. (1970). *Motivation and personality* (2nd ed.). New York: Harper & Row.

Mitchell, L. K. & Krumboltz, J. D. (1996). Krumboltz's learning theory of career choice and counseling. In D. Brown, L. Brooks, & Associates, *Career choice and development* (3rd ed., pp.233-280). San Francisco: Jossey-Bass.

Newman, J. L., Fuqua, D. R., & Minger, C. (1990). Further evidence for the use of career subtypes in defining career status. *The Career Development Quarterly, 39*, 178-188.

Osipow, S. H. (1987). *Manual for career decision scale.* Psychological Assessment Resources, Incorporated.

Park, N., Peterson, C., & Seligman, M. E. (2004). Strengths of character and well-being. *Journal of Social and Clinical Psychology, 23*(5), 603-619.

Parsons, F. (1909/1989). *Choosing a vocation.* Garrett Park, MD: Garrett Park Press. (Original work published in 1909).

Parson, F. (1909). *Choosing a vocation.* Boston: Houghton Mifflin.

Peterson, G. W., Sampson Jr, J. P., & Reardon, R. C. (1991). *Career development and services: A cognitive approach.* Pacific Grove, CA: Brooks/Cole.

Rokeach, M. (1973). *The nature of human values.* New York: Free Press.

Rottinghaus, P. J., Day, S. X., & Borgen, F. H. (2005). The Career Futures Inventory: A measure of career-related adaptability and optimism. *Journal of Career Assessment, 13*(1), 3-24.

Rounds, J. B., Henley, G. A., Dawis, R. V., Lofquist, L. H., & Weiss, D. J. (1981). *Manual for the Minnesota Importance Questionnaire.* Minneapolis, MN: University of Minnesota.

Ryan, R. M. & Connell, J. P. (1989). Perceived locus of causality and internalization: examining reasons for acting in two domains. *Journal of Personality and Social Psychology, 57*(5), 749-761.

Ryan, R. M. & Grolnick, W. S. (1986). Origins and pawns in the classroom: Self-report and projective assessments of individual differences in children's perceptions. *Journal of Personality and Social Psychology, 50*(3), 550-558.

Rysiew, K. J., Shore, B. M., & Leeb, R. T. (1999). Multipotentiality, giftedness, and career choice: A review. *Journal of Counseling and Development, 77*(4), 423-430.

Saka, N., & Gati,I. (2007). Emotional and personality-related aspects of persistent career decision-making difficulties. *Journal of Vocational Behavior, 40*, 340-358. doi:10.1016/j.jvb.2007.08003

Saka, N., Gati, I., & Kelly, K. R. (2008). Emotional and personality-related aspects of career-decision-making difficulties. *Journal of Career Assessment, 16*(4), 403-424.

Sampson Jr, J. P., Peterson, G. W., Lenz, J. G., Reardon, R. C., & Saunders, D. E. (1998). The design and use of a measure of dysfunctional career thoughts among adults, college students, and high school students: The Career Thoughts Inventory. *Journal of Career Assessment, 6*(2), 115-134.

Sampson, J. P., Jr., Reardon, R. C., Peterson, G. W., & Lenz, J. G. (2004). *Career counseling and services: A cognitive information processing approach.* Pacific Grove, CA: Brooks/Cole.

Savickas, M. L. (1989). Annual review: Practice and research in career counseling and development. *The Career Development Quarterly, 38*, 100-134.

Savickas, M. L. (2002). Career construction: A developmental theory of vocational behavior. In D. Brown & Associates, *Career choice and development* (4th ed., pp. 149-205). San Francisco: Jossey-Bass.

Savickas, M. L. (2002). Reinvigorating the study of careers. *Journal of Vocational Behavior, 61*(3), 381-385.

Savickas, M. L., Nota, L., Rossier, J., Dauwalder, J. P., Duarte, M. E., Guichard, J., & Van Vianen, A. E. (2009). Life designing: A paradigm for career construction in the 21st century. *Journal of Vocational Behavior, 75*(3), 239-250.

Savickas, M. L. & Porfeli, E. J. (2011). Revision of the Career Maturity Inventory. *Journal of Career Assessment, 19*, 335-374.

Savickas, M. L. & Porfeli, E. J. (2011). Revision of the career maturity inventory: The adaptability form. *Journal of Career Assessment, 19*(4), 355-374.

Savickas, M. L. & Porfeli, E. J. (2012). Career Adapt-Abilities Scale: Construction, reliability, and measurement equivalence across 13 countries. *Journal of Vocational Behavior, 80*(3), 661-673.

Schaie, K. W. & Hertzog, C. (1986). Toward a comprehensive model of adult intellectual development: Contributions of the Seattle Longitudinal Study. In R. J. Sternberg (Ed.), *Advances in the psychology of human intelligence* (Vol. 3, pp. 79-118). Hillsdale, NJ: Erlbaum.

Schaie, K. W. (1994). The course of adult intellectual development. *American Psychologist, 49*(4), 304-313.

Scheier, M. F. & Carver, C. S. (1985). Optimism, coping, and health: assessment and implications of generalized outcome expectancies. *Health Psychology, 4*(3), 219.

Seligman, M. E. (2004). *Authentic happiness: Using the new positive psychology to realize your potential for lasting fulfillment.* New York, NY: Simon and Schuster.

Snow, R. E. (1994). Abilities and aptitudes. In R. J. Sternberg (Ed.), *Encyclopedia of human intelligence* (Vol. 1, pp. 3-5). New York: Macmillan.

Sullivan & Hansen(2003). Evidence of construct validity of the interest scales on the Campbell

Interest and Skill Survey. *Journal of Vocational Behavior, 65*(2), 179-202.

Super, D. E. (1957). *The psychology of careers.* New York: Harper & Row.

Super, D. E. (1980). A life-span, life-space approach to career development. *Journal of Vocational Behavior, 16*(3), 282-298.

Super, D. E. (1983). Assessment in career guidance: Toward truly developmental counseling. *Personnel and Guidance Journal, 61*, 555-562.

Super, D. E., Osborne, W. L., Walsh, D. J., Brown, S. D., & Niles, S. G. (1992). Developmental career assessment and counseling: The C-DAC. *Journal of Counseling and Development, 71*(1), 74-80.

Super, D. E. (1995). Values: Their nature, assessment, and practical use. In D. E. Super & B. Sverko (Eds.), *Life roles, values, and careers: International findings of the work importance study* (pp. 54-61). San Francisco: Jossey-Bass.

Sverko, B. (1995). The structure and hierarchy of values viewed cross-nationally. In D. E. Super & B. Sverko (Eds.), *Life roles, values and careers: International findings of the work importance study* (pp. 225-240). San Francisco: Jossey-Bass.

Swanson, J. L., Daniels, K. K., & Tokar, D. M. (1996). Assessing perceptions of career-related barriers: The Career Barriers Inventory. *Journal of Career Assessment, 4*(2), 219-244.

Swanson, J. L. & Fouad, N. A. (2005). 사례로 배우는 진로 및 직업상담(*Career theory and practice: Learning through case studies*). 황매향 역. 서울: 학지사(원전은 1999에 출간).

Swanson, J. L. & Hansen, J. C. (1988). Stability of vocational interests over four-year, eight-year, and twelve-year intervals. *Journal of Vocational Behavior, 33*, 185-202.

Swanson, J. L. & Tokar, D. M. (1991a). College students' perceptions of barriers to career development. *Journal of Vocational Behavior, 38*, 92-106.

Swanson, J. L. & Tokar, D. M. (1991b). Development and initial validation of the Career Barriers Inventory. *Journal of Vocational Behavior, 39*, 344-361.

Swanson, J. L. & Woitke, M. B. (1997). Theory into practice in career assessment: Assessing women's career barriers. *Journal of Career Assessment, 5*, 443-462.

Tak, J. (2012). Career Adapt-Abilities Scale—Korea Form: Psychometric properties and construct validity. *Journal of Vocational Behavior, 80*(3), 712-715.

Taylor, K. M. & Betz, N. E. (1983). Applications of self-efficacy theory to the understanding and treatment of career indecision. *Journal of Vocational Behavior, 22*(1), 63-81.

Tinsley, H. E. A. & Bradley, R. W. (1988). Interpretation of psychometric instruments in career counseling. *A counselor's guide to career assessment instruments*, 39-46.

Tokar, D. M., Fischer, L. R., & Subich, L. M. (1998). Personality and vocational behavior: A selective review of the literature, 1993-1997. *Journal of Vocational Behavior, 53*, 115-153.

Tranberg, M., Slane, S., & Ekeberg, S. E. (1993). The relation between interest congruence and satisfaction; A meta-analysis. *Journal of Vocational Behavior, 42*, 253-264.

Wanburg, C.R. & Muchinsky, P. M. (1992). A topology of career decision status: Validity extension of the Vocational Decision Status Model. *Journal of Counseling Psychology, 3*, 71-80.

Westbrook, B. W. & Mastie, M. M.(1983). Doing Your Homework: Suggestion for the Evaluation of Test by Practioners. *Educational Measurement: Issues and Practice, 2*, 11-14, 26.

Womer(1988). Selecting an Instrument: Chore or Challenge? *A Counselor's Guide to Career Assessment Instruments*. The National Career Development Association. 27-46.

Young, R. A. (1994). Helping adolescents with career development: The active role of parents. *Career Development Quarterly, 42*(3), 195-203.

Zunker, V. G. & Osborn D. S. (2002). *Using assessment results for career development* (6th eds.). Pacific Grove, CA: Brooks/Cole.

찾아보기

저자 소개

이동혁

서울대학교 교육학과 석사(교육상담),

Florida State University 교육심리학과 박사(상담심리학)

(전) University of Missouri St. Louis 상담 및 가족치료학과 교수

(전) 한국상담학회 학술지 편집위원장

(전) 건국대학교 학생상담센터장

건국대학교 교직과 교수

신윤정

서울대학교 심리학과 학사, 석사(임상 및 상담심리),

Purdue University 교육대학 박사(상담심리)

(전) 서울시립대학교 교육대학원 교수학습·심리상담전공 교수

(전) Arkansas State University 심리상담학과 교수

서울대학교 교육학과 교육상담전공 교수

서울대학교 대학생활문화원 심리상담부장

미국 Licensed Psychologist, 한국상담심리학회 상담심리사 1급, 한국상담학회 전문상담사 1급,
　　학교심리학회 학교심리사 1급

이은설

서강대학교 학사, 이화여자대학교 석사(상담심리),

University of Illinois at Urbana-Champaign 박사(상담심리)

(전) University of California, Santa Cruz 박사 후 임상 펠로우십

인천대학교 창의인재개발학과 부교수

이효남

숙명여대 교육심리학과 학사, 석사 및 박사(상담 및 교육심리)

(전) 숙명여대, 건국대학교 강사

한국고용정보원 직업경력개발 연구실장

한국교육심리학회, 한국진로교육학회

중등교사 정교사 1급, 사회교육전문요원 1급

홍샛별

연세대학교 교육대학원 교육학과 석사(상담교육)

(전) 초등 진로교육 자료개발 연구원제 연구팀

서울미동초등학교 교사

한국상담학회 생애개발상담학회 회원

전문상담교사 1급

황매향

서울대학교 교육학과 학사, 석사 및 박사(교육상담)

(전) 서울대학교 대학생활문화원 전문상담원

(전) University of Missouri-Columbia 진로센터 초빙연구원

(전) 한국생애개발상담학회 회장

경인교육대학교 교육학과 교수

한국진로교육학회 연구윤리위원장

청소년상담사 1급, 한국상담심리학회 상담심리사 1급,

한국상담학회 수련감독급 전문상담사(생애개발상담 분과)